XIANDAI XIFANG
JINGJIXUE YUANLI XUEXI ZHIDAO YU
XITI JIEDA

《现代西方经济学原理(第六版)》
学习指导与习题解答

李翀 ◎ 编著

·广州·

## 版权所有　翻印必究

**图书在版编目（CIP）数据**

《现代西方经济学原理（第六版）》学习指导与习题解答/李翀编著．
—5 版．—广州：中山大学出版社，2015.1
 ISBN978 - 7 - 306 - 05113 - 4

Ⅰ.①现… Ⅱ.①李… Ⅲ.①西方经济学—教学参考资料 Ⅳ.①F091.3

中国版本图书馆 CIP 数据核字（2014）第 298389 号

出版人：徐　劲
策划编辑：李海东
责任编辑：李海东
封面设计：曾　斌
责任校对：何　凡
责任技编：何雅涛
出版发行：中山大学出版社
电　　话：编辑部 020 - 84111996，84113349，84111997，84110779
　　　　　发行部 020 - 84111998，84111981，84111160
地　　址：广州市新港西路 135 号
邮　　编：510275　　传　真：020 - 84036565
网　　址：http://www.zsup.com.cn　E-mail：zdcbs@ mail.sysu.edu.cn
印 刷 者：广州家联印刷有限公司
规　　格：787mm×960mm　1/16　17.25 印张　340 千字
版次印次：1998 年 10 月第 1 版　2000 年 7 月第 2 版
　　　　　2003 年 8 月第 3 版　2007 年 4 月第 4 版
　　　　　2015 年 1 月第 5 版　2019 年 6 月第 27 次印刷
定　　价：38.00 元　　印　数：88001～90000 册

如发现本书因印装质量影响阅读，请与出版社发行部联系调换

# 前　言

本书是为《现代西方经济学原理（第六版）》（中山大学出版社2015年版）所写的教学参考书，读者在阅读《现代西方经济学原理（第六版）》以后，按照本书的要求去练习和思考，相信能够增进对《现代西方经济学原理（第六版）》的理解。

本书的每一章都划分为五个部分，分别是内容提要、学习要求、应该注意的问题、练习与思考、练习题解答。其中的练习题包括六种类型：填空，判断，选择，简答，论述，思考。初级的西方经济学涉及一些简单的计算，本书没有把计算单独作为一种类型的练习，而把它放在选择类型的练习题中。本书思考类型的练习题涉及一些疑难问题，有的练习题还会超出本书的范围，这种类型的练习题主要是拓展读者的思维，如果有的读者觉得难以回答，也不必为此而担心。

在阅读《现代西方经济学原理（第六版）》时，建议注意全书的结构和章与章之间的联系，这样有助于把握西方经济学的整个体系。同时，在阅读中，如果读者有余力，建议参考萨缪尔森的《经济学》和斯蒂格利茨的《经济学》。参考的方式是在读完《现代西方经济学原理（第六版）》某一章时，再阅读萨缪尔森《经济学》和斯蒂格利茨《经济学》相应的内容，这样会收到更好的效果。在《现代西方经济学原理（第六版）》中，一般每一章最后一节是评述该章内容，这一节代表作者的看法，仅供读者参考，课程考试一般不会涉及。

本书若有不妥或错误之处，诚恳希望读者指正。

作　者
2014年12月于北京京师园

# 目 录

第1章 商品的供求和价格 …………………………………… (1)
　一、内容提要 ……………………………………………… (1)
　二、学习要求 ……………………………………………… (2)
　三、应该注意的问题 ……………………………………… (2)
　四、练习与思考 …………………………………………… (3)
　五、练习题解答 …………………………………………… (6)

第2章 需求弹性和供给弹性 ………………………………… (10)
　一、内容提要 ……………………………………………… (10)
　二、学习要求 ……………………………………………… (10)
　三、应该注意的问题 ……………………………………… (11)
　四、练习与思考 …………………………………………… (11)
　五、练习题解答 …………………………………………… (15)

第3章 居民的消费行为 ……………………………………… (19)
　一、内容提要 ……………………………………………… (19)
　二、学习要求 ……………………………………………… (20)
　三、应该注意的问题 ……………………………………… (20)
　四、练习与思考 …………………………………………… (20)
　五、练习题解答 …………………………………………… (25)

第4章 居民的储蓄行为 ……………………………………… (29)
　一、内容提要 ……………………………………………… (29)
　二、学习要求 ……………………………………………… (30)
　三、应该注意的问题 ……………………………………… (30)
　四、练习与思考 …………………………………………… (30)
　五、练习题解答 …………………………………………… (33)

第5章 居民的就业行为 ……………………………………… (36)
　一、内容提要 ……………………………………………… (36)
　二、学习要求 ……………………………………………… (37)
　三、应该注意的问题 ……………………………………… (37)

四、练习与思考 …………………………………………………… (37)
　　五、练习题解答 …………………………………………………… (40)
第 6 章　厂商的成本决策 …………………………………………… (42)
　　一、内容提要 ……………………………………………………… (42)
　　二、学习要求 ……………………………………………………… (43)
　　三、应该注意的问题 ……………………………………………… (43)
　　四、练习与思考 …………………………………………………… (44)
　　五、练习题解答 …………………………………………………… (49)
第 7 章　厂商的生产决策 …………………………………………… (53)
　　一、内容提要 ……………………………………………………… (53)
　　二、学习要求 ……………………………………………………… (53)
　　三、应该注意的问题 ……………………………………………… (54)
　　四、练习与思考 …………………………………………………… (54)
　　五、练习题解答 …………………………………………………… (59)
第 8 章　厂商的价格决策 …………………………………………… (63)
　　一、内容提要 ……………………………………………………… (63)
　　二、学习要求 ……………………………………………………… (64)
　　三、应该注意的问题 ……………………………………………… (64)
　　四、练习与思考 …………………………………………………… (65)
　　五、练习题解答 …………………………………………………… (70)
第 9 章　市场和交换的效率 ………………………………………… (74)
　　一、内容提要 ……………………………………………………… (74)
　　二、学习要求 ……………………………………………………… (75)
　　三、应该注意的问题 ……………………………………………… (75)
　　四、练习与思考 …………………………………………………… (75)
　　五、练习题解答 …………………………………………………… (79)
第 10 章　生产要素的价格和收入分配 …………………………… (83)
　　一、内容提要 ……………………………………………………… (83)
　　二、学习要求 ……………………………………………………… (84)
　　三、应该注意的问题 ……………………………………………… (85)
　　四、练习与思考 …………………………………………………… (85)
　　五、练习题解答 …………………………………………………… (90)
第 11 章　工资、利息、地租和利润 ……………………………… (95)
　　一、内容提要 ……………………………………………………… (95)
　　二、学习要求 ……………………………………………………… (96)

三、应该注意的问题 …………………………………… (97)
　　四、练习与思考 ………………………………………… (98)
　　五、练习题解答 ………………………………………… (104)
第12章　公共物品和公共选择 ………………………………… (110)
　　一、内容提要 …………………………………………… (110)
　　二、学习要求 …………………………………………… (110)
　　三、应该注意的问题 …………………………………… (111)
　　四、练习与思考 ………………………………………… (111)
　　五、练习题解答 ………………………………………… (113)
第13章　市场失灵和政府的经济职能 ………………………… (116)
　　一、内容提要 …………………………………………… (116)
　　二、学习要求 …………………………………………… (116)
　　三、应该注意的问题 …………………………………… (117)
　　四、练习与思考 ………………………………………… (117)
　　五、练习题解答 ………………………………………… (119)
第14章　国民收入的核算 ……………………………………… (122)
　　一、内容提要 …………………………………………… (122)
　　二、学习要求 …………………………………………… (123)
　　三、应该注意的问题 …………………………………… (123)
　　四、练习与思考 ………………………………………… (123)
　　五、练习题解答 ………………………………………… (128)
第15章　消费、储蓄和总支出函数 …………………………… (132)
　　一、内容提要 …………………………………………… (132)
　　二、学习要求 …………………………………………… (133)
　　三、应该注意的问题 …………………………………… (133)
　　四、练习与思考 ………………………………………… (134)
　　五、练习题解答 ………………………………………… (138)
第16章　国民收入的均衡和变化 ……………………………… (141)
　　一、内容提要 …………………………………………… (141)
　　二、学习要求 …………………………………………… (142)
　　三、应该注意的问题 …………………………………… (142)
　　四、练习与思考 ………………………………………… (143)
　　五、练习题解答 ………………………………………… (147)
第17章　宏观财政政策 ………………………………………… (152)
　　一、内容提要 …………………………………………… (152)

二、学习要求 …………………………………………………… (152)
　　三、应该注意的问题 …………………………………………… (153)
　　四、练习与思考 ………………………………………………… (153)
　　五、练习题解答 ………………………………………………… (157)

## 第 18 章　货币的需求和供给 …………………………………… (160)
　　一、内容提要 …………………………………………………… (160)
　　二、学习要求 …………………………………………………… (160)
　　三、应该注意的问题 …………………………………………… (161)
　　四、练习与思考 ………………………………………………… (161)
　　五、练习题解答 ………………………………………………… (166)

## 第 19 章　货币对经济的影响 …………………………………… (170)
　　一、内容提要 …………………………………………………… (170)
　　二、学习要求 …………………………………………………… (170)
　　三、应该注意的问题 …………………………………………… (171)
　　四、练习与思考 ………………………………………………… (171)
　　五、练习题解答 ………………………………………………… (175)

## 第 20 章　宏观货币政策 ………………………………………… (178)
　　一、内容提要 …………………………………………………… (178)
　　二、学习要求 …………………………………………………… (178)
　　三、应该注意的问题 …………………………………………… (179)
　　四、练习与思考 ………………………………………………… (179)
　　五、练习题解答 ………………………………………………… (183)

## 第 21 章　国民收入和利息率的均衡 …………………………… (188)
　　一、内容提要 …………………………………………………… (188)
　　二、学习要求 …………………………………………………… (189)
　　三、应该注意的问题 …………………………………………… (189)
　　四、练习与思考 ………………………………………………… (189)
　　五、练习题解答 ………………………………………………… (193)

## 第 22 章　国民收入和价格水平的均衡 ………………………… (196)
　　一、内容提要 …………………………………………………… (196)
　　二、学习要求 …………………………………………………… (197)
　　三、应该注意的问题 …………………………………………… (197)
　　四、练习与思考 ………………………………………………… (197)
　　五、练习题解答 ………………………………………………… (200)

## 第 23 章　失业和通货膨胀 ……………………………………… (202)

  一、内容提要 ………………………………………………（202）
  二、学习要求 ………………………………………………（203）
  三、应该注意的问题 ………………………………………（203）
  四、练习与思考 ……………………………………………（204）
  五、练习题解答 ……………………………………………（208）
第24章　经济的周期 …………………………………………（212）
  一、内容提要 ………………………………………………（212）
  二、学习要求 ………………………………………………（213）
  三、应该注意的问题 ………………………………………（213）
  四、练习与思考 ……………………………………………（213）
  五、练习题解答 ……………………………………………（216）
第25章　经济的增长 …………………………………………（220）
  一、内容提要 ………………………………………………（220）
  二、学习要求 ………………………………………………（221）
  三、应该注意的问题 ………………………………………（221）
  四、练习与思考 ……………………………………………（221）
  五、练习题解答 ……………………………………………（224）
第26章　经济的发展 …………………………………………（227）
  一、内容提要 ………………………………………………（227）
  二、学习要求 ………………………………………………（227）
  三、应该注意的问题 ………………………………………（228）
  四、练习与思考 ……………………………………………（228）
  五、练习题解答 ……………………………………………（229）
第27章　国际贸易的原理 ……………………………………（231）
  一、内容提要 ………………………………………………（231）
  二、学习要求 ………………………………………………（232）
  三、应该注意的问题 ………………………………………（232）
  四、练习与思考 ……………………………………………（232）
  五、练习题解答 ……………………………………………（238）
第28章　国际贸易的政策 ……………………………………（242）
  一、内容提要 ………………………………………………（242）
  二、学习要求 ………………………………………………（242）
  三、应该注意的问题 ………………………………………（243）
  四、练习与思考 ……………………………………………（243）
  五、练习题解答 ……………………………………………（244）

第29章　均衡汇率的决定 …………………………………………… (247)
　一、内容提要 ……………………………………………………… (247)
　二、学习要求 ……………………………………………………… (247)
　三、应该注意的问题 ……………………………………………… (248)
　四、练习与思考 …………………………………………………… (248)
　五、练习题解答 …………………………………………………… (253)

第30章　国际货币制度的演变 …………………………………… (257)
　一、内容提要 ……………………………………………………… (257)
　二、学习要求 ……………………………………………………… (257)
　三、应该注意的问题 ……………………………………………… (258)
　四、练习与思考 …………………………………………………… (258)
　五、练习题解答 …………………………………………………… (261)

参考文献 ……………………………………………………………… (265)

# 第1章 商品的供求和价格

## 一、内容提要

本书第1章到第13章构成微观经济学的内容。本章主要分析商品的价格是怎样由商品的需求和供给决定的,分析次序是:先分析商品的需求,得出商品的需求函数;再分析商品的供给,得出商品的供给函数;最后利用商品的需求函数和供给函数说明商品均衡价格的形成。

本章内容要点如下:

1. 某种商品的需求量是消费者在某一价格下希望购买的这种商品的数量,它主要取决于商品自身的价格、消费者的偏好、消费者的收入、消费者的人数、收入分配、其他商品的价格。在其他因素不变的条件下,一种商品的需求量和它自身价格之间的关系叫作需求函数。需求函数的图像在以商品需求量为横轴,商品价格为纵轴的坐标系里表现为一条向右下方倾斜的曲线。当消费者偏好、消费者收入、消费者人数、收入分配和其他商品发生变化的时候,需求函数将发生变化,需求曲线将发生移动。

2. 某种商品的供给量是生产者在某一价格下希望出售的这种商品的数量,它主要取决于商品自身的价格、厂商的目标、生产技术水平、其他商品的价格。在其他因素不变的前提下,一种商品的供给量和它自身价格之间的关系叫作供给函数。供给函数的图像在以商品供给量为横轴、商品价格为纵轴的坐标系里表现为一条向右上方倾斜的曲线。当厂商的目标、生产技术水平、其他商品价格发生变化的时候,供给函数将发生变化,供给曲线将发生移动。

3. 某种商品的均衡价格是保持相对稳定状态的市场价格,它是在商品的需求量等于供给量时决定的,在图像上是在需求曲线和供给曲线相交时决定的。均衡价格将随着需求或供给的变化,或随着需求曲线或供给曲线的移动而变化。均衡价格的变化会导致社会资源在不同商品的生产上重新配置,这就是价格机制的作用。

4. 在现实的经济生活中,商品市场处于非均衡状态,商品的价格和交易量是由"短边法则"决定的,即由某一价格下需求量和供给量较小的一方决定的。即使在某一个特定的时期里商品的价格是非均衡的，但由于商品的需求量和供给量不等，商品的价格存在向均衡价格变化的趋势。

## 二、学习要求

1. 要求掌握下述概念：需求量，替代效应，收入效应，替代品，补足品，需求函数，需求曲线，供给量，供给函数，供给曲线，均衡价格，市场的非均衡状态，短边法则。

2. 要求理解下述关系：需求量和自身价格的关系；消费者偏好、消费者收入、消费者人数、收入分配、其他商品的价格对需求函数的影响；供给量和自身价格的关系；厂商的目标、生产技术水平、其他商品的价格对供给函数的影响；均衡价格的形成；需求的增加或减少对均衡价格的影响；供给的增加或减少对均衡价格的影响；均衡价格的变化对社会资源配置的影响；市场的非均衡与均衡的关系。

3. 要求能够概括价格原理。

## 三、应该注意的问题

1. 需求量是消费者希望购买的商品的数量而不是实际购买商品的数量，但是这种希望不是消费者的主观愿望而是消费者有能力实现的愿望。

2. 需求量和需求的概念是不同的。需求量是对应于某一个价格的商品的数量，需求则是指对应于各个可能的价格的商品的数量。

3. 商品本身的价格的变化会引起需求量的变化，即需求曲线上的一点沿着需求曲线移动，消费者偏好、消费者收入、消费者人数、收入分配、其他商品的价格的变化则引起需求的变化即需求曲线的移动。

4. 供给量是生产者希望出售的商品的数量而不是实际出售的数量，但是这种希望不是生产者的主观愿望而是生产者有能力生产的数量。

5. 供给量和供给是不同的两个概念。供给量是对应于某一个价格的商品的数量，供给则是指对应于各个可能的价格的商品的数量。

6. 商品本身的价格的变化会引起供给量的变化，厂商的目标、生产技术水平、其他商品价格的变化则引起供给的变化。

7. 在需求和供给同时增加或减少的情况下，均衡交易量将增加或减少，均衡价格的变化取决于需求和供给增加或减少的幅度。在需求增加、供给减少或需求减少、供给增加的情况下，均衡价格将上升或下降，均衡交易量的变化取决于需求和供给变化的幅度。

## 四、练习与思考

（一）填空（在括号里填上适当的词）

1. 需求表或需求曲线表示（　　）和（　　）之间的函数关系。
2. 需求量随着价格的上升而（　　），或随着价格的下降而（　　）。
3. 需求是指买者在某段时期内按（　　）的价格所愿意购买的某种商品的数量。
4. 需求量是指买者在某段时期内按（　　）的价格所愿意购买的某种商品的数量。
5. 在图像上，需求的变化表现为（　　），需求量的变化表现为（　　）。
6. 引起需求变化的因素主要有（　　）。
7. 引起需求量变化的因素主要有（　　）。
8. 供给表或供给曲线表示（　　）和（　　）之间的函数关系。
9. 供给量随着价格的上升而（　　），或随着价格的下降而（　　）。
10. 供给是指卖者在某段时间内按（　　）的价格所愿意出售的商品数量，它的变化表现为（　　）。
11. 假定供给曲线和需求曲线是线性的，供给量是指卖者在某段时间内按（　　）的价格所愿意出售的商品数量，它的变化表现为（　　）。
12. 引起供给变化的因素主要有（　　）。
13. 引起供给量变化的因素主要有（　　）。
14. 均衡价格是指某种商品（　　）和（　　）相等时的价格，它在图像上是（　　）和（　　）相交时的价格。
15. 在竞争的条件下，当某种商品的价格低于均衡价格时，需求量（　　）供给量，市场上出现了（　　）的现象，价格将趋于（　　）。
16. 在竞争的条件下，当某种商品的价格高于均衡价格时，需求量（　　）供给量，市场上出现了（　　）的现象，价格将趋于（　　）。
17. 假定需求不变，供给的增加将导致均衡价格（　　），供给的减少将导致均衡价格（　　）。
18. 假定供给不变，需求的增加将导致均衡价格（　　），需求的减少将导致均衡价格（　　）。
19. 在供给和需求同时增加的情况下，均衡价格（　　）。
20. 供给的减少和需求的增加将引起均衡价格（　　）。

（二）判断（判断下列说法是否正确，分别在括号里写上 T 或 F）

1. 需求量是流量。（　　）

2. 供给量是存量。（　　）

3. 如果需求增加，需求量一定增加。（　　）

4. 如果需求量增加，需求一定增加。（　　）

5. 在图像上，需求曲线向右上方倾斜。（　　）

6. 在图像上，供给曲线向右上方倾斜。（　　）

7. 假定其他条件不变，某种商品价格的变化将导致它的供给量变化，但不会引起供给的变化。（　　）

8. 在商品过剩的条件下，卖者之间的竞争会压低价格；在商品短缺的条件下，买者之间的竞争会抬高价格。（　　）

9. 商品短缺所带来的价格变化，会进一步导致短缺数量的增加。（　　）

10. 假定需求不变，供给的增加将引起均衡价格的下降和均衡交易量的减少。（　　）

11. 假定供给曲线和需求曲线是线性的，在供给和需求同时发生变化的情况下，如果供给增加的幅度大于需求增加的幅度，均衡价格将下降。（　　）

12. 假定供给不变，需求的减少将引起均衡价格的下降和均衡交易量的增加。（　　）

13. 如果只知道需求增加或供给减少，但不知道它们变化的数量，那么均衡交易量的变化方向无法确定。（　　）

14. 如果只知道需求和供给同时减少，但不知道它们变化的数量，那么均衡价格的变化方向无法确定。（　　）

15. 假定其他条件不变，某种商品价格下降将引起需求的增加和供给的减少。（　　）

（三）选择（根据题意选择一个最合适的答案，并在括号里填上相应字母）

1. 需求量和价格所以反方向变化，是因为（　　）

A. 替代效应的作用。　B. 收入效应的作用。　C. 替代效应和收入效应同时发生作用。

2. 已知当某种商品的均衡价格是 1 美元的时候，均衡交易量是 1000 单位。现假定买者收入的增加使这种商品的需求增加了 400 单位，那么在新的均衡价格水平上，买者的购买量是（　　）

A. 1000 单位。　B. 多于 1000 单位少于 1400 单位。　C. 1400 单位。

3. 小麦歉收导致小麦价格上升，准确地说，在这个过程中发生了（　　）

A. 小麦供给的减少引起小麦需求量下降。　B. 小麦供给的减少引起小麦需求下降。　C. 小麦供给量的减少引起小麦需求量下降。

4. 假如生产某种商品所需原料的价格上升了，这种商品的（　　）

A. 需求曲线将向左方移动。　B. 供给曲线将向左方移动。　C. 供给曲线将向右方移动。

5. 如果政府对卖者出售的商品每单位征税 5 美分，那么，这种做法将引起这种商品的（　　）

A. 价格上升 5 美分。　B. 价格的上升少于 5 美分。　C. 价格的上升大于 5 美分。

6. 如果政府利用商品配给的方法来控制价格，这意味着（　　）

A. 供给和需求的变化已不能影响价格。　B. 政府通过移动供给曲线来抑制价格。　C. 政府通过移动需求曲线来抑制价格。

7. 政府为了扶持农业，对农产品规定高于均衡价格的支持价格。政府要维持支持价格，应该采取下面的相应措施：（　　）

A. 增加对农产品的税收。　B. 实行农产品配给制。　C. 收购过剩的农产品。

8. 政府把价格限制在均衡价格以下可能导致（　　）

A. 黑市交易。　B. 大量积压。　C. 买者买到了希望购买的商品。

9. 政府把价格提高到均衡价格以上可能导致（　　）

A. 黑市交易。　B. 大量积压。　C. 卖者卖出了希望出售的商品。

10. 在需求和供给同时增加的情况下，（　　）

A. 均衡价格和均衡交易量都将上升。　B. 均衡价格的变化无法确定，均衡交易量将增加。　C. 均衡价格和均衡交易量都将下降。

11. 在需求和供给同时减少的情况下，（　　）

A. 均衡价格和均衡交易量都将下降。　B. 均衡价格将下降，均衡交易量的变化无法确定。　C. 均衡价格的变化无法确定，均衡交易量将减少。

12. 如果需求的减少和供给的增加同时发生，（　　）

A. 均衡价格将下降，均衡交易量的变化无法确定。　B. 均衡价格和均衡交易量都将上升。　C. 均衡价格和均衡交易量都将下降。

13. 当需求的增加幅度远大于供给的增加幅度的时候，（　　）

A. 均衡价格将提高，均衡交易量将减少。　B. 均衡价格和均衡交易量都将上升。　C. 均衡价格将下降，均衡交易量将增加。

14. 均衡价格是（　　）

A. 供给和需求相等时的价格。　B. 固定不变的价格。　C. 供给量和需求量相等时的价格。

15. 均衡价格随着（　　）

A. 需求和供给的增加而上升。　B. 需求的减少和供给的增加而上升。　C. 需求的增加和供给的减少而上升。

（四）简答（简要回答下列问题）

1. 需求和需求量、供给和供给量有什么区别？
2. 需求曲线为什么向右下方倾斜？
3. 供给曲线为什么向右上方倾斜？
4. 均衡价格是怎样决定的？
5. 价格机制是怎样发生作用的？

（五）论述（分析和阐述下列问题）

1. 均衡价格是怎样形成和怎样变化的？
2. 商品市场是如何解决生产什么、怎样生产和为谁生产的问题的？

（六）思考（讨论和研究下列问题）

1. 如果某国政府为了促进农业的发展而把农产品价格提高到均衡价格以上，它应该采取什么相应措施？
2. 政府可以把某种商品的价格提高到它的均衡价格以上，这是否意味着政府可以更改需求和供给的规律？
3. 政府也可以以立法的方式规定某种商品的价格上限，这是否意味着政府可以更改需求和供给的规律？
4. 美国《纽约时报》曾刊登一篇文章，描述了成功的法国香槟酒的推销活动。这篇文章还提到："许多经销商为香槟酒价格急剧上升而兴奋不已，但又担心价格上升会引起需求减少，从而导致价格下跌。"这些经销商的分析正确吗？为什么？请用图形加以说明。
5. 美国政府实施了两项影响香烟市场的措施：一是在广告宣传中必须使公众认识到吸烟的危害，二是对烟农提供高于烟草均衡价格的价格支持。政府的措施对香烟市场具体造成什么影响？

## 五、练习题解答

（一）填空题答案

1. 需求量　价格　2. 减少　增加　3. 各种不同　4. 某一特定
5. 需求曲线的移动　需求曲线上的点沿着曲线移动　6. 消费者偏好、消费者收入、消费者人数、收入分配和其他商品的价格　7. 商品本身的价格和影响需求的各种因素　8. 供给量　价格　9. 增加　减少　10. 各种不同　供给曲线的移动　11. 某一特定　供给曲线上的点沿着曲线移动
12. 厂商的目标、生产技术水平、生产要素的价格和其他商品的价格
13. 商品本身的价格和影响供给的各种因素　14. 需求量　供给量　需求曲线　供给曲线　15. 大于　短缺　上升　16. 小于　过剩　下降

17．下降　上升　18．上升　下降　19．如何变化无法确定　20．上升

（二）判断题答案

1．T　流量是以时期来衡量的变量，而需求量是以时期来衡量的。

2．F　存量是以时点来衡量的变量，而供给量是以时期来衡量的。

3．T　需求表示各种可能价格下的需求量。

4．F　商品本身的价格会引起需求量的变化，但不会引起需求变化。

5．F　需求曲线向右下方倾斜。

6．T　供给曲线是向右上方倾斜的曲线。

7．T　厂商的目标等市场条件的变化才会引起供给的变化。

8．T　在商品过剩的情况下主要是卖者之间的竞争，在商品短缺的情况下主要是买者之间的竞争。

9．F　价格的上升使需求量减少和供给量增加，从而导致短缺数量的减少。

10．F　将引起均衡价格的下降和均衡交易量的增加。

11．T　供给曲线移动的幅度大于需求曲线移动的幅度。

12．F　将引起均衡价格的下降和均衡交易量减少。

13．T　需求增加和供给减少对均衡交易量的影响是相反的。

14．T　需求减少和供给减少对均衡价格的影响是相反的。

15．F　价格下降引起的是需求量的增加和供给量的减少。

（三）选择题答案

1．C

2．B　如图1.1所示，需求曲线向右移动 $q_1q_2$（400单位）所形成的均衡交易量 $Oq_3$，将大于 $Oq_1$（1000单位）和小于 $Oq_2$（1400单位）。

3．A　如图1.2所示，供给曲线 $S$ 移向 $S'$ 将导致 $E_1$ 点沿着需求曲线移向 $E_2$ 点。

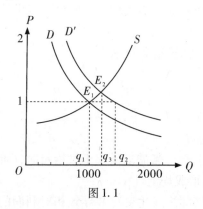

图1.1

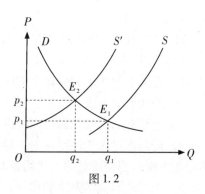

图1.2

4．B　原料价格上升将导致供给减少。

5．B　如图1.3所示，在供给曲线向上移动 $p_1p_2$（5美分）以后，新的均衡价格 $Op_3$ 低于 $Op_2$，即 $p_1p_3 < p_1p_2$。

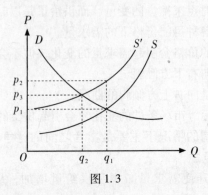

图 1.3

6．C　实行配给实际上是控制需求。

7．C　把价格提高到均衡价格以上会使供给量大于需求量。

8．A　把价格压低到均衡价格以下会使供给量小于需求量。

9．B　把价格提高到均衡价格以上会使供给量大于需求量。

10．B　在需求曲线和供给曲线同时向右移动的情况下，均衡价格的变化无法确定。

11．C　在需求曲线和供给曲线同时向左移动的情况下，均衡价格的变化无法确定。

12．A　在需求曲线向左移动和供给曲线向右移动的情况下，均衡交易量无法决定。

13．B　在需求曲线向右移动的幅度远大于供给曲线向右移动幅度的情况下，均衡价格将上升。

14．C　供给和需求相等意味着供给曲线和需求曲线相交，应该是指供给量和需求量相等。

15．C　需求增加或供给减少都会引起均衡价格上升。

（四）简答题回答提要

1．定义上的区别和变化上的区别。

2．替代效应和收入效应。

3．相对利润的变化和厂商追求利润的动机。

4．当需求量大于供给量时，价格趋于上升；当需求量小于供给量时，价格趋于下降；当需求量等于供给量时，价格形成均衡。

5．当需求和供给发生变化时，均衡价格随之发生变化并导致相对利润的变化。厂商在利润动机的支配下对均衡价格的变化作出反应，从而引起社会资源重新配置。

（五）论述题论述要点

1. 先阐述需求函数和需求曲线、供给函数和供给曲线，然后利用需求曲线和供给曲线说明均衡价格是怎样形成均衡的，最后分析需求或供给的变化怎样导致均衡价格的变化。

2. 首先，当某种商品的市场价格在供求的影响下出现上升时，生产者将增加这种商品的生产，社会资源被配置到这种商品中；反之，社会资源将流向别的商品。这就解决了生产什么的问题。其次，不论某种商品的价格如何发生变化，生产者都将试图使用最有效率的生产方法以降低成本，以按均衡价格出售商品得到额外利润，这就解决了如何生产的问题。再次，谁愿意支付商品的价格谁就得到该种商品，这也解决了为谁生产的问题。但是，任何一个商品市场只能部分地解决这三个问题，因为这种商品的价格与其他商品和生产要素的价格是相互影响的。

（六）思考题思考提示

1. 应该限制农产品的供给和刺激农产品的需求。

2. 政府可以通过影响某种商品的需求和供给以影响该种商品的价格，但这并没有更改需求和供给的规律，而恰好是顺应了需求和供给的规律。

3. 如果政府规定某种商品价格的上限，黑市交易将不可避免。政府往往需要实行配给的制度，这正说明需求和供给规律的作用。

4. 经销商的分析是不对的。香槟酒价格上升是由于成功的推销活动刺激了需求，使需求曲线向右方移动造成的，它并不会导致需求的减少。

5. 宣传吸烟的危害导致香烟的需求曲线向左方移动，对烟农提供价格支持导致香烟的供给曲线向右方移动，两者形成的效果是减少了香烟的均衡交易量。

# 第 2 章 需求弹性和供给弹性

## 一、内容提要

第 1 章的分析表明,当商品价格发生变化的时候,该商品的需求量将发生相反方向的变化,供给量则发生相同方向的变化。本章将进一步分析商品价格变化所导致该商品需求量和供给量变化的程度。

本章内容要点如下:

1. 需求的价格弹性反映商品需求量对自身价格变化反应的敏感程度,它等于需求量变化率与价格变化率之比。当商品价格发生变化的时候,该商品需求的价格弹性的高低对厂商的总收益有很大影响。如果某种商品富有价格弹性,那么该种商品价格一定程度的下降导致需求量较大幅度的上升,厂商的总收益将增加;该种商品价格一定程度的上升导致需求量较大幅度的下降,厂商的总收益将减少。如果某种商品缺乏价格弹性,将与上述情形相反。

2. 需求的收入弹性反映商品的需求量对消费者收入变化反应的敏感程度,它等于需求量变化率与收入变化率之比。

3. 需求的交叉弹性反映某种商品的需求量对其他商品价格变化反应的敏感程度,它等于需求量变化率与其他商品价格变化率之比。

4. 供给的价格弹性反映商品的供给量对自身价格变化反应的敏感程度,它等于供给量的变化率与价格的变化率之比。

5. 各种弹性的绝对值等于 1 叫作单位弹性,大于 1 叫作富有弹性,小于 1 叫作缺乏弹性。

6. 蛛网原理说明在需求量和供给量对价格变化反应程度相同或不同的情况下,如果产量的变化偏离均衡价格,在生产者和消费者的相互影响下价格和产量的动态变化过程。

## 二、学习要求

1. 要求掌握下述概念:需求的价格弹性,点弹性,弧弹性,需求的收入弹性，需求的交叉弹性，供给的价格弹性，单位弹性，富有弹性，缺乏弹性，正常品，次等品，蛛网原理，减幅摆动，持续摆动，增幅摆动。

2. 要求理解下述关系：需求的价格弹性和需求曲线的斜率的关系；需求的价格弹性的弧弹性计算公式和点弹性计算公式的关系；需求的价格弹性对厂商收益的影响；需求的收入弹性在不同的收入范围的变化；供给弹性和供给曲线的斜率的关系；在需求量和供给量对价格变化反应程度不同的前提下价格和产量的变化过程。

3. 要求能够概括弹性原理。

### 三、应该注意的问题

1. 需求的价格弹性与需求曲线的斜率是不同的。当线性的需求曲线呈向右下方倾斜状态时，需求曲线上每一点的价格弹性值不等。当线性的需求曲线呈垂直状态时，价格弹性等于零。当线性的需求曲线呈水平状态时，价格弹性等于无穷。

2. 需求的价格弹性总是负数，供给的价格弹性总是正数，但这两种弹性的符号是没有意义的。需求的收入弹性和需求的交叉弹性可以是正值，也可以是负值，它们的符号是有意义的。

3. 一般来说，生活必需品、其支出在家庭总支出占很小比例的商品、替代程度较低的商品的需求的价格弹性较小，生活奢侈品、其支出在家庭总支出占较大比例的商品、替代程度较高的商品的需求的价格弹性较大。

4. 蛛网原理只适用于连续生产的商品，而且其前提条件是生产者总是根据现期的价格决定下一期的产量。如果不具备这些条件，蛛网原理不一定发生作用。

### 四、练习与思考

（一）填空（在括号里填上适当的词）

1. （    ）反映需求量对价格变化反应的敏感程度，它的计算公式是（    ）。

2. 需求的收入弹性衡量（    ），它的计算公式是：需求量变化的百分比/收入变化的百分比。

3. （    ）反映一种商品的需求量对另一种商品价格反应的敏感程度。它的计算公式是：商品 X 需求量变化的百分比/商品 Y 价格变化的百分比。

4. 供给的价格弹性是用（    ）表示的。

5. 假定商品 X 和 Y 互为替代品，当商品 Y 价格下降的时候，商品 X 的需求量将（    ），需求的交叉弹性是（    ）值。

6. 假定商品 X 和 Y 互为补足品，当商品 Y 价格下降的时候，商品 X 的需求量将（    ），需求的交叉弹性是（    ）值。

7. 如果某种商品是正常物品，它的需求的收入弹性是（    ）值。

8. 如果某种商品的需求的收入弹性是负值，这种商品是（    ）物品。

9. 富有弹性表示需求量变化的百分比（    ）价格变化的百分比。

10. 单位弹性表示需求量变化的百分比（    ）价格变化的百分比。

11. 缺乏弹性表示需求量变化的百分比（    ）价格变化的百分比。

12. 假如卖者的总收益随着价格的上升而增加，那么在价格的变化范围内，商品的需求量对价格（    ）弹性。

13. 假如买者的总支出随着价格的上升而减少，那么在价格的变化范围内，商品的需求量对价格（    ）弹性。

14. 如果需求的价格弹性大于 1，在能够弥补成本的条件下，卖者适当降低价格能（    ）总收益。

15. 在需求的价格弹性小于 1 的条件下，卖者适当（    ）价格能增加总收益。

（二）判断（判断下列说法是否正确，分别在括号里写上 T 或 F）

1. 需求的价格弹性和需求曲线的斜率在数值上一定相等。（    ）

2. 供给的价格弹性和供给曲线的斜率在数值上一定不等。（    ）

3. 假如某种商品的价格从 5 美元上升到 5.10 美元，买者就会完全停止购买这种商品，这表明需求富有价格弹性。（    ）

4. 需求的价格弹性为零意味着需求曲线是一条水平线。（    ）

5. 供给的价格弹性为无穷意味着供给曲线是一条垂直线。（    ）

6. 假如需求曲线是一条直线，那么任意两点间的需求弹性一定相等。（    ）

7. 假如需求曲线是一条直线，那么任意两点间的需求弹性一定不等。（    ）

8. 卖者提高价格肯定能增加总收益。（    ）

9. 卖者提高价格可能会增加总收益。（    ）

10. 卖者降低价格肯定会减少每单位商品的收益。（    ）

11. 农产品的需求量一般来说缺乏价格弹性，这意味着当农产品价格上升时，农场主的总收益将增加。（    ）

12. 某种商品的需求的收入弹性随着买者收入的增加会发生变化。（    ）

13. 当价格下降的时候，根据卖者总收益是增加还是减少，可以判断供给

的价格弹性的高低。（   ）

14. 假定不受其他条件制约，不管供给的价格弹性高低如何，当价格上升的时候，卖者的总收益一定增加。（   ）

15. 如果供给的价格弹性等于零，当价格上升的时候，卖者的总收益不会增加。（   ）

（三）选择（根据题意选择一个最合适的答案，并在括号里填上相应字母）

1. 当汽油价格急剧上涨时，对小汽车的需求量将（   ）

   A．减少。   B．保持不变。   C．增加。

2. 当咖啡价格急剧上涨时，对茶叶的需求量将（   ）

   A．减少。   B．保持不变。   C．增加。

3. 病人对药品的需求的价格弹性（   ）

   A．大于1。   B．等于1。   C．小于1。

4. 政府对卖者出售的商品每单位征税5美分，假定这种商品的需求的价格弹性为零，可以预料价格的上升（   ）

   A．小于5美分。   B．等于5美分。   C．大于5美分。

5. 假如买者可以按不变的价格购买任何数量的某种商品，这意味着这种商品供给的价格弹性等于（   ）

   A．零。   B．无穷。   C．1。

6. 假如价格从3美元降到2美元，需求量将从9单位增加到11单位，卖者的总收益将（   ）

   A．保持不变。   B．增加。   C．减少。

7. 已知某种商品的需求富有价格弹性，假定其他条件不变，卖者要获得更多的总收益，他应该（   ）

   A．适当提高价格。   B．适当降低价格。   C．保持原价格不变。

8. 已知某种商品的需求曲线是一条向右下方倾斜的直线，当价格趋于下降时，卖者的总收益（   ）

   A．不断增加。   B．在开始时趋于增加，达到最大值后趋于减少。   C．不断减少。

9. 某种商品的需求富有价格弹性，这意味着价格一定程度的下降将使（   ）

   A．买者需求量减少。   B．卖者总收益减少。   C．买者总支出增加。

10. 厂商在工资率下降的时候一般倾向于雇佣更多的工人，假如工人的需求量缺乏价格弹性，工资率的下降导致工资总额（   ）

    A．减少。   B．不变。   C．增加。

11. 如果价格下降10%能使买者总支出增加1%，这种商品的需求量对价

格（　　）

A. 富有弹性。　B. 具有单位弹性。　C. 缺乏弹性。

12. 买者的总支出在价格变化时保持相对稳定，这意味着需求的价格弹性（　　）

A. 小于1。　B. 大于1。　C. 等于1。

13. 政府为了增加财政收入，决定按销售量向卖者征税，假如政府希望税收负担全部落在买者身上，并尽可能不影响交易量，那么应该具备下面的条件：（　　）

A. 需求和供给的价格弹性均大于零小于无穷。　B. 需求的价格弹性大于零小于无穷，供给的价格弹性等于零。　C. 需求的价格弹性等于零，供给的价格弹性大于零小于无穷。

14. 关于蛛网变动过程的分析以下述假定为前提：（　　）

A. 生产者按照现期的价格决定下一期的供给量。　B. 需求量对价格是缺乏弹性的。　C. 供给量对价格是缺乏弹性的。

15. 按照蛛网原理，价格减幅摆动的条件是（　　）

A. 供给曲线的斜率大于需求曲线的斜率。　B. 供给曲线的斜率小于需求曲线的斜率。　C. 供给曲线的斜率等于需求曲线的斜率。

（四）简答（简要回答下列问题）

1. 需求的价格弹性的弧弹性计算公式和点弹性计算公式有什么区别和联系？
2. 生产者在确定商品价格时应该考虑需求的价格弹性吗？为什么？
3. 生产者在投资新产品时应该考虑需求的收入弹性吗？为什么？
4. 时间的长短对供给的价格弹性有什么影响？
5. 商品的产量和价格为什么会呈蛛网状变化？

（五）论述（分析和阐述下列问题）

1. 需求的价格弹性的高低对生产者的总收益有什么影响？
2. 蛛网原理的主要内容是什么？

（六）思考（讨论和研究下列问题）

1. 你认为下列商品中，哪一种商品最缺乏需求的价格弹性：香水，盐，青霉素，香烟，大米。为什么？
2. 如果政府对商品的生产者征收赋税，需求的价格弹性和供给的价格弹性的高低对生产者或消费者承担赋税的比例有什么影响？
3. 假定某河流洪水泛滥冲毁了数万亩农田，由此可以判断那些遭受洪水灾害的农民的经济状况将变坏。那些没有遭受洪水灾害的农民的经济状况将变好吗？为什么？

4. 农业的丰收通常会导致农民收入的下降。这句话对吗？为什么？

### 五、练习题解答

（一）填空题答案

1. 需求的价格弹性　需求量变化的百分比/价格变化的百分比　2. 需求量对收入变化反应的敏感程度　3. 需求的交叉弹性　4. 供给量变化的百分比/价格变化的百分比　5. 减少　正　6. 增加　负　7. 正　8. 次等　9. 大于　10. 等于　11. 小于　12. 缺乏　13. 富有　14. 增加　15. 提高

（二）判断题答案

1. F　两者的计算公式不同。

2. F　当供给曲线是经过原点的45°线时，供给的价格弹性与供给曲线的斜率相等。

3. T　以使用点弹性计算公式为例，停止购买意味着需求量变化的百分比是100%，价格变化的百分比小于100%，所以弹性大于1。

4. F　是垂直线。

5. F　是水平线。

6. F　弹性值在一般情况下不等。

7. F　在需求曲线是垂直线或水平线的情况下，弹性值均为零或无穷。

8. F　在需求的价格弹性大于1的条件下会造成总收益的减少。

9. T　在需求的价格弹性小于1的条件下可以带来总收益的增加。

10. T　价格本身就是单位商品的收益。

11. T　在农产品价格上升的情况下需求量保持稳定，因而农场主的总收益会增加。

12. T　同一种商品的收入弹性在不同的收入范围里是不同的。

13. F　卖者的总收益与价格同方向变化。

14. T　在不受市场制约的情况下，价格上升则供给量增加，卖者的总收益将增加。

15. F　当价格上升的时候，即使供给量不变，但不变的供给量与上升的价格的乘积即总收益增加了。

（三）选择题答案

1. A　补足品的交叉弹性是负值。

2. C　替代品的交叉弹性是正值。

3. C　病人不会因药品价格稍有上升就放弃治疗。

4．B 由于需求曲线是垂直线，供给曲线向上移动的幅度就是价格上升的幅度。

5．B 假如供给曲线是水平线，需求曲线左右移动不影响均衡价格。

6．C $3 \times 9 > 2 \times 11$。

7．B 在可以弥补成本的前提下适当降低价格会导致需求量较大幅度的增加。

8．B 需求的价格弹性从大于1变化到小于1。

9．C 卖者的总收益就是买者的总支出。

10．A 工资率下降而雇佣量保持稳定，工资总额将会减少。

11．A 买者的总支出因价格下降而增加。

12．C 价格的变化与需求量相反方向的变化彼此抵消，买者的总支出变化不大。

13．C 假如需求曲线是垂直线，供给曲线向上移动既不影响交易量，又使税收能够全部加到价格中去。

14．A 生产者按照现期价格决定下一期的供给量是蛛网原理的前提条件之一。

15．A 这时生产者对价格的反应程度小于消费者。

（四）简答题回答提要

1．弧弹性计算公式计算需求曲线上一段弧的弹性，点弹性计算公式计算需求曲线上一点的弹性。当价格的增量趋于零，即需求曲线上一段弧的长度趋于零时，弧弹性变成点弹性，应该从弧弹性计算公式转向点弹性计算公式。

2．生产者在其他条件相似的情况下，应该根据需求的价格弹性的高低考虑商品价格水平。

3．生产者在其他条件相似的情况下，应该考虑需求的收入弹性较高的产品。

4．当商品价格发生变化的情况下，生产者需要调整产量以对价格作出反应，因而时间越长，供给量的调整就越充分，供给的价格弹性相对而言就越大。

5．在生产者根据现期的价格决定下一期不连续生产的商品产量的前提下，生产者和消费者对价格变化反应程度不同会造成产量和价格蛛网状变化。

（五）论述题论述要点

1．当价格下降时，如果需求的价格弹性大于1，需求量增加幅度较大，厂商的总收益增加；如果需求的价格弹性小于1，需求量没什么变化，厂商的总收益减少。当价格上升时，如果需求的价格弹性大于1，需求量减少幅度较大，厂商的总收益减少；如果需求的价格弹性小于1，需求量没什么变化，厂商的总收益增加。

2. 在生产者根据现期的价格决定下一期不连续生产的商品的产量时，如果供给曲线的斜率大于需求曲线的斜率时，产量和价格发生减幅摆动；如果供给曲线的斜率等于需求曲线的斜率时，产量和价格发生持续摆动；如果供给曲线的斜率小于需求曲线的斜率时，产量和价格发生增幅摆动。

（六）思考题思考提示

1. 一般来说，盐、青霉素、大米都缺乏需求的价格弹性，但青霉素和大米都有替代品，而盐则没有替代品，所以盐最缺乏需求的价格弹性。

2. 如图 2.1 所示，当政府对生产者征收赋税的时候，如果需求弹性或供给弹性不同，生产者或消费者所承担的赋税是不同的。

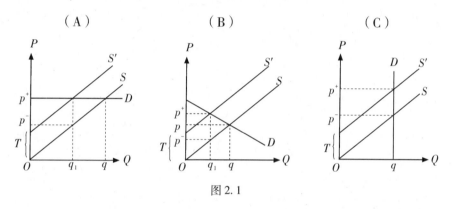

图 2.1

假定政府征收数额为 $T$ 的赋税，导致供给曲线从 $S$ 移到 $S'$，如果需求的价格弹性为无穷，如图中（A）所示，政府征税减少了交易量，但对均衡价格没有影响。与以前相比，消费者所付的价格仍为 $Op^+$，但生产所得到的总价格是 $Op^+$，净价格是 $Op^-$。政府的赋税全部由生产者承担。如果需求的价格弹性介于零和无穷之间，如图中（B）所示，政府征税减少了均衡交易量，提高了消费者支付的总价格 $Op^+$，降低了生产者得到的净价格 $Op^-$。消费者支付的总价格 $Op^+$ 高于原均衡价格 $Op$，生产者实际得到的净价格 $Op^-$ 低于原均衡价格。所以，在每单位商品征收的 $p^-p^+$ 的赋税中，消费者承担的部分是 $pp^+$，生产者承担的部分是 $p^-p$。如果需求的价格弹性为零，如图中（C）所示，政府征税提高了均衡价格，但对均衡交易量没有影响。与以前相比，生产者实际得到的价格仍为 $Op^-$，但消费者支付的价格为 $Op^+$，高于原均衡价格 $Op^-$。政府赋税全部由消费者承担。

由上述分析可以得到下述结论：需求的价格弹性越低，政府税收所带来的均衡交易量的下降幅度就越小，消费者所承担的赋税的比例就越大。例如，当政府征收赋税 $T$，图 2.1 中的（A）、（B）、（C）相比，均衡交易量的下降额从较大到零，消费者所承担的赋税从零增加到全部。

　　用相似的方法还可以证明：供给的价格弹性越低，政府税收对均衡交易量的影响越小，生产者所承担的赋税的比例越大。

　　3. 这个判断是正确的。洪水灾害导致农产品的供给减少，即农产品的供给曲线向左方移动。由于农产品的需求量缺乏价格弹性，即农产品的需求曲线相对陡峭，农产品供给曲线向左方移动将导致农产品价格较大幅度的上升，从而可以使没有遭受洪水灾害的农民获得好处。

　　4. 这句话是对的。农业的丰收导致农产品供给的增加和农产品价格的下降，但由于农产品缺乏需求的价格弹性，农产品的需求量没有增加多少，农民的收入下降。

# 第3章 居民的消费行为

## 一、内容提要

如果说第 2 章是第 1 章的延续，那么第 3 章则是第 1 章关于需求的分析的深入。第 1 章关于需求的分析表明，需求曲线是一条向右下方倾斜的曲线。本章将深入分析支配着需求曲线的内在规律是什么。另外，从本章开始，将阐述经济社会的一个重要群体——居民的经济行为。本章将分析居民的消费行为。

本章内容要点如下：

1. 基数效用论认为效用是可以用基数来衡量的。以基数来衡量的效用可以划分为总效用、平均效用和边际效用。在消费者对某种商品消费的数量不断增加的情况下，边际效用趋于递减，这就是边际效用递减规律。

2. 根据基数效用论，当消费者把确定数量的同一种商品分配到多种用途上的时候，如果该商品在每一种用途上的边际效用都相等，那么消费者从一定数量的商品中可以得到最大效用。另外，当消费者用一定的收入去购买不同种类的商品的时候，如果消费者从每一种商品得到的边际效用与该商品的价格之比分别相等，那么他从一定数量的收入中可以得到最大效用。

3. 序数效用论认为效用只能用序数来衡量。因为效用只有次序的不同而没有在绝对量上的大小的不同，所以它应该用无差异曲线来表示。

4. 根据序数效用论，无差异曲线是在偏好不变的前提下表示同样效用的点的组合，预算线是在收入为一定的条件下消费者可以购买的不同的商品组合。当无差异曲线与预算线相切时，切点表示的商品组合是用一定数量的收入所能得到的最大效用的商品组合。

5. 基数效用论认为，需求曲线向右下方倾斜是由边际效用递减规律和消费者购买商品的最大效用原则造成的。序数效用论认为，需求曲线向右下方斜率是由消费者购买商品的最大效用原则造成的。

## 二、学习要求

1. 要求掌握下述概念：以基数表示的效用，总效用，平均效用，边际效用，边际效用递减规律，基数效用论提出的配置商品的最大效用原则，基数效用论提出的购买商品的最大效用原则，消费者剩余，以序数表示的效用，无差异曲线，商品的边际替代率，预算线，序数效用论提出的购买商品的最大效用原则，收入－消费曲线，恩格尔曲线。

2. 要求理解下述关系：总效用和平均效用、边际效用的关系；总效用和某种商品消费量的关系；边际效用和某种商品消费量的关系；无差异曲线的斜率和商品边际替代率的关系；预算线的斜率和价格比率的关系；消费者收入的变化对商品消费量的影响；消费者收入的变化对某种或某组商品支出的影响；边际效用曲线和需求曲线的关系；无差异曲线、预算线和需求曲线的关系。

3. 要求能够概括下述原理：基数效用论；序数效用论；需求曲线向右下方倾斜的原因。

## 三、应该注意的问题

1. 在西方经济学中，效用是指消费者在心理上的感觉，它是一个主观的范畴。

2. 基数效用论和序数效用论是两种不同的效用理论，前者用总效用和边际效用的概念去分析配置商品的最大效用原则和购买商品的最大效用原则，后者用无差异曲线和预算线的工具去分析购买商品的最大效用原则。本章提到两者对购买商品的最大效用原则的分析结论是一致的，实际上是以效用可以用基数度量为基础。

3. 需求曲线所以向右下方倾斜是因为消费者在购买商品时总是遵循最大效用原则。

4. 在表示无差异曲线和预算线、收入－消费曲线、恩格尔曲线的三个坐标系里，横轴或纵轴表示的变量有所不同。

## 四、练习与思考

（一）填空（在括号里填上适当的词）

1. 效用是指（    ）。
2. 基数效用论认为，效用有（    ）之分，它们可以用（    ）来衡量。

3. 序数效用论认为，效用只有（　　）的不同，它们可以用（　　）来衡量。

4. 平均效用等于总效用与（　　）之比。

5. （　　）等于总效用的增量与商品的增量之比。

6. 当某种商品的消费量从 2 单位增加到 3 单位时，某个消费者所感受到的总效用从 7 单位增加到 9 单位。由此可知消费 3 单位商品的平均效用是（　　），消费第 3 单位商品的边际效用是（　　）。

7. 当某种商品的消费量逐渐增加的时候，消费者所得到的总效用随之（　　），边际效用趋于（　　）。

8. 假如某个消费者把同一种商品分析到两种用途中去，那么获得最大效用的条件是（　　）。

9. 假如某个消费者把一定的货币收入用于购买两种商品，那么获得最大效用的条件是（　　）。

10. 消费者剩余是指（　　）。

11. 在同一条无差异曲线上，消费者所得到的总效用（　　）。

12. 无差异曲线离原点越远，表示消费者所得到的总效用（　　）。

13. 对于同一个消费者来说，无差异曲线（　　）相交。

14. 在总效用不变的前提下，如果增加 1 单位的商品 X 需要减少 3 单位商品 Y，那么以 X 代替 Y 的边际替代率是（　　）。

15. 商品边际替代率（　　）无差异曲线的切线的斜率。

16. 在同一条预算线上，消费者的总支出是（　　）。

17. 在以横轴表示商品 X，纵轴表示商品 Y 的坐标系里，X 价格的下降将使预算线绕着（　　）向（　　）移动。

18. 假定商品价格不变，消费者收入的增加将使预算线（　　）移动。

19. 预算线的斜率（　　）商品价格的比率。

20. 用一定的货币收入购买不同商品的效用最大化原则是（　　），它在图像上表现为（　　）。

（二）判断（判断下列说法是否正确，分别在括号里写上 T 或 F）

1. 同样一种商品的效用将因人、因地、因时的不同而不同。（　　）

2. 假定其他条件不变，消费者从每单位商品中得到的效用随着这种商品数量的增加而增加。（　　）

3. 只要商品的数量在增加，消费者得到的总效用就一定增加。（　　）

4. 只要总效用是正数，边际效用就不可能是负数。（　　）

5. 对于同一个消费者来说，同样数量的商品不管在什么情况下都提供同样数量的效用。（　　）

6. 消费者要获得最大的效用,他应该把某种商品平均地分配到不同的用途中去。(　)

7. 如果消费者从每一种商品中得到的总效用与它们的价格之比分别相等,他将获得最大利润。(　)

8. 在均衡的条件下,消费者购买商品所得到的总效用,一定等于他因支付货币所失去的货币的总效用。(　)

9. 在均衡的条件下,消费者对每单位商品所支付的货币的效用,等于他所购买的商品的边际效用。(　)

10. 在同一条无差异曲线上,不同的消费者所得到的总效用是无差别的。(　)

11. 两条无差异曲线的交点所表示的商品组合,对于同一个消费者来说具有不同的效用。(　)

12. 用商品 X 代替商品 Y 的边际替代率等于3,意味着1单位商品 X 和3单位商品 Y 具有同样的总效用。(　)

13. 在消费者的收入和商品的价格为一定的条件下,预算线是一条确定的直线。(　)

14. 当无差异曲线和预算线相交时,消费者从交点所表示的商品组合所得到的效用达到最大。(　)

15. 假定其他条件不变,如果某种商品的价格下降了,根据效用最大化原则,消费者会增购这种商品。(　)

(三) 选择(根据题意选择一个最合适的答案,并在括号里填上相应字母)

1. 某个消费者的无差异曲线群包含(　)

A. 少数几条无差异曲线。　B. 许多但数量有限的无差异曲线。　C. 无数的无差异曲线。

2. 无差异曲线的位置和形状取决于(　)

A. 消费者的偏好。　B. 消费者的偏好和收入。　C. 消费者的偏好、收入以及商品的价格。

3. 预算线的位置和斜率取决于(　)

A. 消费者的收入。　B. 消费者的收入和价格。　C. 消费者的偏好、收入和商品的价格。

4. 预算线向右上方平行移动的原因是(　)

A. 商品 X 的价格下降了。　B. 商品 Y 的价格下降了。　C. 商品 X 和 Y 的价格按同样的比率下降。

5. 预算线绕着它与横轴的交点向外移动的原因是(　)

A. 商品 X 的价格下降了。　B. 商品 Y 的价格下降了。　C. 消费者的收入增加了。

6. 预算线绕着它与纵轴的交点向内移动的原因是（    ）

A. 商品 X 的价格上升了。  B. 商品 X 的价格下降了。  C. 商品 Y 的价格上升了。

7. 购买商品的效用最大化原则是（    ）

A. $AU_x/P_x = AU_y/P_y = \cdots$。  B. $TU_x/P_x = TU_y/P_y = \cdots$。  C. $MU_x/P_x = MU_y/P_y = \cdots$。

8. 已知消费者的收入是 50 美元，商品 X 的价格是 5 美元，商品 Y 的价格是 4 美元。假定这个消费者打算购买 6 单位商品 X 和 5 单位商品 Y，商品 X 和 Y 的边际效用分别是 60 和 30。如要得到最大效用，他应该（    ）

A. 增购 X 和减少 Y 的购买量。  B. 增购 Y 和减少 X 的购买量。  C. 同时减少 X 和 Y 的购买量。

9. 按照题 8 的已知条件，如果消费者打算购买 6 单位商品 X 和 4 单位商品 Y，商品 X 和 Y 的边际效用是 25 和 20，那么要得到最大效用，他应该（    ）

A. 按原计划购买 X 和 Y。  B. 增加 X 和 Y 的购买量。  C. 减少 X 和 Y 的购买量。

10. 已知商品 X 的价格是 3 美元，商品 Y 的价格是 2 美元，消费者的收入是 36 美元，商品 X 和 Y 的数量和效用之间的关系如表 3.1 所示。

表 3.1

| 数量 | X 的总效用 | X 的边际效用 | Y 的总效用 | Y 的边际效用 |
| --- | --- | --- | --- | --- |
| 4 | 109 | 17 | 104 | 13 |
| 5 | 125 | 16 | 116 | 12 |
| 6 | 140 | 15 | 128 | 12 |
| 7 | 155 | 15 | 139 | 11 |
| 8 | 169 | 14 | 150 | 11 |
| 9 | 183 | 14 | 160 | 10 |
| 10 | 196 | 13 | 169 | 9 |
| 11 | 207 | 11 | 177 | 8 |

消费者要得到最大效用，他应该购买（    ）

A. 6 单位 X 和 9 单位 Y。  B. 7 单位 X 和 9 单位 Y。  C. 5 单位 X 和 8 单位 Y。

11. 假定题 10 的其他已知条件不变，商品 X 的价格从 3 美元降到 2 美元。根据效用最大化原则，消费者应该购买（    ）

A. 10 单位 X 和 4 单位 Y。  B. 11 单位 X 和 7 单位 Y。  C. 8 单位 X 和 8 单位 Y。

12. 假定题 11 的其他条件不变，消费者的收入从 36 美元降至 28 美元，消费者要得到最大效用，他应该购买（　　）

A. 11 单位 X 和 7 单位 Y。  B. 10 单位 X 和 4 单位 Y。  C. 5 单位 X 和 5 单位 Y。

13. 某消费者逐渐增加某种商品的消费量，直至达到了效用最大化。在这个过程中，这种商品的（　　）

A. 总效用和边际效用不断增加。  B. 总效用不断下降，边际效用不断增加。  C. 总效用不断增加，边际效用不断下降。

14. 随着收入和价格的变化，消费者的均衡也发生变化。假如消费者发现在新的均衡状态下，各种商品的边际效用均低于原均衡状态，这意味着（　　）

A. 消费者的生活状况改善了。  B. 消费者的生活状况恶化了。  C. 消费者的生活状况没有变化。

15. 已知商品 X 的价格是 1.5 美元，商品 Y 的价格是 1 美元，如果消费者从这两种商品得到最大效用的时候商品 Y 的边际效用是 30，那么商品 X 的边际效用应该是（　　）

A. 20。  B. 30。  C. 45。

16. 假定商品 X，Y，Z 的价格相同，消费者要得到最大效用，他应该购买（　　）

A. 相同数量的商品 X，Y，Z。  B. 这三种商品并使它们的总效用相等。  C. 这三种商品并使它们的边际效用相等。

17. 如果某种商品的边际效用降为零，这意味着这种商品的（　　）

A. 总效用达到最大化。  B. 总效用降到最小。  C. 总效用等于零。

以下 18～20 题参看图 3.1：

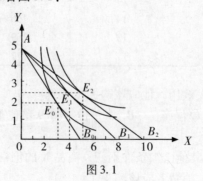

图 3.1

18. 从预算线 $AB_0$ 可知，假如商品 X 的价格是 2 美元，商品 Y 的价格一定是（　　）
   A. 1 美元。　　B. 2 美元。　　C. 3 美元。
19. 根据题 18 的已知条件和正确答案可以判定，消费者的收入是（　　）
   A. 50 美元。　　B. 20 美元。　　C. 10 美元。
20. 预算线从 $AB_0$ 移至 $AB_1$ 意味着商品 X 的价格现在是（　　）
   A. 2 美元。　　B. 1.25 美元。　　C. 1 美元。

（四）简答（简要回答下列问题）

1. 当消费者把一定数量的某种商品配置到多种用途上的时候，为什么只有在各种用途的边际效用相等时，消费者才从该数量的商品中得到最大效用？

2. 为什么在无差异曲线与预算线相切时，切点所表示的商品组合是最大效用的商品组合？

3. 当商品 X 的价格变化，或者商品 Y 的价格变化，或者商品 X 和 Y 的价格同比例变化时，预算线将会怎样移动？

（五）论述（分析和阐述下列问题）

1. 以基数效用论为基础说明购买商品的最大效用原则。

2. 以序数效用论为基础说明购买商品的最大效用原则。

3. 购买商品的最大效用原则与需求函数有什么联系？

（六）思考（讨论和研究下列问题）

1. 在基数效用论里，配置商品的最大效用原则和购买商品的最大效用原则有什么区别？

2. 假定所有消费者的偏好是一样的，如何从个人的消费者剩余得到社会的消费者剩余？

3. 假定政府对生产者征税导致商品价格上升，这对消费者剩余和社会的效用产生什么影响？

4. 某人与他的朋友到饭馆吃饭，点了一道 40 美元的龙虾，但没有吃完就欲离开。由于不能把剩下的龙虾带走，他的朋友劝他把龙虾吃完，不然就亏了。根据效用原理，他应该怎样做？为什么？

## 五、练习题解答

（一）填空题答案

1. 商品具有的满足人的欲望的能力　　2. 大小　基数　　3. 程度　序数　　4. 商品数量　　5. 边际效用　　6. 3 单位　2 单位　　7. 增加　递减　　8. 从两种用途得到的边际效用相等　　9. 两种商品的边际效用与各自

的价格之比相等　　10. 消费者从商品得到的总效用与他支付货币所付出的总效用差　　11. 相等　　12. 越大　　13. 不可能　　14. 3　　15. 等于　　16. 相同的　　17. 它与纵轴的交点　外　　18. 向外平行　　19. 等于　　20. 商品的边际效用与它们各自的价格之比分别相等　无差异曲线和预算线的切点所表示的商品组合

（二）判断题答案

1. T　效用是一种主观感觉。

2. F　随着商品数量增加而减少。

3. F　在边际效用是负数的时候，总效用趋于减少。

4. F　如果总效用减少，尽管它仍是正数，但边际效用已是负数。

5. F　同样数量的商品在不同的用途中提供不同的效用。

6. F　当消费者从不同的用途中得到相同的边际效用时，总效用达到最大化。

7. F　最大效用原则是商品的边际效用与各自的价格之比相等。

8. F　存在消费者剩余。

9. T　如果消费者对每单位商品支付的货币的效用小于商品的边际效用，他将继续购买商品，直到他所付出的货币的效用等于商品的边际效用为止。

10. F　某一条无差异曲线是对某一个消费者而言的。

11. F　无差异曲线不可能相交。

12. T　正因为这样，在用 1 单位商品 X 替代 3 单位商品 Y 后，总效用保持不变。

13. T　商品价格决定预算线的斜率，消费者的收入决定预算线的位置。

14. F　在无差异曲线和预算线相切时，消费者从切点表示的商品组合得到的效用达到最大。

15. T　消费者增加这种商品的消费量，使该商品的边际效用下降，才能符合最大效用原则。

（三）选择题答案

1. C　消费者的欲望是无限的。

2. A　无差异曲线只反映消费者的偏好程度，不反映消费者的收入和商品价格。

3. B　预算线的斜率取决于商品的价格，位置取决于消费者的收入。

4. C　预算线的斜率取决于价格比率。

5. B　在商品 Y 的价格下降以后，同样的收入购买商品 X 的数量不变，但购买商品 Y 的数量增加了。

6. A　在商品 X 的价格上升以后，同样的收入购买商品 Y 的数量不变，但购买商品 X 的数量减少了。

7. C　各种商品的边际效用与各自的价格之比分别相等。

8. A　因为 $MU_x$ 与 $P_x$ 之比大于 $MU_y$ 与 $P_y$ 之比,所以应该增购 X 降低 $MU_x$,或者减少 Y 的购买量提高 $MU_y$。

9. B　消费者的收入还有剩余,他应该增购 X 和 Y。

10. A　$MU_x/P_x = MU_y/P_y$,$P_xQ_x + P_yQ_y = 36$。

11. B　$MU_x/P_x = MU_y/P_y$,$P_xQ_x + P_yQ_y = 36$。

12. B　$MU_x/P_x = MU_y/P_y$,$P_xQ_x + P_yQ_y = 28$。

13. C　总效用增加和边际效用递减同时发生。

14. A　消费者消费商品的数量增加了。

15. C　$30/1 = 45/1.5$。

16. C　这三种商品的边际效用与各自的价格之比应该相等。

17. A　在总效用达到最大值的时候,边际效用等于零。

18. B　预算线 $AB_0$ 的斜率等于1。

19. C　设 $Q_y = 0$,$P_xQ_x = 10$。

20. B　设 $Q_y = 0$,$Q_x$ 从 5 单位增加到 8 单位意味着 $P_x$ 从 2 美元下降到 1.25 美元。

(四) 简答题回答提要

1. 如果商品在不同用途上的边际效用不等,例如在 A 用途的边际效用高于在 B 用途的边际效用,那么减少投放在 A 用途的商品,增加投放在 B 用途的商品,总效用将会增加,只有商品在不同的用途上的边际效用相等,总效用才达到最大化。

2. 当无差异曲线与预算线相交时,沿着预算线向左上方或右下方移动,仍能使效用水平提高,因此该点还不是最大效用的商品组合。只有当无差异曲线与预算线相切时,沿着预算线向左上方或右下方移动,都会使效用水平降低,因此该点是最大效用的商品组合。

3. 预算线将会绕着与 Y 轴的交点向外移动,或绕着与 X 轴的交点向外移动,或在斜率不变的情况下平行向外移动。

(五) 论述题论述要点

1. 通过比较增加 1 单位商品所增加的效用和支付商品的价格而减少的货币的效用,得到购买任何一种商品的最大效用原则,然后再推广到购买多种商品而得到购买多种商品的最大效用原则。

2. 首先分析无差异曲线,然后再分析预算线,最后把无差异曲线和预算线结合起来说明:当无差异曲线与预算线相切时,消费者从切点所表明的商品组合得到了最大效用。

3. 购买商品的最大效用原则是支配着需求函数的内在规律。利用无差异曲线和预算线可以推导出需求曲线。

（六）思考题思考提示

1. 两者解决不同的问题：前者说明如何把一定数量的某种商品配置到不同的用途以获取最大效用，后者说明如何用一定的收入购买不同的商品以获取最大效用。

2. 根据个人的边际效用曲线和购买商品的最大效用原则可以推导出个人的需求曲线。把个人的需求曲线在水平方向上相加得到市场的需求曲线，市场的需求曲线以下和价格线以上的面积构成社会的消费者剩余。

3. 如图3.2所示，政府征税导致商品价格从 $Op$ 上升到 $Op_1$，社会的消费者剩余从 $\triangle pBD$ 的面积减少到 $\triangle p_1 AD$ 的面积，即社会的消费者剩余减少了梯形 $pBAp_1$ 的面积。由于政府得到了矩形 $pCAp_1$ 的赋税收入，社会效用的净损失是 $\triangle CBA$ 的面积。

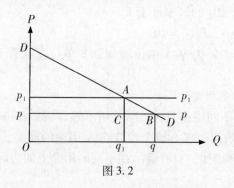

图 3.2

4. 此人不应该再吃龙虾。他吃饱了意味着他的总效用已达到最大化，边际效用为零。如果他继续吃龙虾，他不但亏了没吃完龙虾所损失的钱，而且还导致总效用的下降。

# 第4章 居民的储蓄行为

## 一、内容提要

第3章分析了居民的消费行为,本章将分析居民的储蓄行为。居民的消费行为和储蓄行为是居民的基本经济行为。

本章内容要点如下:

1. 居民的储蓄动机包括生命周期储蓄动机、保留遗产储蓄动机、谨慎储蓄动机、均匀消费储蓄动机和目标储蓄动机。生命周期储蓄动机是指人们为了安排整个生命期间的消费而进行储蓄的动机;保留遗产储蓄动机是指人们为了给下一代留下遗产而进行储蓄的动机;谨慎储蓄动机是指人们为了预防未来发生的意外事件而进行储蓄的动机;均匀消费储蓄动机是指人们在收入变动的情况下为了实现稳定的消费支出而进行的储蓄;目标储蓄动机是指人们为了达到某些特定的消费目标而进行储蓄的动机。

2. 居民的储蓄决策实际上是要解决是现在消费更多些还是未来消费更多些的问题,它可以利用预算线和无差异曲线来分析。预算线的位置取决于居民的收入和利息率:居民的收入越高,预算线在横轴上的截距就越大;利息率越高,预算线的斜率的绝对值就越大。无差异曲线则取决于居民对现在消费和未来消费的偏好。当无差异曲线和预算线相切时,切点所表示的储蓄是能够使居民在既定的条件下得到最大福利的储蓄。

3. 利息率的提高对储蓄产生收入效应和替代效应。收入效应是指利息率的提高使居民即使现在增加一定的消费支出也不会导致未来消费支出的减少,因而居民倾向于减少现在的储蓄;替代效应是指利息率的提高使居民现在增加储蓄可以在未来有更多的消费支出,因而居民倾向于增加现在的储蓄。如果收入效应大于替代效应,居民现在的储蓄将减少;反之,居民现在的储蓄会增加。

4. 居民的储蓄方式包括把收入存入银行、委托共同基金投资、购买证券等。居民在选择储蓄方式时应考虑收益、风险、流动性、赋税等因素。

## 二、学习要求

1. 要求掌握下述概念：生命周期储蓄动机，保留遗产储蓄动机，谨慎储蓄动机，均匀消费储蓄动机，目标储蓄动机，分析储蓄的预算线，分析储蓄的无差异曲线，提高利息率对储蓄产生的收入效应，提高利息率对储蓄产生的替代效应，居民的储蓄方式。

2. 要求理解下述关系：各种储蓄动机的区别；某居民现期收入增加对预算线的影响；利息率的提高对预算线的影响；居民对现在和未来消费的偏好的变化对无差异曲线的影响；利息率的变化对居民储蓄的影响；收益与风险、流动性、赋税的关系。

3. 要求能够概括下述原理：居民的消费决策；利息率的变化对居民消费决策的影响。

## 三、应该注意的问题

1. 均匀消费储蓄动机和生命周期储蓄动机存在区别：前者强调储蓄在收入高的年份和收入低的年份起着平衡消费的作用，后者强调储蓄在工作阶段和退休阶段起着平衡消费的作用。但是两者又存在一定的联系：当居民在工作阶段和退休阶段均匀消费时，生命周期储蓄动机成为均匀消费储蓄动机。

2. 居民的消费决策分析属于微观经济分析，它主要分析某个居民的经济行为，而不是分析居民作为整体的经济行为。

3. 第3章在对居民消费的分析中提出了预算线和无差异曲线的概念，本章在对居民储蓄的分析中也提出了预算线和无差异曲线的概念。应该指出，预算线和无差异曲线是一种分析方法，在多个领域的分析中都可以运用。在具体运用中，预算线和无差异曲线的基本特征不变，但具体含义有所变化。

## 四、练习与思考

（一）填空（在括号里填上适当的词）

1. 居民的储蓄动机包括（    ）、（    ）、（    ）、（    ）和（    ）。
2. 居民储蓄决策的预算线的斜率取决于（    ）。
3. 居民储蓄决策的无差异曲线的位置取决于（    ）。
4. 居民的最优储蓄是（    ）和（    ）的切点所表示的储蓄。
5. 利息率的提高对储蓄产生的收入效应造成现期储蓄的（    ）。

6. 利息率的提高对储蓄产生的替代效应造成现期储蓄的（　　）。

7. 经验统计分析表明，当利息率提高时，替代效应（　　）收入效应，储蓄将会（　　）。

8. 居民在选择购买金融资产进行储蓄时，金融资产收益越高，金融资产风险（　　）。

9. 居民在选择购买金融资产进行储蓄时，金融资产流动性越强，金融资产收益（　　）。

10. 居民在选择购买金融资产进行储蓄时，赋税优惠越多，金融资产的收益（　　）。

（二）判断（判断下列说法是否正确，分别在括号里写上T或F）

1. 居民在进行储蓄时往往只受一种储蓄动机支配。（　　）

2. 在居民的储蓄决策中，预算线上的点表示在收入为一定的条件下，现在的储蓄量和未来的储蓄量的组合。（　　）

3. 在居民的储蓄决策中，无差异曲线上的点表示在居民对现在消费和未来消费的偏好为一定的条件下，居民对现在消费支出和未来消费支出的组合的选择是无差异的。（　　）

4. 假定其他条件不变，利息率的提高导致预算线绕着它与横轴的交点向外移动。（　　）

5. 无差异曲线和预算线的交点所决定的储蓄量，是居民在现有的条件下可以得到最大福利的储蓄量。（　　）

6. 理论分析表明，利息率提高产生的替代效应一定大于收入效应，储蓄将增加。（　　）

7. 国库券和政府债券都是按面额发行，并且明确标明利息率。（　　）

8. 公司债券和公司股票的发行者和持有者的关系都是被所有者和所有者的关系。（　　）

9. 在有效的金融市场里，收益越高的金融资产一般风险也越大。（　　）

10. 在有效的金融市场里，风险越大的金融资产一般收益也较高。（　　）

（三）选择（根据题意选择一个最合适的答案，并在括号里填上相应字母）

1. 居民为了应付年老时因健康原因导致医疗支出增加而进行储蓄，这种储蓄的动机是（　　）

A. 生命周期储蓄动机。　B. 谨慎储蓄动机。　C. 均匀消费储蓄动机。

2. 居民的储蓄决策，实际上是（　　）

A. 在预算线上进行选择。　B. 在无差异曲线上进行选择。　C. 在预算线内进行选择。

3. 由于居民要增加第一个时期的消费支出即减少第一个时期的储蓄就要

减少第二个时期的消费支出，在以横轴表示第一个时期的消费支出，纵轴表示第二个时期的消费支出的坐标系里，预算线是一条（　　）

A. 向右上方倾斜的曲线。　B. 水平线。　C. 向右下方倾斜的曲线。

4. 在居民的储蓄决策里，无差异曲线向右下方倾斜的原因是：（　　）

A. 居民要增加第一个时期的储蓄就要减少第二个时期的储蓄。　B. 居民要增加第一个时期的消费支出，就要减少第二个时期的消费支出。　C. 居民若减少第一个时期的储蓄就可以增加第二个时期的储蓄。

5. 在西方国家的年轻一代中，主张及时行乐的人数增加了。假定其他条件不变，这些年轻人与注重均匀消费的前辈相比，（　　）

A. 无差异曲线的位置发生了变化。　B. 预算线的位置发生了变化。
C. 无差异曲线和预算线的位置都发生了变化。

6. 根据题5的前提条件，主张及时行乐的年轻人的无差异曲线和预算线的切点，将位于注重均匀消费的前辈的无差异曲线和预算线的切点的（　　）

A. 左上方。　B. 右下方。　C. 同一位置。

7. 利息率的提高导致人们增加储蓄以用未来的消费支出替代现在的消费支出，这种效应叫作（　　）

A. 替代效应。　B. 收入效应。　C. 利率效应。

8. 在居民可以选择的有关金融资产中，按风险从高到低排列依次是：（　　）

A. 政府证券，公司债券，公司股票。　B. 公司股票，政府证券，公司债券。　C. 公司股票，银行存款，政府证券。

9. 在居民可以选择的有关金融资产中，按流动性从强到弱排列依次是：（　　）

A. 国库券，政府债券，公司债券。　B. 公司债券，政府债券，国库券。　C. 公司债券，存款单据，政府债券。

10. 当居民的收入增加时，他在进行储蓄决策时其预算线在利息率不变的条件下（　　）

A. 平行向内移动。　B. 平行向外移动。　C. 保持不变。

（四）简答（简要回答下列问题）

1. 居民储蓄的动机是什么？这些动机的关系是什么？
2. 居民储蓄决策的预算线是怎样形成和变化的？
3. 居民储蓄决策的无差异曲线是怎样形成和变化的？
4. 居民可以选择的金融资产的收益性、风险性和流动性之间存在什么关系？

（五）论述（分析和阐述下列问题）

1. 居民怎样进行储蓄决策才能在既定的收入、利率和偏好条件下取得最大的福利？

2. 如果其他因素不变，在居民的收入、利率和偏好逐一发生变化的情况下，对最优的储蓄量具有什么影响？

3. 最优消费和最优储蓄的分析有什么相同之处和不同之处？

（六）思考（讨论和研究下列问题）

1. 假定政府实行储蓄账户式的社会保障计划，它对劳动者征税并存入银行，待劳动者退休后连本带息支付给劳动者。根据居民储蓄决策原理，如果其他条件不变，政府的社会保障计划对居民的私人储蓄有什么影响？

2. 假定政府实行边收边付的社会保障计划，它对现在的劳动者征税并支付给现在的退休者。如果劳动者的增长率等于利息率，根据居民储蓄决策原理，政府的社会保障计划对居民的私人储蓄有什么影响？

3. 假定某居民第一个时期的收入是 $W$，现在他得知他在第二个时期将得到数额为 $Y$ 的遗产并因而改变储蓄决策，通过负储蓄即借债的方式增加第一个时期的消费支出。如果该居民借债的利息率等于存款的利息率，他的预算线以及在预算线上的选择将发生什么变化？

4. 试说明下述变化可能会如何影响人们的储蓄动机：(1) 政府决定增加遗产税。(2) 政府承诺对在自然灾害中受伤的人提供帮助。(3) 政府推出使大学生更容易得到学生贷款的方案。(4) 经济发生了比人们预期还要糟的变化。

## 五、练习题解答

（一）填空题答案

1. 生命周期储蓄动机　保留遗产储蓄动机　谨慎储蓄动机　均匀消费储蓄动机　目标储蓄动机　　2. 利息率　　3. 居民对现在和未来消费支出的偏好　　4. 预算线　无差异曲线　　5. 减少　　6. 增加　　7. 大于　增加　　8. 越大　　9. 越低　　10. 越低

（二）判断题答案

1. F　居民受到多种储蓄动机的支配。

2. F　预算线上的点表示现在的消费支出和未来消费支出的组合，居民现在的收入减去现在的消费支出才构成现在的储蓄量。

3. T　无差异曲线上各个点所表示的现在消费支出和未来消费支出的组合对居民具有同样的福利。

4. T 居民收入不变，预算线在横轴上的截距不变。由于预算线的斜率的绝对值为 1＋利息率，利息率的提高使预算线变得更陡峭。

5. F 无差异曲线和预算线的切点所决定的储蓄量才是最优的储蓄量。

6. F 理论分析不能证明收入效应和替代效应谁大谁小。

7. F 国库券按低于面额的价格发行，政府债券按等于面额的价格发行。

8. F 公司债券发行者和持有者的关系是债务人和债权人的关系。

9. T 金融资产的风险一般与收益成正比例变化。

10. T 金融资产的收益一般与风险成正比例变化。

（三）选择题答案

1. B 这种储蓄动机是预防性动机。

2. A 居民在既定的条件下选择是现在多消费一些还是未来多消费一些。

3. C 横轴和纵轴表示的两个变量呈反方向变化。

4. B 无差异曲线所在的坐标系的横轴表示第一个时期的消费支出，纵轴表示第二个时期的消费支出。

5. A 居民对现在和未来消费支出的偏好的变化将导致无差异曲线的位置移动。

6. B 主张及时行乐的年轻人现在的消费支出将增加。

7. A 根据替代效应的定义而成立。

8. C 这是由金融资产的性质和特点决定的。

9. A 这是由金融资产的性质和特点决定的。

10. B 利息率不变，因而预算线斜率不变。居民的收入增加了，他在现在的消费支出可以随之增加。

（四）简答题回答提要

1. 居民的储蓄动机包括生命周期储蓄动机、保留遗产储蓄动机、谨慎储蓄动机、均匀消费储蓄动机、目标储蓄动机。这些储蓄动机都是强调某一个方面而提出的动机，它们之间没有截然的区别。例如，生命周期储蓄动机可以看作整个生命周期的均匀消费储蓄动机，谨慎储蓄动机可以看作筹措某一个方面的突然支出的目标储蓄动机，如此等等。

2. 居民储蓄决策的预算线在横轴和纵轴上的截距取决于居民的收入，斜率取决于利息率，因而它在收入和利息率为一定的条件下形成，并随着收入和利息率的变化而变化。

3. 居民储蓄决策的无差异曲线取决于居民对现在消费和未来消费的偏好，它在偏好为一定的条件下形成并随着偏好的变化而变化。

4. 金融资产的收益与风险正向变化，与流动性反向变化。

(五) 论述题论述要点

1. 先分析预算线,再分析无差异曲线,最后把预算线和无差异曲线结合起来分析最优的储蓄量。

2. 分别分析在收入和利息率发生变化的情况下如何导致预算线在横轴和纵轴上的截距变化及斜率变化,以及偏好发生变化的情况下如何导致无差异曲线变化,再分析预算线或无差异曲线的变化对两条曲线的切点有什么影响。

3. 最优消费和最优储蓄的分析都使用预算线和无差异曲线作为工具,最优点都是预算线和无差异曲线的切点。但是,最优消费和最优储蓄分析所使用的坐标系不一样,预算线和无差异曲线的具体含义有所区别。

(六) 思考题思考提示

1. 在政府实行储蓄账户式的社会保障计划的情况下,居民因其他动机而进行的储蓄没有变化,因退休保障而进行的储蓄被政府的税收即公共储蓄所替代,私人储蓄将减少,但总储蓄保持不变。

2. 在政府实行边收边付式的社会保障计划的情况下,居民因其他动机而进行的储蓄没有变化,因退休保障而进行的储蓄被政府的税收所替代。由于劳动者的增长率等于利息率,每个劳动者支付数量为 $T$ 的税收可以为每个退休者筹集 $T \cdot (1+劳动者增长率)$ 的社会保障金,预算线的斜率不变,预算线与无差异曲线的切点也不变。但是,替代私人储蓄的税收马上用于支付社会保障金而不构成公共储蓄,私人储蓄和总储蓄均减少。

3. 设利息率是 $i$,该居民可以用于第一个时期消费支出的收入达到 $W + Y/(1+i)$,或可以用于第二个时期消费支出的收入达到 $Y + W(1+i)$。因此,预算线在横轴上的截距是 $W + Y/(1+i)$,在纵轴上的截距是 $Y + W(1+i)$,预算线向外移动了。另外,该居民借债用于第一个时期的支出,他选择的预算线上的消费点将位于既没借债也没储蓄的消费点的右下方。

4. (1) 减弱人们保留遗产的储蓄动机。

(2) 减弱人们的谨慎储蓄动机。

(3) 减弱人们的目标储蓄动机。

(4) 增强人们的均匀储蓄动机。

# 第5章 居民的就业行为

## 一、内容提要

第3章、第4章分别分析了居民的消费行为和储蓄行为,本章将分析居民的就业行为。居民既是消费者,也是生产要素的拥有者。作为生产要素的拥有者,居民可以划分为劳动所有者、资本所有者、土地所有者。本章仅分析劳动所有者即劳动者是如何考虑就业问题的。

本章内容要点如下:

1. 居民的劳动供给决策实际上是在收入和闲暇之间进行选择,它可以利用预算线和无差异曲线进行分析。收入和闲暇的预算线表示居民在收入为一定的条件下可以获得的收入和闲暇的组合。收入和闲暇的无差异曲线表示在居民偏好不变的条件下曲线上各点表示收入和闲暇的组合对于居民具有同样的福利。当预算线和无差异曲线相切时,切点所表示的收入和闲暇的组合是最优的组合,它决定了居民最优的劳动供给量。

2. 居民非工资收入的增加将导致劳动供给量的减少,工资收入的增加在工资水平较低时导致劳动供给量的增加,在工资水平较高时导致劳动供给量的减少。

3. 人力资本是指对人进行投资导致素质提高和健康改善而具备的一种生产能力。对人力资本的投资主要采取正规教育、职业培训、医疗保健的方式,投资需要付出明显成本和隐含成本,但可以获得收益。

4. 人力资本的投资决策可以利用消费可能性曲线和无差异曲线进行分析。消费可能性曲线表示居民年轻时期消费支出和成年时期消费支出的各种可能的组合,无差异曲线表示居民在偏好为一定的条件下年轻时期消费支出和成年时期消费支出的各种组合对于居民具有同样的福利。预算线和无差异曲线的切点决定了年轻时期消费支出和成年时期消费支出的最优组合,从而决定了最优的人力资本投资量。

## 二、学习要求

1. 要求掌握下述概念：收入和闲暇的预算线，收入和闲暇的无差异曲线，劳动供给的均衡，现在贴现值，人力资本，人力资本投资的明显成本，人力资本投资的隐含成本，对人力资本投资的均衡。

2. 要求理解下述关系：工资收入对预算线的影响；收入偏好对无差异曲线的影响；非工资收入增加对劳动供给均衡的影响；工资收入增加对劳动供给均衡的影响；物质资本与人力资本的联系和区别；居民关于年轻时期消费支出和成年时期消费支出的偏好对人力资本投资选择的影响。

3. 要求能够概括下述原理：劳动供给均衡的形成和变化；人力资本投资的均衡和变化。

## 三、应该注意的问题

1. 继利用预算线和无差异曲线分析消费的均衡和储蓄的均衡以后，本章又利用预算线和无差异曲线分析劳动供给的均衡和人力资本投资的均衡。应注意在不同的分析中预算线和无差异曲线所表示的具体含义的区别。

2. 当居民的非工资收入增加时，预算线不仅是向外移动，而且直线型的预算线变成折线型的预算线。

3. 对人力资本投资的选择仅仅是从经济的因素分析的。在现实的生活中，对人力资本的投资受到多种非经济因素的影响。

## 四、练习与思考

（一）填空（在括号里填上适当的词）

1. 收入和闲暇的预算线表示在居民的（　　）为一定的条件下居民可以获得的（　　）和（　　）的组合。

2. 收入和闲暇的无差异曲线表示在居民对收入和闲暇的（　　）为一定的条件下曲线上各点所表示的收入和闲暇的组合对于他具有（　　）的福利。

3. 在收入和闲暇的预算线和无差异曲线（　　）的时候，居民的（　　）达到了均衡。

4. 居民的非工资收入（　　）将导致他的劳动供给量的减少。

5. 在工资水平较低时，居民的工资收入的（　　）将导致他的劳动供给量的减少。

6. 人力资本指的是人的（　　）。

7. 在人力资本投资选择中，消费可能性曲线是一条（　　）向原点的曲线。

8. 在人力资本投资选择中，无差异曲线是指在居民对（　　）和（　　）的偏好为一定的条件下，曲线上的点所表示的（　　）和（　　）的组合对居民具有相同的福利。

9. 在消费可能性曲线和无差异曲线（　　）的时候，决定了对人力资本最优的投资选择。

10. 从纯经济的角度来看，当某居民选择以接受大学教育的方式对人力资本进行投资时，他所选择的专业应该是把未来的收入按现行年利息率折算成现在贴现值（　　）从事该专业的学习所耗费的成本的差额最大的专业。

（二）判断（判断下列说法是否正确，分别在括号里写上 T 或 F）

1. 收入和闲暇的预算线平行向外移动的幅度是有限的。（　　）
2. 收入和闲暇的无差异曲线平行向右上方移动的幅度是有限的。（　　）
3. 如果居民偏好于收入，那么收入和闲暇的无差异曲线较为陡峭。（　　）
4. 居民非工资收入的减少将导致劳动供给量增加。（　　）
5. 工资率提高一定导致劳动供给量增加。（　　）
6. 在未来收益和利息率为一定的条件下，获得收益的时间离现在越远，现在贴现值越小。（　　）
7. 对人力资本进行投资可以增进人的工作能力但不能增加人的收益。（　　）
8. 对人力资本进行投资的隐含成本就是对人力资本投资的机会成本。（　　）
9. 工资率提高产生的替代效应使劳动的供给量增加，工资率提高产生的收入效应使劳动的供给量减少。（　　）
10. 在收入和闲暇的预算线和无差异曲线的相切时，居民对人力资本的投资形成了均衡。（　　）

（三）选择（根据题意选择一个最合适的答案，并在括号里填上相应字母）

1. 假定工资率下降了，收入和闲暇的预算线将（　　）
   A. 平行向内移动。　B. 绕着它与横轴的交点向外移动　C. 绕着它与横轴的交点向内移动。

2. 如果某居民变得更偏好于闲暇，（　　）
   A. 他的无差异曲线将变得较平坦。　B. 他的无差异曲线将变得较陡峭。
   C. 他的无差异曲线将平行向外移动。

3. 在收入和闲暇的预算线和无差异曲线的切点上，（　　）

A. 以闲暇替代收入的边际替代率等于增加每小时闲暇所放弃的收入的比率。　B. 居民的劳动供给量在现有条件下达到最优程度。　C. 既是 A 也是 B。

4. 居民变得更偏好于闲暇将导致（　　）

A. 劳动供给量的均衡点沿着预算线向右下方移动。　B. 劳动供给量增加。　C. 劳动供给量的均衡点向预算线外移动。

5. 当工资率下降时，如果替代效应大于收入效应，劳动供给量将会（　　）

A. 减少。　B. 增加。　C. 保持不变。

6. 在未来收益为一定的条件下，在下列情况下现在贴现值将较大：（　　）

A. 利息率较低。　B. 获得收益的时间离现在较近。　C. 既是 A 也是 B。

7. （　　）的现在贴现值可以用年收益除以利息率来计算。

A. 股票。　B. 政府债券。　C. 国库券。

8. 由于素质的提高和健康的改善而增进的生产能力所以称为人力资本，是因为（　　）

A. 需要支付成本。　B. 这种生产能力能够反复利用。　C. 对这种生产能力的投资能够带来收益。

9. 当整个国家的工资水平上升时，居民的消费可能性曲线将（　　）

A. 向外移动。　B. 向内移动。　C. 保持不变。

10. 消费可能性曲线所以凹向原点，是因为（　　）

A. 居民每增加 1 单位成年时期的消费支出的机会成本递减。

B. 居民每增加 1 单位成年时期的消费支出的机会成本递增。

C. 居民要增加 1 单位成年时期的消费支出就要放弃一定的年轻时期的消费支出。

（四）简答（简要回答下列问题）

1. 收入和闲暇的预算线和无差异曲线取决于什么因素？
2. 非工资收入和工资收入的变化对均衡的劳动供给量有什么影响？
3. 对人力资本的投资取决于什么因素？

（五）论述（分析和阐述下列问题）

1. 均衡的劳动供给量是怎样形成的？它在什么因素的影响下发生变化？
2. 从经济的角度来看，居民是如何选择对人力资本进行投资的？

（六）思考（讨论和研究下列问题）

1. 对物质资本投资和对人力资本投资有什么联系和区别？
2. 政府提高个人所得税率对劳动的供给量有什么影响？

## 五、练习题解答

（一）填空题答案

1. 时间　收入　闲暇　2. 偏好　同样　3. 相切　劳动供给
4. 增加　5. 减少　6. 一种生产能力　7. 凹　8. 年轻时期的消费支出　成年时期的消费支出　年轻时期的消费支出　成年时期的消费支出
9. 相切　10. 高于

（二）判断题答案

1. T　一个人一天的时间只有 24 小时。
2. F　任何居民都存在无差异曲线群。
3. F　如果居民偏好于收入，收入和闲暇的无差异曲线将较为平坦，这表明居民为了得到一定的收入愿意放弃较多的闲暇。
4. T　与非工资收入增加对劳动供给的影响相反。
5. F　工资率的提高只有在替代效应大于收入效应的条件下才有可能导致劳动供给量的增加。
6. T　离现在越远的钱的价值越小。
7. F　对人力资本投资以后可以从事收入更高的工作。
8. T　隐含成本是放弃机会所付出的成本。
9. T　替代效应是指工资率提高以后居民提供更多的劳动以用收入替代闲暇，收入效应是指工资率提高以后居民因困境改善而愿意享受更多的闲暇。
10. T　居民的福利达到最大。

（三）选择题答案

1. C　收入和闲暇的预算线和横轴的交点取决于居民的工作时间，和纵轴的交点取决于工资率。
2. B　居民为了得到一定的闲暇愿意放弃的收入增加。
3. C　A 和 B 是劳动量达到均衡状态的不同表述。
4. A　居民愿意提供的劳动量减少。
5. A　在工资率下降时，替代效应导致劳动供给量的减少，收入效应导致劳动供给量的增加。
6. C　$i$ 和 $t$ 的减少导致 $N/(1+i)^t$ 的增加。
7. B　股票的年收益是不稳定的，国库券的期限小于 1 年。

8. C　能够带来收益是资本最重要的特征。

9. A　居民在年轻时期和成年时期可以有更多的消费支出。

10. B　机会成本递增是造成消费可能性曲线凹向原点的原因。

（四）简答题回答提要

1. 收入和闲暇的预算线在横轴和纵轴上的截距分别取决于居民的工作时间和工资率，无差异曲线的形状则取决于居民对收入和闲暇的偏好。

2. 非工资收入增加将导致收入和闲暇的预算线向外平行移动并变成折线，从而导致劳动供给量的减少；反之则导致劳动供给量的增加。工资收入增加将导致收入和闲暇的预算线绕着它与横轴的交点向外移动，在替代效应大于收入效应的情况下导致劳动供给量的增加，在替代效应小于收入效应的情况下导致劳动供给量的减少；反之则相反。

3. 对人力资本的投资取决于经济因素和非经济因素。经济因素是使对人力资本投资预期收益的现在贴现值减去预期成本的差额达到最大。非经济因素涉及社会、道德、兴趣、爱好等多方面的因素。

（五）论述题论述要点

1. 先分析收入和闲暇的预算线和无差异曲线取决于什么因素并且是如何形成的，然后利用收入和闲暇的预算线和无差异曲线说明均衡的劳动供给量是怎样形成的，最后分析影响收入和闲暇的预算线和无差异曲线的因素发生变化的情况下均衡的劳动供给量是如何变化的。

2. 先分析消费可能性曲线和无差异曲线，再利用消费可能性曲线和无差异曲线分析对人力资本投资的选择。

（六）思考题思考提示

1. 对物质资本投资和对人力资本投资在性质上是相近的：两者都要花费一定的成本，两者都要冒一定的风险，两者都形成生产能力，两者都可以获得收益。但是，对物质资本投资和对人力资本投资又有所区别：前者形成有形的物品，后者形成无形的能力；前者主要取决于经济因素，后者则取决于各种经济的和非经济的因素。

2. 政府提高个人所得税率减少了居民纳税后的工资，相当于降低了工资率。因此，政府提高个人所得税率对劳动供给量的影响可以视作工资率的下降对劳动供给量的影响来分析。

# 第6章 厂商的成本决策

## 一、内容提要

第3章至第5章主要探讨居民的经济行为,从本章开始至第8章则主要阐述经济社会中另一个经济群体——厂商的经济行为。本章主要分析厂商的生产函数以及在厂商所生产的产量为一定的条件下,如何实现成本的最小化。

本章内容要点如下:

1. 生产函数表示厂商的产品的产出量和生产要素的投入量之间的函数关系。生产函数将随着技术水平的提高而变化,因而某一个特定的生产函数都是从某一个特定的时期来考察的。另外,要取得一定的产量,各种生产要素投入量的比例是可以调整的。

2. 产量可以划分为总产量、平均产量和边际产量。假定其他条件不变而使某一种生产要素连续增加,总产量、平均产量和边际产量函数的图像呈坡形变化。总产量、平均产量和边际产量曲线存在一定的关系:当总产量曲线到达最高点时,边际产量曲线与横轴相交。另外,边际产量曲线一定通过平均产量曲线的最高点。

3. 假定其他条件不变而连续地增加某一种生产要素,当该生产要素的投入量达到一定的程度时,边际产量将出现递减。这就是边际收益递减规律。

4. 当各种生产要素投入量按比例增加,即生产的规模出现扩大的时候,由于可以进行专业化生产,总产量在一定的范围内会出现递增的现象。这就是规模经济的好处。

5. 厂商的最小成本原则可以用等产量曲线和等成本曲线分析。等产量曲线表示用曲线上的点所代表的生产要素的组合生产出来的产品数量是一样的,它的斜率等于生产要素的边际替代率。等成本曲线表示在生产要素价格为一定的条件下,花费同样的成本所能购买到的生产要素组合,它的斜率等于两种生产要素价格之比。当等产量曲线与等成本曲线相切时,切点所代表的生产要素组合是可以用最低的成本来生产既定的产量的生产要素组合。

6. 如果用X、Y表示投入的两种生产要素,用$P$表示生产要素的价格,用 MP 表示生产要素的边际产量,那么最小成本原则为 $MP_x/P_x = MP_y/P_y$。

## 二、学习要求

1. 要求掌握下述概念:企业制度的形式,委托-代理问题,生产函数,总产量函数,平均产量函数,边际产量函数,生产要素的边际替代率,等产量曲线,等成本曲线。

2. 要求掌握下述关系:总产量曲线与边际产量曲线的关系;边际产量曲线与平均产量曲线的关系;边际产量与某种生产要素投入量的关系;总产量的增量与生产规模的关系;生产要素的边际替代率与某种生产要素投入量的关系;成本的变化对等成本曲线位置的影响;生产要素价格的变化对等成本曲线位置的影响。

3. 要求概括下述原理:边际收益递减规律;规模收益递增原理;最小成本原则。

## 三、应该注意的问题

1. 边际收益递减规律和规模收益递增原理的前提条件是不同的。设生产函数是 $Y=f(C,L)$($Y$ 表示产量,$C$ 表示资本,$L$ 表示劳动),那么边际收益递减规律是在其中一种生产要素不变而另一种生产要素连续增加的前提下发生的规律,规模收益递增则是在两种生产要素按原比例同时增加时所发生的现象。

2. 规模收益递增不是扩大生产规模后必然发生的现象。如果在扩大生产规模以后没有实行更为合理的分工和实行专业化生产,规模收益递增的现象不一定发生。

3. 边际收益递减和规模收益递增在本章的讨论范围内都是指实物产量的递减或递增,而不是指货币收益的递减或递增。因此,本章所分析的边际收益递减规律实际上是边际产量递减规律。诚然,在产品价格为一定的条件下,实物产量和货币收益的变化是一致的。

4. 最小成本原则和最大利润原则有所区别。最小成本原则说明在产量为一定的前提下,如何进行生产要素的替代以实现成本的最小化。因此,在各种不同的产量水平下,按照最小成本原则进行生产都可以实现成本的最小化。最大利润原则则说明在收益函数和成本函数为一定的前提下,如何调整产量以实现利润的最大化。因此,在既定的生产条件下,厂商只能在一种产量水平下实现利润的最大化。

## 四、练习与思考

（一）填空（在括号里填上适当的词）

1. 生产函数表示（　　）和（　　）之间的函数关系。
2. 柯布－道格拉斯生产函数的形式是（　　）。
3. （　　）是平均每单位生产要素的产出量，它等于总产量/生产要素投入量。
4. 边际产量是（　　），它等于（　　）。
5. 总产量曲线、平均产量曲线和边际产量曲线都是（　　）形曲线。
6. 边际产量曲线在平均产量曲线的（　　）与平均产量曲线相交。
7. 边际收益递减规律发生作用的前提条件是（　　）。
8. 规模收益递增的主要原因是（　　）。
9. 等产量曲线表示，在一定的技术条件下，用不同的生产要素组合所生产出来的产量可以是（　　）的。
10. 等产量曲线的切线的斜率等于（　　）。
11. 在产量不变的前提下，如果增加1单位生产要素X可以取代3单位生产要素Y，那么以X代替Y的边际替代率等于（　　）。
12. 当以生产要素X代替生产要素Y的边际替代率等于3时，这意味着以生产要素Y代替生产要素X的边际替代率等于（　　）。
13. 如果连续地用生产要素X代替生产要素Y，那么以X代替Y的边际替代率将（　　）。
14. 等成本曲线表示支出（　　）的成本所能得到的不同的生产要素组合。
15. 等成本曲线的斜率等于（　　）。
16. 在生产要素价格不变的前提下，如果支出的成本增加了，等成本曲线将（　　）地（　　）移动。
17. 在成本不变的前提下，如果生产要素X的价格下降了，等成本曲线斜率的绝对值将（　　）。
18. 利用等产量曲线和等成本曲线的切点所表示的生产要素组合，能够以（　　）的成本生产出（　　）的产量。
19. 在等产量曲线与等成本曲线相切的时候，两条曲线的斜率相等，这意味着（　　）等于（　　）。
20. 最小成本原则可以用公式（　　）表示。

（二）判断（判断下列说法是否正确，分别在括号里写上 T 或 F）

1. 随着技术水平的变化，生产函数也会发生变化。（　　）
2. 如果连续地增加某种生产要素的投入量，总产量将不断递增，边际产量在开始时递增，然后趋于递减。（　　）
3. 只要总产量减少，边际产量一定是负数。（　　）
4. 只要边际产量减少，总产量一定也在减少。（　　）
5. 假定其他条件不变，随着某种生产要素投入量的增加，边际产量和平均产量增加到一定程度将趋于下降，其中边际产量的下降一定先于平均产量的下降。（　　）
6. 边际产量曲线一定在平均产量曲线的最高点与它相交。（　　）
7. 当总产量曲线到达最高点时，边际产量与横轴相交。（　　）
8. 规模收益递减是边际收益递减规律造成的。（　　）
9. 边际收益递减是规模收益递减所造成的。（　　）
10. 利用两条等产量曲线的交点所表示的生产要素组合，可以生产出数量不同的产品。（　　）
11. 利用等产量曲线上任意一点所表示的生产要素组合，都可以生产出同一数量的产品。（　　）
12. 生产要素的价格一旦确定，等成本曲线的斜率随之确定。（　　）
13. 等成本曲线的斜率，等于纵轴表示的生产要素 Y 的价格，与横轴表示的生产要素 X 的价格之比。（　　）
14. 假如以生产要素 X 代替生产要素 Y 的边际替代率等于3，这意味着这时增加 1 单位 X 所增加的产量，等于减少 3 单位 Y 所减少的产量。（　　）
15. 生产要素的边际替代率递减是边际收益递减规律造成的。（　　）
16. 长期平均成本曲线所以是 U 形曲线，是因为规模收益从递增逐渐转为递减造成的。（　　）
17. 不管技术水平是否提高，边际收益递减规律都将发挥作用。（　　）
18. 只要生产规模扩大，总产量就一定会递增。（　　）
19. 在等产量曲线与等成本曲线相交的时候，用交点表示的生产要素进行生产可以实现成本的最小化。（　　）
20. 最小成本原则是各种生产要素的平均产量与它们各自的价格之比分别相等。（　　）

（三）选择（根据题意选择一个最合适的答案，并在括号里填上相应的字母）

1. 如果连续地增加某种生产要素，在总产量达到最大值的时候，边际产量曲线与（　　）

A. 平均产量曲线相交。 B. 纵轴相交。 C. 横轴相交。

2. 随着某种生产要素投入量的增加，边际产量和平均产量都呈坡形变化，前者的下降将发生在后者的下降（ ）

A. 之前。 B. 的同时。 C. 之后。

3. 在总产量、平均产量和边际产量的变化过程中，（ ）

A. 边际产量的下降首先发生。 B. 平均产量的下降首先发生。 C. 总产量的下降首先发生。

4. 边际收益递减规律发生作用的前提条件是（ ）。

A. 连续地投入某种生产要素而保持其他生产要素不变。 B. 按比例同时增加各种生产要素。 C. 不按比例同时增加各种生产要素。

5. 在边际收益递减规律的作用下，边际产量会发生递减。在这种情况下，如果要增加同样数量的产品，应该（ ）

A. 停止增加变动的生产要素。 B. 减少变动的生产要素的投入量。 C. 增加变动的生产要素的投入量。

6. 在图6.1中，哪一条曲线反映了边际收益递减规律的作用？（ ）

A. X。 B. Y。 C. Z。

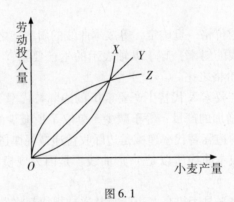

图6.1

7. 规模收益递增是在下述情况下发生的：（ ）

A. 连续地投入某种生产要素而保持其他生产要素不变。 B. 按比例连续增加各种生产要素。 C. 不按比例连续增加各种生产要素。

8. 等成本曲线向外平行移动表明（ ）

A. 产量提高了。 B. 成本增加了。 C. 生产要素的价格按相同比例上升了。

9. 等成本曲线绕着它与纵轴的交点向外移动意味着（ ）

A. 生产要素 Y 的价格下降了。 B. 生产要素 X 的价格上升了。 C. 生产要素 X 的价格下降了。

10. 在以横轴表示生产要素 X，纵轴表示生产要素 Y 的坐标系里，等成本曲线的斜率等于 2 表明（　　）

A. $P_x/P_y=2$。  B. $P_y/P_x=2$。  C. $Q_x/Q_y=2$。

11. 已知在等产量曲线的某一点上，以生产要素 X 代替 Y 的边际替代率是 2，这意味着（　　）

A. $MP_y/MP_x=2$。  B. $MP_x/MP_y=2$。  C. $AP_y/AP_x=2$。

12. 已知等成本曲线在坐标平面上与等产量曲线既不相交也不相切，这说明要生产等产量曲线所表示的产量水平，应该（　　）

A. 增加投入。  B. 保持原投入不变。  C. 减少投入。

13. 假定等成本曲线在坐标平面上与等产量曲线相交，这表明要生产等产量曲线表示的产量水平，（　　）

A. 还可以减少成本支出。  B. 不能再减少成本支出。  C. 应该再增加成本支出。

14. 最小成本原则是（　　）

A. $MP_x/P_x=MP_y/P_y=\cdots$。  B. $AP_x/P_x=AP_y/P_y=\cdots$。  C. $TP_x/P_x=TP_y/P_y=\cdots$。

15. 见图 6.2，由等成本曲线 AB 可知，生产要素 X 和 Y 的价格分别是（　　）

A. 4 美元和 3 美元。  B. 3 美元和 4 美元。  C. 6 美元和 8 美元。

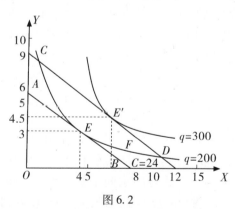

图 6.2

16. 见图 6.2，生产 200 单位产量的最低成本是（　　）

A. 12 美元。  B. 24 美元。  C. 48 美元。

17. 见图 6.2，生产 200 单位产量的最优生产要素组合是（　　）

A. 8 单位 X 和 6 单位 Y。  B. 3 单位 X 和 4 单位 Y。  C. 4 单位 X 和 3 单位 Y。

18. 见图 6.2，等成本曲线从 AB 移到 CD，表明成本支出从 24 美元增加到（   ）

　　A. 36 美元。　　B. 48 美元。　　C. 60 美元。

19. 见图 6.2，假如厂商选择的生产要素组合不是 E 点而是 F 点，要生产 200 单位的产量，需要花费成本（   ）

　　A. 28 美元。　　B. 32 美元。　　C. 36 美元。

20. 见图 6.2，如果更有效地使用 32 美元，可以达到下述产量：（   ）

　　A. 小于 200 单位。　　B. 大于 300 单位。　　C. 大于 200 单位小于 300 单位。

21. 当某厂商以最小的成本生产出既定的产量时，他（   ）

　　A. 一定获得了最大利润。　　B. 一定没获得最大利润。　　C. 能否获得最大利润还无法确定。

22. 当某厂商在某一产量上达到了最大利润时，他（   ）

　　A. 一定实现了最小成本。　　B. 一定没有实现最小成本。　　C. 是否实现最小成本还无法确定。

23. 只要确定了最优的生产要素组合，（   ）

　　A. 就可以确定一条总成本曲线。　　B. 在任何条件下都可以确定总成本曲线上的一个点。　　C. 在生产函数和生产要素的价格为已知的条件下可以确定总成本曲线上的一个点。

24. 在完全竞争的条件下，假定生产要素 X、Y、Z 的价格分别是 6、4、1 美元，边际产量分别是 12、8、2 单位，每单位产品的价格是 1 美元，如果使用生产要素 X、Y、Z 的数量分别是 1、1、1 单位，那么在目前的产量水平上，厂商（   ）

　　A. 付出的成本最小，但获得的利润并不是最大。　　B. 付出的成本最小，获得的利润最大。　　C. 付出的成本不是最小，但获得的利润最大。

25. 假定题 24 的其他条件不变，如果厂商使用生产要素 X、Y、Z 的数量分别是 2、2、2 单位，那么在目前的产量水平上，厂商（   ）

　　A. 付出的成本最小，但获得的利润不是最大。　　B. 付出的成本最小，获得的利润最大。　　C. 付出的成本不是最小，但获得的利润最大。

（四）简答（简要回答下列问题）

1. 边际产量曲线为什么在平均产量曲线的最高点与平均产量曲线相交？
2. 边际收益为什么会发生递减？
3. 规模收益为什么会发生递增？
4. 委托 – 代理问题是如何产生的？应如何解决？

（五）论述（分析和阐述下列问题）

如何利用等产量曲线和等成本曲线推导出最小成本原则？

（六）思考（讨论和研究下列问题）

1．最大效用原则和最小成本原则的分析方法有什么相似之处和不同之处？

2．在产量为一定的条件下，利用等成本曲线和等产量曲线可以分析如何实现成本的最小化。在成本为一定的条件下，利用等成本曲线和等产量曲线可以分析如何实现产量的最大化吗？

## 五、练习题解答

（一）填空题答案

1．产出  投入   2．$Q = KL^{\alpha}C^{1-\alpha}$（$Q$ 是产量，$L$ 是劳动投入量，$C$ 是资本投入量，$K$ 是正的常数，$\alpha$ 是小于 1 的正数）   3．平均产量   4．增加 1 单位生产要素所增加的产量  总产量增量/某投入量增量   5．坡  6．最高点   7．技术水平不变，保持其他生产要素不变而连续地投入某种生产要素，每单位生产要素的生产率相同   8．规模增大带来的节约和劳动专业化   9．相同的   10．生产要素的边际替代率   11．3   12．1/3   13．递减   14．相同   15．生产要素 X 与生产要素 Y 的价格之比   16．平行  向外   17．下降   18．最低  既定   19．生产要素 X 替代 Y 的边际替代率  生产要素 X 与 Y 的价格比率   20．$MP_x/P_x = MP_y/P_y$

（二）判断题答案

1．T  生产函数是以一定的技术水平为前提。

2．F  在投入量增加到一定程度的时候，总产量增加的数量递减，最后总产量趋于下降。

3．T  总产量的增量就是边际产量。

4．F  当总产量的增量下降但绝对量仍在增加时，边际产量趋于减少。

5．T  只有总产量的增量下降了，平均产量才会下降。

6．T  当边际产量大于平均产量的时候，平均产量一定增加；当边际产量小于平均产量的时候，平均产量一定减少。因此，边际产量必然在平均产量的最高点与它相交。

7．T  当总产量曲线到达最高点时，总产量增量为零，边际产量曲线与横轴相交。

8．F  规模收益递减是生产协调的困难造成的。

9．F  边际收益递减是生产要素投入量比例不当造成的。

10．F  等产量曲线不可能相交。

11．T　根据等产量曲线的定义而成立。

12．T　等成本曲线的斜率等于生产要素的价格比率。

13．F　等于生产要素 X 的价格与生产要素 Y 的价格之比。

14．T　正因为这样，在以 X 代替 Y 以后，总产量没有变化。

15．T　由于生产要素 X 边际产量递减，要用越来越多的 X 才能代替同样数量的生产要素 Y，因而以 X 代替 Y 的边际替代率递减。

16．T　正因为规模收益从递增转向递减，长期平均成本从下降转向上升。

17．F　如果技术水平提高，边际收益递减规律不会发生作用。

18．F　在生产规模扩大以后，必须实行合理的分工协作，总产量才会递增。另外，生产规模扩大到一定程度，会出现生产协调的困难，总产量将会递减。

19．F　在等产量曲线与等成本曲线的切点上，才能实现成本的最小化。

20．F　最小成本原则是各种生产要素的边际产量与它们各自的价格之比分别相等。

(三) 选择题答案

1．C　总产量增量等于零。

2．A　只有总产量的增量下降了，平均产量才会下降。

3．A　下降的先后次序依次是边际产量、平均产量、总产量。

4．A　保持其他生产要素不变而连续投入某种生产要素是边际收益递减规律的前提条件。

5．C　只有更多地投入变动的生产要素，才能生产同样数量的产品。

6．A　曲线 X 表明，随着劳动投入量的增加，小麦产量的增量递减。

7．B　按原比例连续增加各种生产要素是规模收益递增的前提条件。

8．B　等成本曲线的斜率取决于生产要素的价格比率，斜率不变前提下其位置取决于成本的高低。

9．C　在生产要素 X 的价格下降以后，以同样数量的成本购买 Y 的数量没变，购买 X 的数量增加了。

10．A　等成本曲线的斜率等于 $Q_y/Q_x$ 或 $P_x/P_y$。

11．B　以 X 代替 Y 而总产量不变意味着 $\Delta X \cdot MP_x = \Delta Y \cdot MP_y$，在不考虑 $X$ 和 $Y$ 的变化方向相反的条件下，$\Delta Y/\Delta X = MP_x MP_y$。

12．A　只有增加成本，才能生产既定的产量。

13．A　减少成本支出后仍能生产出同样的产量。

14．A　最小成本原则是各种生产要素的边际产量与它们各自价格的比分别相等。

15. B  $P_x = 24 \div 8 = 3$，$P_y = 24 \div 6 = 4$。
16. B  200 单位的等产量曲线与 24 美元的等成本曲线相切。
17. C  切点的坐标是（4，3）。
18. A  $C = 3 \times 12 = 4 \times 9 = 36$。
19. B  $C = 3 \times 8 + 4 \times 2 = 32$。
20. C  用 24 和 36 美元所能生产的最大产量分别是 200 和 300 单位，因而有效利用 32 美元可以生产出大于 200 小于 300 单位的产量。
21. C  实现最小成本的产量不一定是达到最大利润的产量。
22. A  在达到最大利润的产量水平下，成本一定是最小。
23. C  在生产函数和生产要素价格为已知的条件下，可以确定总成本曲线。这样，根据生产要素组合和生产要素价格，便可以确定其中的一个点。
24. A  X、Y、Z 的边际产量与它们的价格之比都等于 2，但是边际收益大于边际成本。
25. B  同时满足最大利润原则和最小成本原则。

（四）简答题回答提要

1. 当边际产量大于平均产量，即边际产量曲线位于平均产量曲线的上方时，平均产量趋于上升；当边际产量小于平均产量，即边际产量曲线位于平均产量曲线的下方时，平均产量趋于下降。这样，不论是边际产量曲线在平均产量曲线上升的部分还是在平均产量曲线下降的部分与平均产量曲线相交，都将与上述定理相违背。因此，边际产量曲线与平均产量曲线唯一的交点是平均产量曲线的最高点。

2. 当保持其他生产要素不变而使某一种生产要素连续增加时，保持不变的生产要素与连续增加的生产要素之间存在一个最优比例，如果超过了这个最优比例再继续增加这种生产要素，生产要素的效率下降，边际产量将发生递减。

3. 当生产规模扩大时，可以实行更合理的分工和专业化生产，总产量将发生递增。

4. 由于委托人和代理人掌握的信息不对称，而委托人和代理人又存在各自的利益，这样便产生委托 – 代理问题，解决该问题的方法之一是建立激励机制。

（五）论述题论述要点

首先提出等产量曲线的概念，分析等产量曲线的特点；其次提出等成本曲线的概念，分析等成本曲线的特点；然后把等产量曲线和等成本曲线放置在同一个坐标系，说明当等产量曲线和等成本曲线相切时，利用切点所表示的生产要素组合进行生产可以花费最小成本生产出既定产量；最后根据切点的特点得出最小成本原则。

（六）思考题思考提示

1. 首先，最大效用原则利用无差异曲线和预算线进行分析，最小成本原则利用等产量曲线和等成本曲线进行分析，两者是相似的。其次，无差异曲线表示有关商品组合的效用为一定，等产量曲线表示有关生产要素组合的产量为一定，等产量曲线也称为生产的无差异曲线。另外，预算线表示一定的收入所能购买的商品组合，等成本曲线表示一定的支出所能购买的生产要素组合，等成本曲线也可以看作生产的预算线。再次，最大效用原则是各种商品的边际效用与它们各自的价格的比分别相等，最小成本原则是各种生产要素的边际产量与它们各自的价格的比分别相等。如果把边际产量看作生产要素的边际效用，两者是一致的。但是，在分析最大效用原则时，由于收入为一定，因而只有一条预算线，通过分析这条预算线和若干条无差异曲线的关系找出最大效用的商品组合。在分析最小成本时，由于产量为一定，因而只有一条等产量曲线，通过分析这条等产量曲线和若干条等成本曲线的关系找出最小成本的生产要素组合。另外，无差异曲线是主观的范畴，等产量曲线是客观的范畴。在这两个方面，这两种分析又存在差异。

2. 在成本为一定的条件下，根据生产要素的价格可以得到一条确定的等成本曲线。另外，根据生产函数可以得到代表不同产量水平的等产量曲线。当确定的等成本曲线与其中一条等产量曲线相切时，该等产量曲线所代表的产量是花费一定的成本所能生产的最大产量。

# 第7章 厂商的生产决策

## 一、内容提要

第6章分析了厂商实现成本最小化的行为，本章将分析厂商实现利润最大化的行为。成本最小化和利润最大化是两种不同的分析，前者说明在产量为一定的条件下如何实现成本的最小化，后者说明如何调整产量以实现利润的最大化。另外，如果说第3章是第1章关于需求分析的深入，那么本章是第1章关于供给分析的深入。第1章关于供给的分析表明，供给曲线是一条向右上方倾斜的曲线，本章则深入分析支配着供给曲线的内在规律是什么。

本章内容要点如下：

1. 经济成本是指厂商使用生产要素时应该支付的代价，它包括明显成本、隐含成本和正常利润。

2. 经济成本划分为短期成本和长期成本，前者是部分生产要素不变、部分生产要素可变的情况下发生的成本，后者是全部生产要素均为可变的情况下发生的成本。短期成本和长期成本都可以划分为总成本、平均成本、边际成本，短期或长期的总成本、平均成本、边际成本与某种商品产量之间的函数关系，叫作短期或长期的总成本函数、平均成本函数、边际成本函数。

3. 厂商的收益是指厂商出售产品所得到的收入，它可以划分为总收益、平均收益和边际收益。总收益、平均收益和边际收益与某种商品产量之间的函数叫作总收益函数、平均收益函数、边际收益函数。

4. 当厂商把产量调整到边际收益等于边际成本（$MR=MC$）的时候，厂商的利润达到最大化，这就是最大利润原则。

5. 供给曲线所以向右上方倾斜，是由厂商总是按照最大利润原则调整产量决定的。

## 二、学习要求

1. 要求掌握下述概念：经济成本，明显成本，隐含成本，正常利润，短期成本，长期成本，总成本，总固定成本，总变动成本，平均成本，平均固定成本，平均变动成本，边际成本，成本函数，总收益，平均收益，边际收益，停止营业点，最大利润原则。

2. 要求理解下述关系：短期平均成本曲线和短期边际成本曲线的关系；短期平均变动成本曲线和短期边际成本曲线的关系；短期平均成本曲线和长期平均成本曲线的关系；短期总成本曲线和长期总成本曲线的关系；短期边际成本曲线和长期边际成本曲线的关系；平均收益曲线和边际收益曲线的关系；边际成本曲线和供给曲线的关系。

3. 要求能够概括下述原理：短期成本原理；长期成本原理；最大利润原则；最大利润原则对供给曲线形成的影响。

### 三、应该注意的问题

1. 短期边际成本曲线、短期平均成本曲线和短期平均可变成本曲线都是U形曲线，短期边际成本曲线在短期平均成本曲线和短期平均变动成本曲线的最低点与它们相交。

2. 长期平均成本曲线和长期总成本曲线分别是短期平均成本曲线和短期总成本曲线的包络曲线，但长期边际成本曲线不是短期边际成本曲线的包络曲线。

3. 在自由竞争的条件下，厂商不能影响市场价格，因此厂商的总收益曲线是一条经过原点的直线，其斜率等于商品的价格；厂商的平均收益曲线和边际收益曲线重合并且都是水平线。

4. 由于厂商总是按照边际收益等于边际成本的最大利润原则决定产量，在自由竞争的条件下，厂商的边际成本曲线构成了厂商的供给曲线，各个厂商的供给曲线在水平方向上相加形成市场的供给曲线。

### 四、练习与思考

（一）填空（在括号里填上适当的词）
1. 总收益是指（　　），它等于（　　）与（　　）的乘积。
2. （　　）等于总收益与产品数量之比。
3. 边际收益是指增加1单位产量所增加的（　　），它等于（　　）除以（　　）之商。
4. 经济成本等于（　　）、（　　）与（　　）之和。
5. （　　）是指生产一定的产量所花费的成本的总和，它在短期内可以划分为（　　）和（　　）两部分。

6.（　　）在短期内等于平均不变成本和平均变动成本之和。

7. 边际成本是指增加1单位产量所增加的（　　），它等于（　　）与（　　）之比。

8. 在短期内，随着产量的变化，（　　）成本保持不变，（　　）成本不断变化。

9. 填写表7.1中有关总变动成本、平均成本、边际成本的数值。

表7.1

| 产量 | 总成本 | 总不变成本 | 总变动成本 | 平均成本 | 边际成本 |
|---|---|---|---|---|---|
| 0 | 50 | 40 | | | |
| 2 | 60 | 40 | ____ | ____ | ____ |
| 4 | 70 | 40 | ____ | ____ | ____ |
| 6 | 80 | 40 | ____ | ____ | ____ |

10.（　　）是厂商的停止营业点。

11. 厂商在（　　）的时候得到最大利润或蒙受最小亏损。

12. 在自由竞争的条件下，最大利润原则 $MR=MC$ 也可以写作（　　）。

13. 边际成本曲线在平均成本曲线的（　　）点与它相交。

14. 长期总成本曲线是短期总成本曲线的（　　）曲线。

15. 长期边际成本曲线与短期边际成本曲线相（　　）。

16. 长期平均成本曲线与短期平均成本曲线相（　　）。

17.（　　），一切成本都是可变的。

18. 在竞争的条件下，商品的价格对于厂商来说是既定的，这意味着厂商的平均收益（　　）边际收益。

19. 平均收益曲线在竞争的条件下与边际收益曲线（　　）。

20. 厂商的供给曲线是厂商边际成本曲线在（　　）以上的部分。

（二）判断（判断下列说法是否正确，分别在括号里写上T或F）

1. 补偿固定资本有形损耗的折旧费是变动成本。（　　）

2. 厂房的火灾保险费是变动成本。（　　）

3. 产品的销售税是不变成本。（　　）

4. 补偿固定资本无形损耗的折旧费是不变成本。（　　）

5. 付给工人的加班费是变动成本。（　　）

6. 贷款利息的支出是变动成本。（　　）

7. 厂商增加1单位产量时所增加的总变动成本等于边际成本。（　　）

8. 总成本在长期内可以划分为不变成本和变动成本。（　　）
9. 平均收益就是单位商品的价格。（　　）
10. 在产量的某一变化范围内，只要边际成本曲线位于平均成本曲线的上方，平均成本曲线一定向下倾斜。（　　）
11. 边际成本曲线一定在平均可变成本曲线的最低点与它相交。（　　）
12. 在总收益等于总成本的时候，厂商的正常利润为零。（　　）
13. 只要总收益少于总成本，厂商就会停止生产。（　　）
14. 在总收益仅仅能够补偿总变动成本的情况下，从理论上说厂商仍可能继续生产。（　　）
15. 假定市场是自由竞争的，厂商在价格高于边际成本的时候得到的总利润，要多于在价格等于边际成本的时候得到的总利润。（　　）
16. 根据利润最大化原则（$P = MC$），价格越高，厂商愿意提供的商品数量就越多。（　　）
17. 长期边际成本曲线是短期边际成本曲线的包络曲线。（　　）
18. 长期平均成本曲线在短期平均成本曲线的最低点与短期平均成本曲线相切。（　　）
19. 厂商的总收益曲线是与纵轴相交的直线。（　　）
20. 在厂商的边际成本曲线上，与平均成本曲线交点以上的部分，构成厂商的供给曲线。（　　）

（三）选择（根据题意选择一个最合适的答案，并在括号里填上相应字母）

1. 不变成本是指（　　）
　A. 购进生产要素时支付的成本。　B. 即便停止生产也必须支付的成本。
　C. 要增加产量所要增加的成本。

2. 假如总产量从 1000 单位增加到 1002 单位，总成本从 2000 美元上升到 2020 美元，那么边际成本等于（　　）
　A. 10 美元。　B. 20 美元。　C. 2020 美元。

3. 已知产量为 99 单位时，总成本等于 995 美元；产量增加到 100 单位时，平均成本等于 10 美元。由此可知边际成本等于（　　）
　A. 10 美元。　B. 5 美元。　C. 15 美元。

4. 已知产量为 500 单位时，平均成本是 2 美元；产量增加到 550 单位时，平均成本等于 2.50 美元。在这个产量变化范围内，边际成本（　　）
　A. 随着产量的增加而上升，并在数值上大于平均成本。　B. 随着产量的增加而上升，并在数值上小于平均成本。　C. 随着产量的增加而下降，并在数值上大于平均成本。

5. 假定增加 1 单位产量所增加的边际成本小于产量增加前的平均成本，

那么在产量增加后平均成本将（　　）

　　A. 下降。　　B. 上升。　　C. 不变。

6. 边际成本曲线和平均成本曲线的交点，在平均成本曲线（　　）

　　A. 向右下方倾斜的部分。　　B. 最低点。　　C. 向右上方倾斜的部分。

7. 随着产量的增加，平均不变成本（　　）

　　A. 在开始时下降，然后趋于上升。　　B. 一直趋于下降。　　C. 一直趋于上升。

8. 假如增加 1 单位产量所带来的边际成本大于产量增加前的平均变动成本，那么在产量增加后平均变动成本一定（　　）

　　A. 减少。　　B. 增加。　　C. 不变。

9. 随着产量的增加，平均变动成本的上升在平均成本的上升（　　）

　　A. 之前。　　B. 之后。　　C. 的同时。

10. 在竞争的条件下，厂商不能影响价格。这样，价格曲线或平均收益曲线是（　　）

　　A. 向右下方倾斜的曲线。　　B. 向右上方倾斜的曲线。　　C. 水平线。

11. 假定某种商品的价格是 5 美元，某厂商生产某一数量的这种商品所支付的边际成本是 6 美元。要取得最大利润，他应该（　　）

　　A. 增加产量。　　B. 减少产量。　　C. 停止生产。

12. 在自由竞争的条件下，利润最大化原则 $P=MC$ 意味着，要取得最大利润，厂商应该（　　）

　　A. 逐渐增加产量，直到价格下降到与边际成本相等时为止。

　　B. 逐渐增加产量，直到边际成本下降到与价格相等时为止。

　　C. 逐渐增加产量，直到边际成本上升到与价格相等时为止。

13. 假如某家厂商的总收益只能弥补他付出的总可变成本，这表明这家厂商（　　）

　　A. 如继续生产亏损一定更大。　　B. 如停止生产亏损为零。　　C. 不论生产与否都遭受同样的亏损。

14. 假如某家厂商的总收益不足以弥补总变动成本，为了把损失减少到最低程度，他应该（　　）

　　A. 减少产量。　　B. 停止生产。　　C. 增加产量。

15. 已知某厂商生产某一数量的商品的平均成本是 2 美元，边际成本是 2.50 美元，平均成本是 1.50 美元，总不变成本是 500 美元。假定这种商品的价格是 2 美元并且不会被这家厂商所左右，那么根据最大利润原则，厂商应该（　　）

　　A. 增加产量。　　B. 减少产量。　　C. 停止生产。

16. 在竞争的条件下，某厂商的供给曲线是他的（　　）

　　A. 总成本曲线的一部分。　B. 平均成本曲线的一部分。　C. 边际成本曲线的一部分。

17. 长期平均成本曲线向右下方倾斜的部分与短期平均成本曲线的切点，在短期平均成本（　　）

　　A. 趋于上升时的某一点。　B. 曲线的最低点。　C. 下降时的某一点。

18. 长期平均成本曲线向右上方倾斜的部分相切于短期平均成本曲线（　　）

　　A. 向右下方倾斜的部分。　B. 的最低点。　C. 向右上方倾斜的部分。

19. 长期平均成本曲线的最低点，一定相切于短期平均成本曲线（　　）

　　A. 向右下方倾斜的部分。　B. 的最低点。　C. 向右上方倾斜的部分。

20. 在竞争的条件下，按照利润最大化原则，厂商应当把产量确定在符合下面条件的水平：（　　）

　　A. 边际成本曲线与平均收益曲线的交点。　B. 平均成本曲线与边际成本曲线的交点。　C. 平均收益曲线与边际收益曲线的交点。

（四）简答（简要回答下列问题）

1. 在自由竞争的条件下，为什么厂商在价格高于边际成本时没有得到最大利润，但在价格等于边际成本时却得到最大利润？

2. 为什么边际成本曲线一定在平均成本曲线的最低点与它相交？

3. 短期平均成本曲线和长期平均成本曲线之间有什么联系？

4. 如何利用边际成本曲线与边际收益曲线推导出自由竞争条件下厂商的供给曲线？

（五）论述（分析和阐述下列问题）

1. 各种成本函数的特点和相互联系是什么？

2. 支配着供给函数的内在规律是什么？

3. 最大利润原则就是最小成本原则吗？

（六）思考（讨论和研究下列问题）

1. 厂商的供给曲线是厂商边际成本曲线上停止营业点以上的部分。然而在厂商边际成本曲线上停止营业点以上和边际成本曲线与平均成本曲线交点以下的部分意味着存在亏损，为什么厂商还会提供商品？

2. 有人说："在总收益大于总经济成本的时候，利润是正数；等于总经济成本的时候，利润为零；小于总经济成本的时候，利润是负数。"这句话对吗？为什么？

3. 效用分析表明，消费者的边际效用曲线的一部分构成消费者的需求曲线。成本分析表明，生产者边际成本曲线的一部分构成厂商的供给曲线。假定社会上的消费者和生产者完全相同,各个消费者的需求曲线和各个生产者的供给曲线在水平方向上相加形成市场的需求曲线和供给曲线。为什么说在市场需求曲线和供给曲线相交的时候,实现了配置效率?在这里,配置效率是指在一定的技术和资源条件下,社会的效用达到了最大化,只有减少另一个人的效用,才能增加某一个人的效用。

### 五、练习题解答

(一) 填空题答案

1. 生产者在出售产品后得到的收入的总和　产量　价格　2. 平均收益　3. 总收益　总收益增量　产量增量　4. 明显成本　隐含成本　正常利润　5. 总成本　总不变成本　总变动成本　6. 平均成本　7. 总成本　总成本增量　产量增量　8. 总不变　总变动　9. 总变动成本:20、30、40;平均成本:30、17.50、13.33;边际成本:5、5、5　10. 总收益等于总变动成本　11. 边际收益等于边际成本　12. 价格等于边际成本($P=MC$)　13. 最低　14. 包络　15. 交　16. 切　17. 在长期里　18. 等于　19. 重合　20. 停止营业点

(二) 判断题答案

1. T　这部分折旧费随着产量的变化而变化。
2. F　保险费不因产量的变化而变化。
3. F　销售税随着销售量的增加而增加。
4. T　这部分折旧费与产量的高低无关。
5. T　工人加班会使产量增加,因此加班费多少与产量高低有关。
6. F　不管生产还是停产,利息都必须支付。
7. T　由于总不变成本固定不变,总成本增量等于总变动成本增量。
8. F　在长期里,一切成本都是可变的。
9. T　平均每单位商品的收益就是商品本身的价格。
10. F　平均成本曲线向上倾斜。
11. T　除了最低点,边际成本曲线在平均变动成本曲线任何一点与它相交都与它们的定义相矛盾。
12. F　超额利润为零,但正常利润为正数。
13. F　在总收益低于总成本但高于总变动成本的时候,厂商仍会继续生产。
14. T　不管生产与否,厂商的损失相同,所以厂商仍有可能继续生产。
15. F　在$P=MC$的条件下,厂商获得了最大利润。

16. T 在价格提高以后,厂商扩大生产还可以获得更多的利润。

17. F 长期边际成本曲线与短期边际成本曲线相交。

18. F 长期平均成本曲线和短期平均成本曲线都是 U 形曲线,只有长期平均成本曲线的最低点,才可能与短期平均成本曲线的最低点相切。

19. F 当产量为零时,总收益为零,所以总收益曲线经过原点。

20. F 与平均变动成本曲线交点以上的部分,构成商品的供给曲线。

(三) 选择题答案

1. B 不变成本不随着产量的变化而变化。

2. A $MC = \Delta TC/\Delta Q = 20/2 = 10$。

3. B $MC = 100 \times 10 - 995 = 5$。

4. A 只有在边际成本上升并在数值上大于平均成本的时候,平均成本才可能趋于上升。

5. A 如果边际成本小于产量增加前的平均成本,在产量增加后平均成本将下降。

6. B 除了最低点,边际成本曲线在平均成本曲线任何一点与之相交都与它们的定义相矛盾。

7. B 因为总不变成本的数量不变,所以它除以产量之商随着产量的增加而减少。

8. B 当 $\Delta TC/\Delta Q > AVC/Q$ 时,$(\Delta TC + AVC)/(\Delta Q + Q) > AVC/Q$。

9. A 平均成本由平均不变成本和平均变动成本构成。由于平均不变成本直线下降,平均成本的上升只能由平均变动成本的上升引起,因而平均可变成本的上升在前。

10. C 不论厂商多出售产品还是少出售产品,它得到的价格或平均收益都是一样的。

11. B 厂商降低产量才有可能使 $P = MC$。

12. C 在自由竞争的条件下,价格对于厂商来说是既定的,厂商通过调整产量使 $P = MC$。

13. C 厂商的损失都等于总不变成本。

14. B 停止生产损失为总不变成本,继续生产损失大于总不变成本。

15. B 边际成本已高于价格。

16. C 厂商根据 $P = MC$ 即价格曲线与边际成本曲线的交点决定产量。

17. C 长期平均成本曲线和短期平均成本曲线都是 U 形曲线。

18. C 长期平均成本曲线和短期平均成本曲线都是 U 形曲线。

19. B 在可以选择不同的规模进行生产的条件下,如果选择的规模的平均成本降到最低,长期平均成本也就降到最低。

20. A 在自由竞争的条件下，$AR = MR$。

（四）简答题回答提要

1. 在价格高于边际成本的情况下，即在还没有达到价格等于边际成本的情况下，如果厂商继续增加生产，由于价格不变，边际成本上升，厂商在边际产品生产上得到的利润不断减少，但总利润却在增加。在价格等于边际成本的情况下，如果厂商还继续增加生产，由于价格不变，边际成本上升，厂商的总利润减少。因此，当厂商把产量调整到价格等于边际成本时，厂商的总利润达到最大化。

2. 首先说明当边际成本曲线位于平均成本曲线的下方时，平均成本曲线呈下降状态；当边际成本曲线位于平均成本曲线的上方时，平均成本曲线呈上升状态。然后据此证明，边际成本曲线不可能在平均成本曲线向下倾斜或向上倾斜时相交，边际成本曲线和平均成本曲线的唯一交点是平均成本曲线的最低点。

3. 在每条短期平均成本曲线相对成本较低的部分组成长期平均成本曲线，所以长期平均成本曲线与短期平均成本曲线相切，并且是短期平均成本曲线的包络曲线。

4. 因为厂商总是根据边际收益等于边际成本的最大利润原则决定产量，而在自由竞争条件下边际收益等于价格，所以在价格高于或等于平均变动成本的条件下，价格曲线与边际成本曲线的交点构成厂商的供给曲线，即在不同的价格下厂商愿意提供商品的数量。

（五）论述题论述要点

1. 短期成本函数和长期成本函数均包括总成本函数、平均成本函数和边际成本函数。平均成本函数和边际成本函数的图像均为 U 形曲线，边际成本曲线通过平均成本曲线的最低点。长期平均成本曲线是短期平均成本曲线的包络曲线，但长期边际成本曲线不是短期边际成本曲线的包络曲线。

2. 支配着供给函数的内在规律是边际成本趋于上升和厂商根据最大利润原则调整产量。

3. 最大利润原则与最小成本原则是不同的。在各种不同的产量水平上，厂商按照最小成本原则都可以实现成本的最小化，但只有唯一的一个产量水平才满足利润最大化条件，从而使厂商获得最大利润。因此，最小成本原则不是最大利润原则的充分条件。然而，当厂商得到最大利润时，就这个产量水平而言成本一定降到最低，否则厂商不可能得到最大利润。因此，最小成本原则是最大利润原则的必要条件。

（六）思考题思考提示

1. 在价格低于平均成本（$P < AC$）的情况下，厂商处于亏损的状态。但

是，在价格高于平均变动成本（$P > AVC$）的条件下，如果厂商继续生产，厂商的收益除了可以弥补变动成本以外，还可以弥补部分不变成本；如果厂商停止生产，厂商照样需要支付全部不变成本，厂商的损失更大，因此厂商仍然会提供商品。

2. 这句话不对。由于经济成本包含正常利润，当总收益等于总经济成本时，厂商得到了正常利润；当总收益大于总经济成本时，厂商得到了超额利润；当总收益小于总经济成本时，厂商仍可能得到部分正常利润。

3. 在市场的需求曲线和供给曲线相交时，从需求曲线的这一点而言，消费者都实现了 $P = MU$，效用达到了最大化；从供给曲线的这一点来说，生产者都实现了 $P = MC$，利润达到了最大化。需求曲线上的点和供给曲线上的点重合，意味着 $MU = MC$，即社会生产最后 1 单位商品所付出的成本等于社会消费最后 1 单位商品得到的效用，社会效用达到了最大化。如果要增加一个人的效用，唯有减少另一个人的效用。

# 第8章 厂商的价格决策

## 一、内容提要

本章继第6章讨论厂商如何实现成本最小化、第7章讨论厂商如何实现利润最大化之后，讨论厂商如何在不同的市场条件下决定产量和价格。在这里，市场条件主要包括完全竞争、垄断竞争、寡头、完全垄断四种类型。第一、四种类型是理论上假设的类型，第二、三种类型则是现实生活中存在的类型。

本章的要点如下：

1. 在完全竞争条件下，厂商不能影响价格，厂商的平均收益曲线和边际收益曲线都是水平线并且重合。在短期里，厂商在价格大于或等于平均变动成本（$P \geqslant AVC$）的前提下，按照价格等于边际成本（$P = MC$）的最大利润原则或最小亏损原则决定产量，因此厂商短期产量均衡的条件是 $P = MC$，即 $MR = MC$。但是，在短期里，如果厂商得到超额利润，别的厂商就会进入这个行业生产这种产品；如果厂商出现亏损，原有厂商会退出这个行业以生产别的产品。前者导致价格下降，后者导致价格上升。当平均收益曲线与平均成本曲线相切时，既不存在超额利润，也不存在亏损，价格形成均衡，厂商根据 $MR = MC$ 的最大利润原则决定产量。由于平均收益曲线和平均成本曲线的切点是平均成本曲线的最低点，厂商的产量和价格形成长期的均衡的条件是 $AR = AC$，$MR = MC$。

2. 在垄断竞争条件下，厂商产量的高低可以影响价格，厂商的边际收益曲线和平均收益曲线都向右下方倾斜，并且，边际收益曲线位于平均收益曲线的下方。在短期里，厂商根据最大利润原则 $MR = MC$ 决定产量，然后根据平均收益曲线即需求曲线决定价格。在短期里，由于厂商具有一定的垄断力量，厂商一般可以得到超额利润。因此，厂商短期产量和价格形成均衡的条件是 $MR = MC$。在厂商获得超额利润的情况下，别的厂商将会进入这个行业以分享超额利润，价格会下降。当平均收益曲线下降到与平均成本曲线相切时，厂商的超额利润消失，别的厂商不再进入这个行业，价格形成均衡，厂商根据 $MR = MC$ 的最大利润原则决定产量。由于厂商的平均收益曲线不再与边际收益曲线重合，厂商长期产量和价格形成均衡的条件是 $AR=AC$，$MR=MC$。

3. 在寡头的条件下，如果寡头厂商共同改变价格，那么不论在短期还是在长期里，寡头厂商都按照最大利润原则决定产量和价格，并且得到超额利润。寡头厂商短期和长期产量和价格形成均衡的条件是 $MR=MC$。如果寡头厂商单独改变价格，那么寡头厂商的需求曲线即平均收益曲线成为折线，寡头厂商在短期或长期里按照最大利润原则决定产量，然后按照需求曲线决定价格。寡头厂商短期和长期产量和价格形成均衡的条件仍是 $MR=MC$。

4. 在完全垄断的条件下，不论是在短期还是在长期，垄断厂商都按照最大利润原则决定产量和价格并且得到超额利润。垄断厂商短期和长期产量和价格形成均衡的条件是 $MR=MC$。

5. 对不同市场条件下厂商产量和价格的比较表明，竞争程度越高，厂商的产量越高，价格越低。

## 二、学习要求

1. 要求掌握下述概念：业主制，合伙制，公司制，完全竞争，垄断竞争，寡头，完全垄断，寡头厂商的准协议，价格差别。

2. 要求理解下述关系：在完全竞争条件下厂商的平均收益曲线、边际收益曲线和需求曲线的关系；在完全竞争条件下厂商短期产量和价格的均衡与长期产量和价格的均衡的关系；在不完全竞争条件下厂商的平均收益、边际收益和需求曲线的关系；在垄断竞争条件下厂商短期产量和价格的均衡与长期产量和价格的均衡的关系；在寡头的条件下若厂商共同改变价格，厂商短期产量和价格的均衡与长期产量和价格的均衡的关系；在寡头的条件下若厂商单独改变价格，厂商短期产量和价格的均衡与长期产量和价格的均衡的关系；在完全垄断的条件下厂商短期产量和价格均衡与长期产量和价格的均衡的关系。

3. 要求能够概括下述原理：在完全竞争的条件下厂商的产量和价格的短期和长期的均衡；在垄断竞争的条件下厂商的产量和价格的短期和长期的均衡；在寡头的条件下厂商的产量和价格的短期和长期的均衡；在完全垄断的条件下厂商的产量和价格的短期和长期的均衡。

## 三、应该注意的问题

1. 在完全竞争条件下，厂商长期的产量和价格的均衡条件是 $MR=MC=AR=AC$；在垄断竞争条件下，厂商长期的产量和价格的均衡条件是 $MR=MC$，$AR=AC$，两者是不同的。

2. 在完全竞争和垄断竞争条件下厂商短期的产量和价格的均衡条件，以及在寡头和完全垄断条件下厂商短期和长期的产量和价格的均衡条件都是 $MR = MC$。

3. 在不完全竞争条件下，边际收益曲线和平均收益曲线都是向右下方倾斜的曲线。另外，边际收益曲线和平均收益曲线在纵轴相交，边际收益曲线在横轴的交点还平分平均收益曲线在横轴上的截距。

### 四、练习与思考

（一）填空（在括号里填上适当的词）

1. 在完全竞争的条件下，生产某种商品的厂商很多，他们的商品彼此之间（　　）差别，他们增减产量对价格（　　）影响。

2. 在（　　）的条件下，生产某种商品的厂商只有一个，他的产量的高低（　　）影响价格。

3. 在寡头垄断的条件下，生产某种商品的厂商数目（　　），他们可以通过（　　）的方式制定价格。

4. 在（　　）的条件下，生产某种商品的厂商很多，但他们的产品彼此之间存在差别。

5. 在完全竞争的条件下，平均收益曲线和边际收益曲线是（　　）的。

6. 在（　　）的条件下，平均收益曲线和边际收益曲线向右下方倾斜，并且平均收益曲线位于边际收益曲线的上方。

7. 在完全竞争的市场上，厂商的产量和价格处于短期均衡的条件是（　　）。

8. 在（　　）的市场上，厂商处于长期均衡的条件是 $MR = MC = AR = AC$。

9. 不论是短期还是长期，垄断厂商的产量和价格的均衡条件都是（　　）。

10. 在垄断竞争的市场上，厂商的产量和价格处于短期均衡的条件是（　　）。

11. 在（　　）的市场上，厂商的产量和价格处于长期均衡的条件是 $MR = MC$，$AR = AC$。

12. 寡头厂商短期和长期的产量和价格处于均衡的条件是（　　）。

13. 在完全竞争的前提下，假如价格曲线位于平均成本曲线的上方，这表明厂商获得了（　　）。这样，别的行业的厂商将（　　）这个行业，商品的供给将（　　），价格趋于（　　）。

14. 在垄断竞争的前提下，厂商在长期里会把产量调整到边际收益曲线与边际成本曲线（　　）、平均收益曲线与平均成本曲线（　　）的水平。

15. 在寡头厂商单独改变价格的情况下，其需求曲线将是一条（　　）。

（二）判断（判断下列说法是否正确，分别在括号里写上 T 或 F）

1. 对某个厂商的商品的需求曲线一定是向右下方倾斜的。（　　）

2. 在边际收益与边际成本相等的时候，厂商一定得到了最大利润。（　　）

3. 在完全竞争的条件下，因为厂商无法影响价格，所以不论在短期还是在长期，价格曲线都不会移动。（　　）

4. 垄断厂商在短期或长期都有可能获得最大利润。（　　）

5. 垄断厂商把价格定得越高，他所得到的利润总额就越大。（　　）

6. 不论是完全竞争还是垄断竞争，厂商在长期里得到的只能是正常利润。（　　）

7. 假定其他条件相同，处于完全竞争条件下的厂商的长期均衡产量，要大于处于垄断竞争条件下的厂商。（　　）

8. 假如市场是非完全竞争的，平均收益曲线一定位于边际收益曲线的上方。（　　）

9. 在垄断竞争的条件下，从长期来说，平均收益曲线一定切于平均成本曲线向右下方倾斜的部分。（　　）

10. 在完全竞争和垄断竞争的条件下，厂商的产量和价格形成长期均衡的条件是相同的。（　　）

11. 在寡头和完全垄断的条件下，厂商的产量和价格形成短期均衡的条件是相同的。（　　）

12. 在寡头的条件下，假定已形成了本行业认可的价格，如果某厂商提高价格，它的产品的需求的价格弹性将会增大。（　　）

13. 价格领先制是寡头厂商通过协议的方式控制价格的一种行为。（　　）

14. 厂商实行一级价格差别的定价方法所获得的转移来的消费者剩余，要多于实行二级或三级价格差别的定价方法所得到的转移来的消费者剩余。（　　）

15. 价格差别是指厂商根据成本的变化调整价格。（　　）

（三）选择（选择一个最合适的答案，并在括号里填上相应的字母）

1. 假定在某一产量水平上，某厂商的平均成本达到了最小值，这意味着（　　）

A. 厂商获得了最大利润。　B. 边际成本等于平均成本。　C. 厂商的超额利润为零。

2. 假如某厂商的平均收益曲线从水平线变为向右下方倾斜的曲线，这说明（　　）

　　A．完全竞争被不完全竞争所取代。　B．新的厂商进入了这个行业。　C．原有厂商退出了这个行业。

3. 获取最大利润的条件是（　　）

　　A．边际收益大于边际成本的差额达到最大值。　B．价格高于平均成本的差额达到最大值。　C．边际收益等于边际成本。

4. 从最后 1 单位商品得到最大利润的条件是（　　）

　　A．边际收益大于边际成本的差额达到最大值。　B．价格高于平均成本的差额达到最大值。　C．边际收益等于边际成本。

5. 在一般情况下，厂商得到的价格若低于下述哪种成本，他将停止营业？（　　）

　　A．平均变动成本。　B．平均成本。　C．平均不变成本。

6. 在完全竞争的条件下，如果某行业的厂商的商品价格等于平均成本，那么（　　）

　　A．原有厂商退出这个行业。　B．既没有厂商进入也没有厂商退出这个行业。　C．新的厂商进入这个行业。

7. 在完全竞争的市场上，从长期来说，厂商的产量处于均衡状态的条件是（　　）

　　A．$MR = MC$。　B．$AR = AC$。　C．$MR = MC = AR = AC$。

8. 在完全竞争的假定下，价格曲线与平均成本曲线相切是（　　）

　　A．厂商在短期里要得到最大利润的充要条件。　B．某行业的厂商数目不再变化的条件。　C．厂商在长期里要得到最大利润的充要条件。

9. 已知某厂商在目前产量水平上的边际成本、平均成本和平均收益均等于 1 美元，假定市场是完全竞争的，这家厂商（　　）

　　A．肯定得到了最大利润。　B．肯定没得到最大利润。　C．是否获得最大利润还不能确定。

10. 在完全竞争的条件下，如果厂商把产量调整到平均成本曲线最低点所对应的水平，（　　）

　　A．他将取得最大利润。　B．他没能取得最大利润。　C．他是否取得最大利润仍不能确定。

11. 在完全竞争的市场上，已知某厂商的产量是 500 单位，总收益是 500 美元，总成本是 800 美元，总不变成本是 200 美元，边际成本是 1 美元，按照最大利润原则或最小成本原则，他应该（　　）

　　A．增加产量。　B．停止生产。　C．减少产量。

12. 假如市场是完全竞争的,市场上的价格和厂商的边际收益之间的关系是（　　）

　　A. 前者高于后者。　　B. 前者低于后者。　　C. 前者等于后者。

13. 完全竞争和完全垄断的区别之一是（　　）

　　A. 竞争厂商无法取得最大利润,垄断厂商可以取得最大利润。　　B. 竞争厂商按一定的价格出售他们愿意出售的商品,垄断厂商要出售更多的商品就只能接受较低的价格。　　C. 竞争厂商的商品的需求弹性要小于垄断厂商的商品的需求弹性。

14. 如果某厂商的边际收益大于边际成本,那么为了取得最大利润,（　　）

　　A. 他在完全竞争条件下应该增加产量,在不完全竞争条件下则不一定。
B. 他在不完全竞争条件下应该增加产量,在完全竞争条件下则不一定。
C. 他不论在什么条件下都应该增加产量。

15. 已知某厂商生产某一数量的商品所得到的边际收益是 2 美元,平均收益是 3 美元。假定市场是不完全竞争的,这家厂商要获得最大利润,应该（　　）

　　A. 提高价格。　　B. 提高产量。　　C. 根据已知条件还不能确定这家厂商应该怎么做。

16. $P = MC$ 的最大利润原则（　　）

　　A. 适用于任何条件下的厂商。　　B. 仅适用于完全竞争条件下的厂商,它是 $MR = MC$ 的另一种表述方式。　　C. 仅适用于不完全竞争的厂商,它是 $MR = MC$ 的另一种表述方式。

17. 在垄断竞争的条件下,从长期来说,厂商的产量将在下面的条件下形成均衡：（　　）

　　A. $MR = MC$。　　B. $MR = MC = AR = AC$。　　C. $MR = MC, AR = AC$。

18. 在垄断竞争的市场上,当厂商在长期里形成均衡时,（　　）

　　A. 平均成本达到了最小值,并与价格相等。　　B. 平均成本没达到最小值,但与价格相等。　　C. 平均成本没达到最小值,同时还低于价格。

19. 假如某厂商处在不完全竞争的市场中,那么下面哪一种说法是不对的？（　　）

　　A. 他生产的商品的需求弹性无限大。　　B. 他生产的商品不可能有完全的替代品。　　C. 他生产的商品的需求曲线向右下方倾斜。

20. 假定政府向垄断厂商征收几乎等于全部超额利润的特许税,这样将会促使垄断厂商（　　）

　　A. 降低价格和增加产量,从而在一定程度上克服垄断的缺点。　　B. 降低价格但不增加产量,从而多少减少了垄断的危害。 C. 既不改变价格也不改变产量,从而不能改变价格高于边际成本的局面。

(四) 简答 (简要回答下列问题)

1. 在完全竞争和垄断竞争的条件下,厂商长期的产量和价格的均衡有什么联系和区别?

2. 在寡头的条件下,为什么当厂商单独改变价格时,厂商产品的需求曲线变成折线?

3. 在寡头和完全垄断的条件下,厂商短期的产量和价格的均衡存在什么联系?

4. 为什么在不完全竞争条件下,厂商的边际收益曲线一定在平均收益曲线的下方?

5. 为什么在完全竞争条件下厂商产品的需求曲线是水平线,在垄断竞争条件下厂商产品的需求曲线是向右下方倾斜的曲线?

(五) 论述 (分析和阐述下列问题)

1. 在完全竞争的条件下,厂商的产量和价格是怎样形成长期的均衡的?

2. 在垄断竞争的条件下,厂商的产量和价格是怎样形成长期的均衡的?

3. 比较在完全竞争、垄断竞争、寡头、完全垄断条件下厂商的产量和价格短期和长期的均衡条件。

(六) 思考 (讨论和研究下列问题)

1. 在完全竞争的市场上,对某种商品的需求曲线是向右下方倾斜的曲线,而对某个厂商产品的需求曲线则是水平线,为什么?

2. 按照厂商原理的分析,在不同的市场条件下,厂商总是根据 $MR=MC$ 的最大利润原则去决定产量和价格。但是,在现实的生活中,厂商难以计算出他们的边际收益和边际成本,也难以确定他们的产品的需求曲线。因此,厂商在制定价格的时候往往采用成本加成的方法,即在平均成本上加上某个比例来决定价格。这样,是否意味着 $MR=MC$ 的最大利润原则在现实生活中没有意义呢?

3. 假定农民琼斯和斯密在同一块草地上放牧。由于草地的数量为一定,如果这块草地上有 20 头牛,则每头牛一生可以产 4000 美元的牛奶;如果这块草地上有 30 头或 40 头牛,则每头牛一生可以产 3000 美元或 2000 美元的牛奶。设一头牛的价值是 1000 美元,琼斯和斯密既可以买 10 头牛,也可以买 20 头牛,在每一种可能的情况下结局将会如何?如果他们在买牛时彼此不知道对方买多少头牛,他们进行博弈的可能结局是什么?

4. 假定商品的供给曲线和需求曲线是线性的,如何利用消费者剩余和生产者剩余的概念来分析与完全竞争的情形相比,不完全竞争怎样造成了经济福利的损失？

## 五、练习题解答

（一）填空题答案

1. 没有　没有　　2. 完全垄断　能够　　3. 很少　协议　　4. 垄断竞争　　5. 重合并且是水平　　6. 不完全竞争　　7. $MR = MC$ 或 $P = MC$　　8. 完全竞争　　9. $MR = MC$　　10. $MR = MC$　　11. 垄断竞争　　12. $MR = MC$　　13. 超额利润　进入　增加　下降　　14. 相交　相切　　15. 折线

（二）判断题答案

1. F　在完全竞争的条件下，厂商面对的需求曲线是水平的。

2. F　在 $AVC < P < AC$ 的时候，边际收益等于边际成本，意味着厂商的亏损为最小。

3. F　从长期来说，假如该行业获得超额利润，别的厂商将会进入这个行业，从而带来市场供给的增加和价格的下降。

4. T　垄断厂商可以控制市场。

5. F　价格越高，销售量越小，利润总额可能会减少，关键的问题是厂商是否满足最大利润条件而不在于价格高低。

6. T　如果还存在超额利润，别的厂商就会进入这个行业，厂商还没形成长期的均衡。

7. T　在完全竞争的条件下，厂商的产量在平均成本最低点形成均衡。在垄断竞争的条件下，厂商的产量在未达到平均成本最低点时就已经形成均衡。

8. T　因为厂商要降低价格才能增加销售量，所以增加1单位产量所增加的收益总是小于平均每单位产量的收益。

9. T　平均收益曲线向右下方倾斜。

10. F　前者长期均衡条件是 $MR = MC = AR = AC$；后者长期均衡条件是 $MR = MC$，$AR = AC$。

11. T　两者的均衡条件都是 $MR = MC$。

12. T　这是在单独改变价格的条件下，寡头厂商面对的需求曲线成为折线的原因之一。

13. F　寡头厂商没有公开签订协议。

14. T　在实行一级价格差别的定价方法的情况下，厂商几乎获得了原来的全部消费者剩余。

15. F　价格差别的特点是厂商对同一种商品索取不同的价格，而不同的价格并不反映成本的差别。

（三）选择题答案

1．B　平均成本曲线的最低点是它与边际成本曲线的交点。

2．A　厂商从不能影响价格变为可以影响价格。

3．C　厂商在 $MR = MC$ 的条件下获得最大利润。

4．B　$MR = MC$ 使总利润达到最大，边际收益高于边际成本的差额为最大使最后 1 单位商品的利润达到最大。

5．A　$P = AVC$ 是停止营业点。

6．B　该行业既没有超额利润，也没有亏损。

7．C　$MR$、$MC$、$AR$、$AC$ 均相等。

8．B　$MR = MC$ 才是获得最大利润的条件。

9．A　满足 $MR = MC$ 的最大利润原则。

10．C　不能确定 $P$ 和 $MC$ 是否相等。

11．B　价格低于平均变动成本。

12．C　在完全竞争的条件下，$AR = MR$。

13．B　完全竞争条件下的价格曲线是水平线，不完全竞争条件下的价格曲线向右下方倾斜。

14．C　厂商增加产量可导致总利润增加。

15．C　在不知道 $MC$ 值的情况下还不能确定厂商应该怎样做。

16．B　在完全竞争的条件下，$P = MR$，所以 $MR = MC$ 意味着 $P = MC$。

17．C　在垄断竞争的条件下，$MR$ 和 $AR$ 不等。$MR = MC$ 是产量均衡的条件，$AR = AC$ 是价格均衡的条件。

18．B　平均收益曲线与平均成本曲线下降部分相切。

19．A　不完全竞争条件下厂商的需求曲线不是水平线。

20．C　没收超额利润不会促使垄断厂商降低价格。

（四）简答题回答提要

1．两者的联系是超额利润消失，厂商不再进入或退出该行业。两者的区别是均衡条件不同。另外，在成本条件相同的情况下，完全竞争厂商的产量高于垄断竞争厂商，价格低于垄断竞争厂商。

2．在寡头行业已经形成各寡头厂商认可的价格以后，如果某个寡头厂商提高价格，别的寡头厂商不会随着他提高价格，该寡头厂商产品的需求量将大幅度下降，因而该寡头厂商产品的需求曲线的弹性较大。如果该寡头厂商降低价格，别的寡头厂商将随着降低价格，该寡头厂商产品需求曲线的弹性减小。因此，该寡头厂商产品的需求曲线成为折线。

3．在寡头和完全垄断的条件下，厂商短期的产量和价格的均衡条件都是

$MR=MC$，厂商都是根据 $MR=MC$ 的最大利润原则决定产量，然后根据需求曲线决定价格。

4. 当厂商多出售 1 单位商品时，并不是新增加的那个单位的商品需要降价，而是全部商品都要降价。因此，增加 1 单位商品所增加的收益即边际收益一定小于这时候的价格即平均收益。

5. 在完全竞争条件下，厂商供给量占市场供给量很小的份额，他不能影响价格，他按市场的均衡价格出售他愿意出售的产品，消费者按市场的均衡价格购买他所出售的产品，因此该厂商产品的需求曲线是水平线。在不完全竞争的条件下，厂商的产量在市场上占有较大份额，他要多出售产品，就要降低价格，所以该厂商产品的需求曲线是向右下方倾斜的曲线。

（五）论述题论述要点

1. 参看本章第一部分内容提要中的内容要点第一点。
2. 参看本章第一部分内容提要中的内容要点第二点。
3. 不同市场条件下厂商产量和价格的短期和长期的均衡条件如表 8.1 所示：

表 8.1

| 市场条件 | 短期均衡条件 | 长期均衡条件 |
| --- | --- | --- |
| 完全竞争 | $MR=MC$ | $AR=AC=MR=MC$ |
| 垄断竞争 | $MR=MC$ | $AR=AC$，$MR=MC$ |
| 寡头（共同改变价格） | $MR=MC$ | $MR=MC$ |
| 寡头（单独改变价格） | $MR=MC$ | $MR=MC$ |
| 完全垄断 | $MR=MC$ | $MR=MC$ |

（六）思考题思考提示

1. 在完全竞争的市场上，需求曲线是消费者对各个厂商所提供的某种商品的需求曲线。由于价格越高，需求量越小，需求曲线是一条向右下方倾斜的曲线。在市场的均衡价格形成以后，单个厂商不能改变这个价格而只能接受这个价格。由于单个厂商的产量在市场供给量中所占的份额很小，他调整产量对市场的供给量没有什么影响，他所提供的产量数量实际上是市场均衡交易量的一部分，消费者将按照均衡价格买下他所提供的商品。因此，单个厂商产品的需求曲线是一条水平线。

2. 边际收益等于边际成本（$MR=MC$）是取得最大利润的条件。但在现实生活中，决策者的时间是有限的，而市场信息是不完全的，因此理性的选择将受到限制。这样，厂商通常采用的定价方法是平均成本加成的方法。但是，这并不意味着 $MR=MC$ 的最大利润原则没有意义，它是隐藏在任何定价方法背后并支配着任何定价方法的原则。即使厂商使用成本加成的定价方法，但加成的比例不是一成不变而是不断调整的，这实际上就是厂商通过调整加成比例来寻求最大利润。

3. 琼斯和斯密选择不同的买牛方法的净收益如下所示。

|  |  | 琼斯 | |
|---|---|---|---|
|  |  | 10 头牛 | 20 头牛 |
| 斯密 | 10 头牛 | \$30000，\$30000 | \$20000，\$40000 |
|  | 20 头牛 | \$40000，\$20000 | \$20000，\$20000 |

方格内的前一个数字是斯密的净收益，后一个数字是琼斯的净收益。例如，在右上方的方格里，斯密买 10 头牛产奶的价值是 30000 美元（ = 3000 × 10），支付的成本是 10000 美元（ = 1000 × 10），净收益是 20000 美元。琼斯买 20 头牛产奶的价值是 60000 美元（ = 30000 × 20），支付的成本是 20000 美元（ = 1000 × 20），净收益是 40000 美元。由于双方不知道对方会买多少头牛，如果自己买 20 头牛有可能发生双方都买 20 头牛的情况，净收益只有 20000 美元，与他买 10 头牛而对方买 20 头牛时的净收益相同。但如果自己买 10 头牛还有可能发生双方都买 10 头牛的情况，他的净收益将达到 30000 美元。博弈的可能结果是双方都买 10 头牛。

4. 由于商品的供给曲线是边际成本曲线的一部分，需求曲线是平均收益曲线，如图 8.1 所示。在完全竞争的条件下，均衡价格和均衡交易量分别是 $Op$ 和 $Oq$，消费者获得的消费者剩余是面积 $a+c+e$，生产者获得的生产者剩余是面积 $b+d+f$，两者之和是 $a+b+c+d+e+f$。在不完全竞争的条件下，厂商根据 $MR=MC$ 的最大利润原则决定产量 $Oq_1$ 和价格 $Op_1$，消费者剩余为面积 $e$，生产者剩余为 $a+b+f$。不完全竞争的情形与完全竞争的情形相比，福利损失是面积 $c+d$。

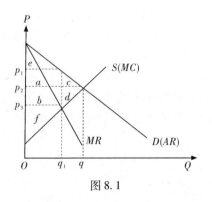

图 8.1

# 第9章 市场和交换的效率

## 一、内容提要

前八章分别分析了价格、消费、生产,这一章将分析交换。本章主要说明进行交换的市场以及通过进行商品的交换和生产要素的交换实现交换双方效用的最大化和产量的最大化。

本章内容要点如下:

1. 市场一般包括商品市场、实物生产要素市场和资金市场。市场可以是有形的市场,也可以是无形的市场。

2. 在现实市场里,存在着市场信息不对称,即交易双方的一方比另一方掌握更多的信息。在市场信息不对称的条件下,市场会产生逆向选择,即质量低的商品淘汰质量高的商品。要解决市场信息不对称的问题,可以采用声誉、市场信号、保证等方法。

3. 在现实经济中,一种商品的市场和另一种商品的市场、一种生产要素的市场和另一种生产要素的市场、商品的市场和生产要素的市场都是相互联系的。单独分析一种市场达到均衡的方法称为局部均衡分析方法,分析多种市场同时达到均衡的方法称为一般均衡分析方法。

4. 在两个消费者进行两种商品交换的情况下,如果经过交换使两种商品的边际替代率对交换双方都相等,那么交换将形成均衡,消费者从现有商品中得到了最大效用。通过交换使消费者的效用达到最大化的条件称为交换的最优条件。

5. 在两个生产者进行两种生产要素交换的情况下,如果经过交换使两种生产要素的边际替代率对交换双方都相等,那么交换将达到均衡,生产者利用现有生产要素得到了最大产量。通过交换使生产者的产量达到最大化的条件称为生产的最优条件。

## 二、学习要求

1. 要求掌握下述概念：市场，商品市场，实物生产要素市场，资金市场，市场信息不对称，逆向选择，信息的搜寻，局部均衡分析方法，一般均衡分析方法，艾奇渥斯盒形图，交换契约曲线，交换最优条件，生产契约曲线，生产最优条件。
2. 要求理解下述关系：商品市场、实物生产要素市场和资金市场的关系；局部均衡分析方法和一般均衡分析方法的关系；两个消费者各自的无差异曲线群的关系；两个生产者各自的等产量曲线群的关系。
3. 要求能够概括下述原理：市场信息的不对称及其解决方法；交换最优条件的实现过程；生产最优条件的实现过程。

## 三、应该注意的问题

1. 效用是主观的范畴，因而不同消费者的效用是不可比较的。因此，消费者在进行商品交换的时候，必须使交换双方都得到利益，或者至少一方得到利益而另一方没有遭受损失，否则，商品的交换不可能进行。
2. 在分析交换最优条件时，为了理解的方便起见，可以假定艾奇渥斯盒形图里的某个点沿着某条无差异曲线移动，以比较效用的变化。但准确地说，交换双方是按照一个确定的交换比率进行商品交换的。因此，实现最优交换条件的过程不是艾奇渥斯盒形图里的某个点沿着某条无差异曲线移向交换契约曲线，而是某个点在双方受益区域沿着某条交换比率线移向交换契约曲线。
3. 不论是交换的最优条件还是生产的最优条件，实际上是分析在商品的数量或生产要素的数量为一定的条件下，如何通过交换实现商品或生产要素在消费者或生产者之间的重新配置，以实现现有商品或生产要素的效用或产量达到最大化。

## 四、练习与思考

（一）填空（在括号里填上适当的词）
1. 市场一般来说可以划分为三种，一种是（　　）市场，一种是（　　）市场，一种是（　　）市场。
2. 单独研究某一个市场的价格和交易量均衡的方法称为（　　）。
3. 在相互联系中分析各个市场的价格和交易量均衡的方法称为（　　）。

4. 艾奇渥斯盒形图由交换双方的（　　）构成。

5. 在消费者进行商品交换的时候，艾奇渥斯盒形图的点的变化轨迹将在（　　）区域内。

6. 交换的最优条件是，双方交换的商品对于他们具有（　　）边际替代率。它在艾奇渥斯盒形图中用双方无差异曲线群的（　　）表示。

7. 交换契约曲线由（　　）构成。

8. 生产的最优条件是，双方交换的生产要素具有相同的（　　），它在艾奇渥斯盒形图中用双方（　　）的切点表示。

9. 等产量曲线的切点的集合称为（　　）。

10. 在利用艾奇渥斯盒形图分析交换的最优条件或生产的最优条件时，盒形图底边的长度等于（　　），高的长度等于（　　）。

11. 在市场上，交易双方中一方比另一方掌握更多信息的现象称为（　　）。

12. 在（　　）条件下，市场将会产生逆向淘汰的现象。

13. 解决市场信息不对称问题的主要方法有（　　）、（　　）和（　　）。

14. 信息的搜寻在（　　）条件下达到收益的最大化。

（二）判断（判断下列说法是否正确，分别在括号里写上 T 或 F）

1. 市场一定有一个确定的地点。（　　）

2. 由于各个商品市场和生产要素市场都是相互联系的，局部均衡分析方法是不能成立的。（　　）

3. 在消费者进行商品交换的过程中，不管某一方是否得到利益，只要总效用在增加，交换将进行下去。（　　）

4. 交换的最优条件就是交换均衡的条件。（　　）

5. 假定其他条件不变，如果交换的商品对双方都具有相同的边际替代率，交换过程将告完成。（　　）

6. 无差异曲线离原点越远，表示消费者得到的效用越大。但是两组无差异曲线的切点不可能既在 A 方最大效用的无差异曲线上，又在 B 方最大效用的无差异曲线上，因而双方在切点上并没有从交换得到最大效用。（　　）

7. 假如消费者继续进行商品交换，至少还能使一方得到更大的效用，那么交换还没达到均衡。（　　）

8. 如果对于 A 方来说，增加 1 单位商品 X 所增加的效用，等于减少 3 单位 Y 所减少的效用，对于 B 方来说，减少 3 单位商品 X 所减少的效用，等于增加 1 单位 Y 所增加的效用，那么他们不可能再从商品的交换中得到更大的效用。（　　）

9. 坐标平面上的某一点如果离开生产契约曲线，不是其中一种商品的产

量减少,就是两种商品的产量都减少。( )

10. 坐标平面上的某一点如果移向生产契约曲线,至少其中一种商品的产量会增加,或者两种商品的产量都会增加。( )

11. 信息搜寻需要花费成本意味着完全竞争市场是不存在的。( )

12. 利用声誉、市场信号、保证的方法可以完全解决市场信息不对称的问题。( )

(三) 选择(根据题意选择一个最合适的答案,并在括号里填上相应的字母)

1. 一种商品要有广阔的市场,其必要条件之一是( )

A. 这种商品的价值远高于运费。 B. 这种商品必须是有形的。 C. 这种商品必须是无形的。

2. 在消费品和生产要素的市场上,居民( )

A. 只是买者。 B. 只是卖者。 C. 既是买者又是卖者。

3. 在消费品和生产要素的市场上,厂商( )

A. 只是买者。 B. 只是卖者。 C. 既是买者又是卖者。

4. 如果对于消费者 A 来说,以商品 X 代替商品 Y 的边际替代率等于 3,对于消费者 B 来说,以商品 X 代替商品 Y 的边际替代率等于 2,那么有可能发生下述情况:( )

A. 消费者 B 用 X 向消费者 A 交换 Y。 B. 消费者 B 用 Y 向消费者 A 交换 X。 C. 消费者 A 和 B 不会交换商品。

5. 根据题 4 的已知条件,( )

A. 消费者 A 按 1:3 的比例用 X 向消费者 B 交换 Y。 B. 消费者 A 按 2:1 的比例用 Y 向消费者 B 交换 X。 C. 消费者 A 按 1:2 的比例用 Y 向消费者 B 交换 X。

6. 根据题 4 的已知条件,在 A 和 B 成交时,商品的交换比例可能是( )

A. 1 单位 X 和 3 单位 Y 相交换。 B. 1 单位 X 和 2 单位 Y 相交换。 C. X 与 Y 的交换比例大于 1/3,小于 1/2。

7. 根据题 4 的已知条件,如果 A 用 2 单位 Y 向 B 交换 1 单位 X,那么经过交换以后,A 和 B 的总效用( )

A. 减少了。 B. 保持不变。 C. 增加了。

8. 在图 9.1 中,当 $F$ 点移向 $E_2$ 点时,( )

A. A、B 双方得到的效用都增加了。 B. A 得到的效用不变,B 得到更多的效用。 C. B 得到的效用不变,A 得到更多的效用。

9. 在图 9.1 中,当 $F$ 点移向 $E_3$ 点时,( )

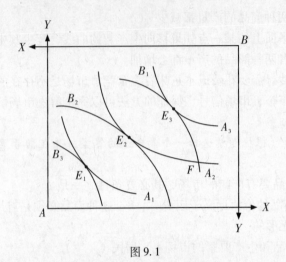

图 9.1

A. A、B 双方得到的效用都增加了。 B. A 得到的效用不变，B 得到更多的效用。 C. B 得到的效用不变，A 得到更多的效用。

10. 在图 9.1 中，$E_2$ 和 $E_3$ 点相比较而言，（ ）

A. 两点都是交换的均衡点。 B. A、B 双方在 $E_2$ 点得到的总效用高于 $E_3$ 点。 C. A、B 双方在 $E_3$ 点得到的总效用高于 $E_2$ 点。

11. 假定 A、B 双方在交换前所持有的商品数量如图 9.1 中的 F 点所示，如果在交换的过程中任何一方的效用都没减少，那么 F 点（ ）

A. 必定移向 $E_2$ 点。 B. 必定移向 $E_2$ 和 $E_3$ 点。 C. 移向 $E_2$、$E_3$ 及交换契约曲线上 $E_2E_3$ 之间的各点。

12. 假定题 11 的条件不变，如果在交换的过程中双方的效用都增加，那么 F 点（ ）

A. 移向 $E_2$ 点。 B. 移向 $E_3$ 点。 C. 移向交换契约曲线上 $E_2E_3$ 之间的点。

13. 在 A、B 双方进行交换的过程中，F 点的移动范围只可能是（ ）

A. 由 $E_2$、$E_3$、F 三点构成的平面（包括边界）。 B. 由无差异曲线 $A_2$ 以下的部分构成的平面（不包括边界）。 C. 由无差异曲线 $B_1$ 以上部分构成的平面（不包括边界）。

14. 当交换契约曲线上的点沿着曲线向右上方移动时，（ ）

A. A、B 双方的总效用趋于增加。 B. A、B 双方的总效用趋于减少。 C. A、B 双方总效用的变化无法确定。

15. 生产契约曲线上的点表示，生产者（ ）

A. 获得了最大利润。 B. 支出了最小成本。 C. 通过生产要素的重新配置提高了总产量。

（四）简答（简要回答下列问题）

1. 商品市场和实物生产要素市场之间有什么联系？

2. 交换的最优条件是什么？为什么？

3. 生产的最优条件是什么？为什么？

4. 在艾奇渥斯盒形图里，表示交换双方所拥有的商品或生产要素组合的点是如何移向交换契约曲线或生产契约曲线的？为什么？

5. 交换契约曲线上的点沿着交换契约曲线移动对交换双方的总效用有什么影响？为什么？

（五）论述（分析和阐述下列问题）

1. 在市场信息不对称的条件下将会产生什么问题？如何解决这些问题？

2. 如何利用艾奇渥斯盒形图分析交换的最优条件？

3. 如何利用艾奇渥斯盒形图分析生产的最优条件？

（六）思考（讨论和研究下列问题）

1. 所谓帕累托有效配置是指在资源的配置中达到了在没有使其他人经济状况变坏的情况下使某个人的情况变好。在商品和生产要素的交换中，哪一种情形表示帕累托有效配置？

2. 政府正在考虑下述三种对穷人提供救济的方案：第一，通过立法制定最高限价，使穷人可以买得起生活必需品。第二，政府对穷人发放票证，穷人在购买生活必需品时厂商给予一定比例的折扣。第三，政府向穷人提供一定数量的救济金。在这三种方案中，哪一种方案更有可能接近达到帕累托效率？

3. 假定在钢铁行业中 1 台价值 1 万美元的设备可以代替 1 个工人，而在汽车行业中 1 台价值 1 万美元的设备可以代替 2 个工人，这个经济达到帕累托效率吗？应该如何通过改变这两个行业的机器和工人的数量来增加总产量？

## 五、练习题解答

（一）填空题答案

1. 商品　实物生产要素　资金　2. 局部均衡分析方法　3. 一般均衡分析方法　4. 无差异曲线群　5. 双方得益　6. 相同的　切点　7. 交换双方的无差异曲线群的切点　8. 边际替代率　等产量曲线群　9. 生产的契约曲线　10. 交换双方拥有的商品 X 或生产要素 X 的数量之和　交换双方拥有的商品 Y 或生产要素 Y 的数量之和　11. 市场信息不对称　12. 市场信息不对称　13. 声誉　市场信号　保证　14. 边际收益等于边际成本

(二) 判断题答案

1. F  市场可以是有形的，也可以是无形的。

2. F  局部均衡分析方法有助于揭示某个市场的特点，另外它也是一般均衡分析方法的基础。

3. F  必须双方都受益或者至少一方不损失而另一方受益，交换才能够进行。

4. T  在交换的最优条件得到满足的时候，交换形成了均衡状态。

5. T  交换形成了均衡。如果继续交换，将至少有一方的效用下降。

6. F  消费者偏好的程度与消费者通过交换已有商品使效用增大是不同的两种分析。

7. T  如果交换达到均衡状态，继续进行商品交换不可能使任何一方的效用增加。

8. F  以 X 代替 Y 的边际替代率对于交换双方并不相等。

9. T  生产契约曲线上的点表示生产要素交换双方的产量达到最大化。

10. T  生产契约曲线外的点表示生产要素交换双方的产量没有达到最大化。

11. T  单个厂商面临的需求曲线不再是水平的，而是向右下方倾斜的。

12. F  这些方法只能在一定程度上缓解市场信息不对称的问题。

(三) 选择题答案

1. A  只有在商品价值高于运费的条件下，商品才有可能被运到各地销售。

2. C  居民在生产要素市场上是卖者，在商品市场上是买者。

3. C  厂商在生产要素市场上是买者，在商品市场上是卖者。

4. A  消费者 A 为得到 1 单位 X 愿意放弃 3 单位 Y，消费者 B 为得到 1 单位 X 只愿意放弃 2 单位 Y。由此可见，相对来说，X 对 A 更重要，Y 对 B 更重要。

5. B  消费者 A 按 2:1 的比例以 Y 交换 X，可以增加自己的效用，同时又没有使 B 的效用减少。其他情形都不能满足这个最基本的条件。

6. C  交换比率介于 1/3 和 1/2 之间能够使双方都受益。

7. C  消费者 B 的效用不变，消费者 A 的效用增加了，所以总效用增加。

8. B  $E_2$ 点仍在 $A_2$ 曲线上，消费者 A 的效用不变。但是 $E_2$ 点已不是在 $B_1$ 曲线而是在 $B_2$ 曲线上，消费者 B 的效用增加了。

9. C  $E_3$ 点仍在 $B_1$ 曲线上，消费者 B 的效用不变，但 $E_3$ 点已在 $A_3$ 曲线上，消费者 A 的效用增加了。

10. A  不同消费者的效用是不能直接比较的。

11. C  F 点在双方得益区域内移动,任何一方的效用都不会减少。
12. C  不论移向 $E_2$ 点还是 $E_3$ 点,都有一方的效用没变。
13. A  由 $E_2$、$E_3$ 和 F 三点构成的区域是双方得益的区域。
14. C  沿着契约曲线向右上方移动意味着 B 的效用减少,A 的效用增加。但 A、B 的效用不能直接比较,所以不能确定总效用如何变化。
15. C  生产者通过生产要素的交换使双方的产量达到了最大化。

（四）简答题回答提要

1. 厂商通过实物生产要素市场向居民购买生产要素的服务,然后生产出商品投放商品市场。居民通过实物生产要素市场向厂商提供生产要素的服务,然后用取得的收入在商品市场上购买厂商的商品。

2. 交换的最优条件是交换的商品对交换双方都具有相同的边际替代率。在这种情况下,交换双方通过商品的交换达到效用最大化。

3. 生产的最优条件是交换的生产要素对交换双方都具有相同的边际替代率。在这种情况下,交换双方通过生产要素的交换实现了产量的最大化。

4. 表示交换双方拥有商品或生产要素组合的点将在双方得益的区域内移向交换契约曲线或生产契约曲线。只有在交换双方都受益或者至少一方受益而另一方不损失的前提下,交换才能进行。

5. 交换契约曲线上的点沿着交换契约曲线移动将使一方效用增加而另一方效用减少,但由于消费者之间的效用不能直接比较,交换双方总效用的变化无法确定。

（五）论述题论述要点

1. 先说明市场信息不对称的含义,然后说明在市场信息不对称的条件下会产生逆向选择和影响交易的问题,再阐述声誉、市场信号、保证等解决这些问题的方法。

2. 首先,利用交换双方的无差异曲线群构成艾奇渥斯盒形图。其次,根据交换双方所拥有的商品数量确定艾奇渥斯盒形图中相应的点。再次,比较该点与交换契约曲线的位置关系,说明该点在双方得益区域内移向交换契约曲线所导致的效用变化。最后,分析无差异曲线的切点,得出交换的最优条件。

3. 首先,利用交换双方的等产量曲线群构成艾奇渥斯盒形图。其次,根据交换双方所拥有的生产要素数量确定艾奇渥斯盒形图中相应的点。再次,比较该点与生产契约曲线的位置关系,说明该点在双方得益区域内移向生产契约曲线所导致的效用变化。最后,分析等产量曲线的切点,得出生产的最优条件。

（六）思考题思考提示

1. 在艾奇渥斯盒形图的交换契约曲线或生产契约曲线上,已达到了在没有使其他人经济状况变坏的情况下使某个人的经济状况变得最好的状态,即实现了帕累托有效配置。

2. 帕累托效率是在竞争的条件下通过价格机制的作用来实现的,政府在制定对穷人的救济方案时应以不妨碍竞争和价格机制的作用为前提。从这个角度考虑,政府的前两个救济方案都不利于价格机制发挥作用,第三个方案是相对而言有可能接近达到帕累托效率的方案。

3. 由于设备和工人的边际替代率对这两个行业来说不相等,这个经济没有达到帕累托效率。钢铁行业减少设备增加工人而汽车行业减少工人增加设备可以达到帕累托效率。

# 第 10 章 生产要素的价格和收入分配

## 一、内容提要

如果说前七章所涉及的价格都是商品的价格,那么第 8 章分析的是生产要素的价格。生产要素价格的分析与收入分配的分析密切相关。收入分配原理主要讨论两个问题:一是在生产过程中劳动、资本和土地各自得到了多少工资、利息和地租,二是各种生产要素所有者或各个阶层的收入在社会收入中占多大的比例。在这两个问题中,前一个问题就是生产要素价格的问题。本章将先后分析收入分配的这两个问题。

本章可以看作收入分配总论。本章在讨论生产要素的价格时,撇开各种生产要素在具体形态上的差别,把握各种生产要素的共同特点,研究一般形式上的生产要素的价格的决定。在其后几章里,才考虑各种生产要素在具体形态上的差别,分别分析劳动的价格——工资,资本的价格——利息,土地的价格——地租。

在前面分析商品价格的时候,曾经分完全竞争的商品市场和非完全竞争的商品市场讨论了商品价格的决定。本章在分析生产要素价格的时候,同样要分完全竞争的生产要素市场和非完全竞争的生产要素市场来讨论生产要素价格的决定。但由于厂商对生产要素的需求是居民对商品的需求派生出来的,对生产要素价格的讨论还要涉及商品市场。因此,本章分产品市场和生产要素市场均为完全竞争、产品市场不完全竞争但生产要素市场完全竞争、产品市场和生产要素市场均为不完全竞争三种情形分析生产要素价格的决定。

本章内容要点如下:

1. 在产品市场和生产要素市场均为完全竞争的条件下,厂商按照边际产量价值等于边际资源成本($VMP = MRC$)的使用生产要素的最大利润原则决定对生产要素的需求量。从生产要素的边际产量价值曲线可以得到厂商对生产要素的需求曲线,从厂商对生产要素的需求曲线可以得到市场对生产要素的需求曲线。另外,由于居民提供生产要素的成本为一定,他们对生产要素的供给量取决于生产要素的价格,因此可以得到市场对生产要素的供给曲线。当生产要素的需求曲线和供给曲线相交的时候，生产要素的需求量等于供给量，形成了生产要素的均衡价格和均衡交易量。

2. 在产品市场不完全竞争但生产要素市场完全竞争的条件下，厂商根据边际产量收益等于边际资源成本（$MRP = MRC$）的使用生产要素的最大利润原则决定对生产要素的需求量。根据边际产量收益曲线可以得到厂商对生产要素的需求曲线，根据厂商对生产要素的需求曲线可以得到市场对生产要素的需求曲线。另外，由于居民提供生产要素的成本为一定，他们对生产要素的供给量取决于生产要素的价格，因此可以得到市场对生产要素的供给曲线，当生产要素的需求曲线和供给曲线相交的时候，生产要素的需求量等于供给量，形成了生产要素的均衡价格和均衡交易量。

3. 在产品市场和生产要素市场均为不完全竞争的条件下，厂商根据边际产量收益等于边际资源成本（$MRP = MRC$）的使用生产要素的最大利润原则决定对生产要素的需求量。但是，由于边际资源成本不等于生产要素的价格，生产要素的边际产量收益曲线不等同于厂商对生产要素的需求曲线，而是在厂商对生产要素的需求曲线的右方。另外，由于边际资源成本不再等于平均资源成本，平均资源成本曲线构成生产要素的供给曲线，边际资源成本曲线位于平均资源成本曲线的上方。厂商将根据边际产量收益曲线和边际资源成本曲线的交点决定对生产要素的使用量，然后根据平均资源成本曲线即供给曲线决定生产要素的价格。

4. 洛伦茨曲线和基尼系数用于衡量收入分配的平等程度。在一个社会里，收入不平等的原因有财产的差别、能力的差别、受教育和训练的差别、工作偏好和冒险精神的差别等。

## 二、学习要求

1. 要求掌握下述概念：边际产量价值，边际资源成本，平均资源成本，边际产量收益，生产要素的需求曲线，生产要素的供给曲线，洛伦茨曲线，基尼系数。

2. 要求理解下述关系：在完全竞争的生产要素市场上边际产量价值曲线与生产要素需求曲线的关系；在完全竞争的生产要素市场上边际产量收益曲线与生产要素需求曲线的关系；在不完全竞争的生产要素市场上边际产量收益曲线与生产要素需求曲线的关系；单个居民对生产要素的供给曲线与整个市场对生产要素的供给曲线的关系；生产要素的需求受什么因素影响；生产要素的需求的价格弹性受什么因素影响。

3. 要求能够概括下述原理：在产品市场和生产要素市场均为完全竞争的

条件下生产要素价格的决定；在产品市场不完全竞争但生产要素市场完全竞争条件下生产要素价格的决定；在产品市场和生产要素市场均为不完全竞争条件下生产要素价格的决定；收入分配不平等的度量及原因。

## 三、应该注意的问题

1. 边际产量价值（$VWP$）是边际实物产量（$MPP$）与产品价格（$P$）的乘积，边际产量收益（$MRP$）是边际实物产量（$MPP$）与边际收益（$MR$）的乘积。在完全竞争的产品市场上，边际收益等于产品价格，所以边际产量价值实际上是边际产量收益在产品市场为完全竞争的条件下的特例。

2. 在完全竞争的生产要素市场上，边际资源成本等于平均资源成本，即等于生产要素的价格，而厂商又按照边际产量价值或边际产量收益等于边际资源成本的使用生产要素的最大利润原则决定对生产要素的需求量，所以某种生产要素的边际产量价值曲线或边际产量收益曲线就是厂商对该种生产要素的需求曲线。

3. 在不完全竞争的生产要素市场上，边际资源成本不等于平均资源成本，即不等于生产要素的价格，而厂商根据边际产量收益等于边际资源成本的使用生产要素的最大利润原则决定对生产要素的需求量，所以某种生产要素的边际产量收益曲线与厂商对该种生产要素的需求曲线不再重合。

4. 市场对某种生产要素的需求曲线不是简单地由各个厂商对这种生产要素的需求曲线在水平方向上相加而形成的。当生产要素价格下降的时候，各个厂商将增加对生产要素的需求量，这样产量将增加，产品价格将下降，生产要素的边际产量价值或边际产量收益将下降。因此，如果市场上各个厂商均相同，市场对生产要素的需求曲线要陡于单个厂商对生产要素的需求曲线。

5. 市场对某种生产要素的供给曲线与单个居民对这种生产要素的供给曲线是不同的。在生产要素市场为完全竞争的条件下，单个居民不能影响生产要素的价格，单个居民对生产要素的供给曲线是水平线，但整个市场对生产要素的供给曲线是向右上方倾斜的曲线。在生产要素市场为不完全竞争的条件下，各个居民对生产要素的供给曲线在水平方向上相加形成整个市场对生产要素的供给曲线。

## 四、练习与思考

（一）填空（在括号里填上适当的词）

1. 厂商对生产要素的需求取决于社会对他所生产的商品的需求，因而这种需求称为（　　）。

2. （　　）是在其他生产要素不变的前提下，增加 1 单位某种生产要素所增加的实物产量。

3. 边际产量价值是在其他生产要素不变的前提下（　　）。它等于边际实物产量与（　　）的乘积。

4. 边际产量收益是在其他生产要素不变的前提下（　　）。它等于边际实物产量与（　　）的乘积。

5. 在完全竞争的生产要素市场上，某种生产要素的边际产量价值曲线或边际产量收益曲线就是厂商对这种生产要素的（　　）曲线。

6. （　　）是在其他生产要素不变的前提下，增加 1 单位某种生产要素所增加的成本。

7. 在完全竞争的生产要素市场上，生产要素的边际资源成本（　　）生产要素的平均资源成本即价格。

8. 在不完全竞争的生产要素市场上，生产要素的边际资源成本（　　）生产要素的平均资源成本即价格。

9. 厂商按照（　　）的原则决定他对生产要素的需求量。

10. 生产要素的价格越高，边际资源成本就越（　　），厂商对生产要素的需求量就越（　　）。因此，在图像上，生产要素的需求曲线向（　　）倾斜。

11. 厂商对某种生产要素的需求曲线在完全竞争的生产要素市场上与这种生产要素的边际产量价值曲线或边际产量收益曲线（　　），在不完全竞争的生产要素市场上与这种生产要素的边际产量收益曲线（　　）。

12. 某种生产要素需求的价格弹性取决于（　　）、（　　）和（　　）。

13. 生产要素的需求曲线将在下述情况下发生移动：（　　）、（　　）和（　　）。

14. 生产要素的价格越高，居民愿意提供的生产要素的数量就越（　　）。因此，生产要素的供给曲线向（　　）倾斜。

15. 生产要素的均衡价格是（　　）的价格，它在图像上是（　　）的价格。

（二）判断（判断下列说法是否正确，分别在括号里写上 T 或 F）

1. 收入分配越平均，洛伦茨曲线的弯曲程度越大。（　　）

2. 如果 A、B 两国的基尼系数分别是 1/10 和 1/5，那么 A 国收入不平等的程度要甚于 B 国。（　　）

3. 边际产量价值是边际产量收益在产品市场为完全竞争的条件下的特例。（　　）

4. 已知某种商品是 A、B、C 三种生产要素的产物，当它们同时增加 1 单位时，这种商品的产量增加了 2 个单位，这表明生产要素的边际实物产量等于 2。（   ）

5. 假定某种商品是 A、B、C 三种生产要素的产物，在保持 A 和 B 不变的前提下增加 1 单位 C 使产量增加了 2 个单位，那么这 2 单位产量是这 1 单位 C 生产出来的。（   ）

以下 6～10 题已知条件为：生产要素 A、B、C 的组合是 10A—30B—20C，B 和 C 的边际实物产量分别是 3 和 1，A、B、C 的价格分别是 2、1、3 美元，总产量是 200 单位。

6. 生产 200 单位产量的总成本是 110 美元。（   ）

7. 在完全竞争的生产要素市场上，假定其他生产要素不变，增加 1 单位生产要素 B 将使总成本增加到 111 美元，总产量增加到 203 单位。（   ）

8. 在完全竞争的生产要素市场上，假定其他生产要素不变，减少 1 单位生产要素 C 将使总成本减少到 107 美元，总产量下降到 199 单位。（   ）

9. 如果同时增加 1 单位生产要素 B 和减少 3 单位生产要素 C，即生产要素组合变成 10A—31B—17C，总产量将保持不变。（   ）

10. 生产要素 A、B、C 的组合 10A—30B—20C，是生产 200 单位产量的最低成本组合。（   ）

11. 在生产要素的边际资源成本为一定的条件下，厂商对生产要素的需求取决于生产要素的边际产量价值或边际产量收益。（   ）

12. 厂商在边际产量收益大于边际资源成本的情况下所得到的利润，要大于在边际产量收益等于边际资源成本的情况下所得到的利润。（   ）

13. 某种生产要素的边际产量价值曲线或边际产量收益曲线就是厂商对这种生产要素的需求曲线。（   ）

14. 假如用某种生产要素所生产的商品的需求增加了，这种生产要素的需求曲线将向右方移动。（   ）

15. 假如厂商使用先进的机器设备以取代劳动，劳动的需求曲线将向右方移动。（   ）

16. 在完全竞争的生产要素市场上，厂商所面对的平均资源成本曲线和边际资源成本曲线是重合的。（   ）

17. 在不完全竞争的生产要素市场上，厂商所面对的平均资源成本曲线和边际资源成本曲线是重合的。（   ）

18. 在生产要素市场不完全竞争的条件下，厂商对生产要素的需求曲线在生产要素的边际产量收益曲线的右方。（   ）

19. 生产要素的边际产量价值或边际产量收益随着生产要素投入量的增加

而递减,是由边际收益递减规律造成的。(　　)

20. 设市场上有 $n$ 个相同的厂商,市场对某种生产要素的需求曲线是由 $n$ 个厂商对这种生产要素的需求曲线在水平方向上相加形成的。(　　)

(三) 选择(根据题意选择一个最合适的答案,并在括号里填上相应的字母)

1. 已知生产要素的组合是 10A—30B—20C,产量是 200 单位;如果生产要素的组合变成 10A—31B—20C,产量增加到 203 单位。由此可知(　　)

A. A 的边际实物产量等于3。　B. B 的边际实物产量等于3。　C. C 的边际实物产量等于3。

2. 生产要素 B 的边际实物产量等于 3 意味着(　　)

A. 在 A 和 C 不变的条件下增加 1 单位 B 所带来的总产量增量等于3。

B. A、B、C 同时增加 1 单位所带来的产量增量等于3。

C. 在 B 不变的条件下增加 1 单位 A 和 C 所带来的产量增量等于3。

3. 已知生产要素 B 的边际实物产量等于 3,(　　)

A. 当 B 减少的时候,由于它变得相对稀缺,边际实物产量将增加。

B. 当 B 增加的时候,在边际收益递减规律的作用下,边际实物产量将减少。

C. 答案 A 和 B 所说明的情形都可能发生。

4. 假设生产某种商品需要使用 A、B、C 三种生产要素,当 A 的投入量连续增加时,它的边际实物产量(　　)

A. 在 B 和 C 的数量及技术条件不变时将下降。　B. 在技术条件不变,但 B 和 C 的数量同比例增加时将下降。　C. 在任何条件下都将下降。

5. 不管产品市场是完全竞争还是不完全竞争,某种生产要素的边际产量收益等于(　　)

A. 它的边际实物产量与它的价格的乘积。　B. 它的边际实物产量与产品的边际收益的乘积。　C. 它的边际实物产量与产品价格的乘积。

6. 厂商要得到最大利润,他应当按下述原则使用生产要素:(　　)

A. 边际产量收益大于边际资源成本。　B. 生产要素的边际实物产量与它们的价格之比分别相等。　C. 边际产量收益等于边际资源成本。

7. 假定生产要素 A、B、C 的边际实物产量分别是 12、8、2 单位,它们的价格分别是 6、4、1 美元,那么生产要素的组合(　　)

A. 是最小成本的组合。　B. 不是最小成本的组合。　C. 还不能确定是不是最小成本的组合。

8. 在产品市场完全竞争的条件下,已知生产要素 A、B、C 的边际实物产量分别是 12、8、6 单位,它们的价格是 6、4、1 美元,厂商要获得最大利润,

他出售商品所得到的价格应该等于（　　）

A. 2 美元。　　B. 1 美元。　　C. 0.5 美元。

9. 已知生产要素 A、B、C 的价格分别是 8、4、10 美元，产品的边际收益是 2 美元。A、B、C 的边际产量只有分别等于下述数值，厂商才能获得最大利润。（　　）

A. 2、1、2.5。　　B. 4、2、5。　　C. 8、4、10。

10. 假定各种生产要素的价格、产品的价格和边际收益均等于 4 美元，已知厂商得到了最大利润，各种生产要素的边际实物产量一定是（　　）

A. 2。　　B. 1。　　C. 4。

11. 某厂商使用 30 单位生产要素 A 和 50 单位生产要素 B 生产出 5000 单位商品，已知 A 和 B 的边际实物产量分别是 40 和 30 单位，价格分别是 3 和 4 美元，那么他（　　）

A. 要以最低成本生产出 5000 单位商品，应该增加 A 的投入量，减少 B 的投入量。

B. 要以最低成本生产出 5000 单位商品，应该减少 A 的投入量，增加 B 的投入量。

C. 要获得最大利润，应当增加 A 和 B 的投入量。

12. 生产要素的需求曲线所以向右下方倾斜，是因为（　　）

A. 它的边际产量收益递减。　　B. 它的边际效用递减。　　C. 它的规模收益递减。

13. 假定其他条件相同，产品市场完全竞争条件下的生产要素的需求曲线与产品市场不完全竞争条件下的生产要素的需求曲线相比，（　　）

A. 前者与后者重合。　　B. 前者比后者更陡峭。　　C. 前者比后者更平坦。

14. 在产品市场完全竞争的条件下，买卖双方都不能影响商品的价格，边际产量收益公式 $MRP = MPP \cdot MR$ 可以表述为（　　）

A. $MRP = MPP \cdot AR$。　　B. $MRP = MPP \cdot P$。　　C. 答案 A 或 B。

15. 在产品市场完全竞争的条件下，全体厂商对某种生产要素的需求曲线，与单个厂商对这种生产要素的需求曲线相比，（　　）

A. 前者与后者重合。　　B. 前者比后者陡峭。　　C. 前者比后者平坦。

（四）简答（简要回答下列问题）

1. 在生产要素市场完全竞争的条件下，为什么生产要素的边际产量收益曲线就是厂商对这种生产要素的需求曲线？

2. 厂商对生产要素的需求曲线为什么向右下方倾斜？

3. 单个厂商对某种生产要素的需求曲线和整个市场对这种生产要素的需

求曲线存在什么关系？

4. 在产品市场和生产要素市场均为完全竞争的条件下与在产品市场和生产要素市场均为不完全竞争的条件下相比，生产要素均衡价格的形成有什么不同？

（五）论述（分析和阐述下列问题）

1. 在产品市场和生产要素市场均为完全竞争的条件下，生产要素的均衡价格是怎样形成的？

2. 在产品市场不完全竞争但生产要素市场完全竞争的条件下，生产要素的均衡价格是怎样形成的？

3. 在产品市场和生产要素市场均为不完全竞争的条件下，生产要素的均衡价格是怎样形成的？

（六）思考（讨论和研究下列问题）

1. 在分析生产要素价格的时候，由于既涉及生产要素市场，又涉及产品市场，所以需要分多种情况讨论生产要素价格的决定。但是，既然市场包括生产要素市场和产品市场，而每一类市场又分完全竞争和不完全竞争两种状况，那么应该有下述四种情形：产品市场和生产要素市场均为完全竞争、产品市场不完全竞争但生产要素市场完全竞争、产品市场完全竞争但生产要素市场不完全竞争、产品市场和生产要素市场均为不完全竞争，然而，本章为什么没有分析在第三种情形下生产要素价格的决定呢？

2. 本章在讨论产品市场和生产要素市场均为不完全竞争的条件下生产要素价格的决定时，利用边际产量收益曲线、边际资源成本曲线和平均资源成本曲线（生产要素供给曲线）进行分析，没有利用生产要素的需求曲线和供给曲线进行分析。在同样的条件下，可以利用生产要素的需求曲线和供给曲线进行分析吗？

3. 假定某个国家有 10 个人，他们的收入分别为 3000、6000、2000、8000、4000、9000、1000、5000、7000、5000 美元，绘制出这个国家的洛伦茨曲线。

## 五、练习题解答

（一）填空题答案

1. 派生需求　2. 边际实物产量　3. 增加 1 单位某种生产要素而增加的实物产量所带来的货币收益　产品价格　4. 增加 1 单位某种生产要素而增加的实物产量所带来的货币收益　边际收益　5. 需求　6. 边际资源成本　7. 等于　8. 高于　9. 边际产量收益等于边际资源成本

10. 高　小　右下方　11. 相重合　不重合　12. 用这种生产要素生产的商品的需求的价格弹性　这种生产要素的费用在总成本中的比重　其他生产要素替代这种生产要素的可能性　13. 它所生产的商品的需求发生了变化　它的边际实物产量发生了变化　其他生产要素的价格发生了变化　14. 多　右上方　15. 生产要素的需求量和供给量相等时　生产要素的供给曲线和需求曲线相交时

（二）判断题答案

1. F　收入分配越平均，洛伦茨曲线的弯曲程度越小。
2. F　基尼系数越小，表示收入分配越平均。
3. T　在产品市场完全竞争的条件下，$MR = P$，$MRP = MPP \cdot MR = MPP \cdot P = VMP$。
4. F　边际实物产量是某种生产要素的增加所带来的总产量增量。
5. F　虽然这 2 个单位产量是生产要素 C 的边际实物产量，但它是生产要素 C 与 A 和 B 共同协作生产出来的，单独 1 个单位生产要素 C 不会生产出 2 单位产量。
6. T　$TC = 10 \times 2 + 30 \times 1 + 20 \times 3 = 110$。
7. T　生产要素 B 的边际实物产量是 3，价格是 1 美元。
8. T　增量既可以是正数，也可以是负数。
9. T　增加生产要素 B 所增加的边际实物产量和减少生产要素 C 所减少的边际实物产量相同。
10. F　生产要素 B、C 的边际实物产量与它们的价格之比并不相等。
11. T　厂商根据 $VMP = MRC$ 或 $MRP = MRC$ 的使用生产要素的最大利润原则决定生产要素的需求量。
12. F　如果 $MRP > MRC$，厂商继续投入生产要素还可以使总利润增加。
13. F　在生产要素市场不完全竞争的条件下，$VMP$ 曲线或 $MRP$ 曲线与需求曲线不重合。
14. T　对商品的需求增加了，对相应的生产要素的需求也将增加。
15. F　应向左方移动，即劳动的需求减少了。
16. T　厂商不能改变生产要素的价格，所以边际资源成本等于平均资源成本。
17. F　厂商可以影响生产要素的价格，边际资源成本不等于平均资源成本。
18. F　厂商对生产要素的需求曲线在生产要素的边际产量收益曲线的左方。
19. T　边际收益递减规律说明边际实物产量为什么递减，从而说明边际产量价值或边际收益产量为什么递减。

20. F　市场对生产要素的需求曲线要陡于单个厂商对生产要素的需求曲线。

（三）选择题答案

1. B　生产要素 B 增加了 1 单位。

2. A　根据定义成立。

3. C　生产要素的边际实物产量随生产要素投入量的增加而递减。

4. A　边际收益递减规律在特定的条件下才发生作用。

5. B　在一般情况下，$MRP = MPP \cdot MR$。在产品市场完全竞争的条件下，$MR = P$，所以 $MRP = MPP \cdot P$。

6. C　$MRP = MRC$ 是使用生产要素的最大利润原则。

7. A　符合最小成本原则。

8. C　$MP = 12 + 8 + 2 = 22$，$MC = 6 + 4 + 1 = 11$。根据最大利润原则 $MR = MC$，可求得 $P = 0.5$ 美元。

9. B　以生产要素 A 为例，$MRC = 8$，$MR = 2$，根据最大利润原则 $2MPP = 8$，所以 $MPP = 4$。

10. B　已知 $MRC = 4$，$MR = 4$，$4MPP = 4$，所以 $MPP = 1$。

11. A　$MPP_a = 40$，$P_a = 3$；$MPP_b = 30$，$P_b = 4$。$MPP_a/P_a > MPP_b/P_b$，应该增加 A 的投入量和减少 B 的投入量。

12. A　由于 $MPP$ 随着生产要素投入量的增加而递减，$MRP$ 也随着生产要素投入量的增加而递减，厂商对生产要素的需求量取决于 $MRP$。

13. C　在前一个条件下，边际产量收益是边际实物产量与不变的产品价格的乘积；在后一个条件下，边际产量收益是边际实物产量与下降的边际收益的乘积。

14. C　在产品市场完全竞争的条件下，$MR = AR = P$。

15. B　如果生产要素的价格下降，全体厂商像个别厂商那样增加对生产要素的需求量，因而总产量增加，产品价格下降。所以，个别厂商的边际产量收益是边际实物产量与不变的产品价格的乘积，全体厂商的边际产量收益是边际实物产量与递减的产品价格的乘积，前者的曲线比后者平坦。

（四）简答题回答提要

1. 在生产要素市场完全竞争的条件下，生产要素的边际资源成本等于生产要素的价格，而厂商又按照边际产量收益等于边际资源成本的使用生产要素的最大利润原则决定对生产要素的需求量，所以边际产量收益与生产要素数量的函数关系和生产要素价格与生产要素需求量的函数关系吻合，生产要素的边际产量收益曲线就是厂商对这种生产要素的需求曲线。

2. 在边际收益递减规律的作用下，边际产量收益递减，而厂商对生产要素的需求曲线就是生产要素的边际产量收益曲线，所以厂商对生产要素的需求曲线向右下方倾斜。

3. 假定市场上有 $n$ 个相同的厂商，在相同的生产要素价格下市场对生产要素需求量是单个厂商对生产要素需求量的 $n$ 倍。但由于当生产要素价格下降，各个厂商对生产要素需求量增加，厂商的产量增加，产品的价格下降，生产要素的边际产量收益将下降，所以市场对某种生产要素的需求曲线要陡于单个厂商对这种生产要素的需求曲线。

4. 在前一个条件下，生产要素的需求曲线和供给曲线的交点决定了生产要素的均衡价格。在后一个条件下，生产要素的边际产量收益曲线和边际资源成本曲线的交点决定了均衡的交易量，再根据生产要素的供给曲线决定相应的均衡价格。

（五）论述题论述要点

1. 首先，从边际产量价值曲线得到单个厂商对生产要素的需求曲线，再从单个厂商对生产要素的需求曲线得到市场对生产要素的需求曲线。其次，提出市场对生产要素的供给曲线。最后，利用生产要素的需求曲线和供给曲线分析生产要素的均衡价格。

2. 首先，从边际产量收益曲线得到单个厂商对生产要素的需求曲线，再从单个厂商对生产要素的需求曲线得到市场对生产要素的需求曲线。其次，提出市场对生产要素的供给曲线。最后，利用生产要素的需求曲线和供给曲线分析生产要素的均衡价格。

3. 首先，处于买方垄断的厂商的边际产量收益曲线构成在整个市场上生产要素的边际产量收益曲线。其次，边际资源成本曲线与平均资源成本曲线不再重合，而是在平均资源成本曲线的上方，平均资源成本曲线构成生产要素的供给曲线。最后，边际产量收益曲线与边际资源成本曲线的交点决定均衡交易量，再根据生产要素的供给曲线决定相应的均衡价格。

（六）思考题思考提示

1. 在分析生产要素价格的决定时，厂商具有重要的作用，他既是生产要素市场上生产要素的需求者，也是产品市场上产品的供给者。因此，在分析生产要素价格的决定时，如果提及产品市场或生产要素市场不完全竞争，一般都是指厂商处于垄断地位，即在产品市场上处于卖方垄断地位和在生产要素市场上处于买方垄断地位。这样，假如生产要素市场是不完全竞争的，厂商处于买方垄断地位，产品市场一般不可能是完全竞争的。因此，本章没有讨论在产品市场完全竞争但生产要素市场不完全竞争的条件下生产要素价格的决定。

2. 在产品市场和生产要素市场均为不完全竞争的条件下，同样可以用生产要素的需求曲线和供给曲线分析生产要素的均衡价格。当厂商在生产要素市场处于买方垄断地位时，生产要素的边际产量收益曲线向左方移动形成市场对生产要素的需求曲线，它与市场对生产要素的供给曲线可决定生产要素的均衡价格。

3. 根据题意把10个人的收入从低到高排列，分别计算占总人数多少百分比的人得到多少百分比的收入，便得到如表10.1所示的表列。把表中的对应值作为点的坐标描点作图，用一条平滑的曲线连接起来，就可以得到洛伦茨曲线。

表10.1

| 占总人数百分比（%） | 占总收入百分比（%） |
| --- | --- |
| 10 | 2 |
| 20 | 6 |
| 30 | 12 |
| 40 | 20 |
| 50 | 30 |
| 60 | 40 |
| 70 | 52 |
| 80 | 66 |
| 90 | 82 |
| 100 | 100 |

# 第 11 章　工资、利息、地租和利润

## 一、内容提要

第 10 章把劳动、资本、土地等生产要素作为一个整体分析了一般生产要素的价格,但是劳动、资本、土地等生产要素除了具有生产要素的共同性质和基本特点以外还具有各自的具体特点,本章将具体分析劳动、资本、土地这三种生产要素的价格——工资、利息、地租以及利润。

本章内容要点如下:

1. 在自由竞争的劳动市场上,劳动的需求取决于劳动的边际收益产量,劳动的需求曲线是一条向右下方倾斜的曲线。劳动的供给取决于劳动者的数量、提供劳动的成本和劳动者对收入与闲暇的偏好,劳动的供给曲线是一条向右上方倾斜的曲线。劳动的需求曲线和供给曲线的交点,决定了均衡的工资率。

2. 严格地说,在劳动市场上,劳动的供给曲线是一条向后弯曲的曲线。当工资率从较低的水平开始上升时,同时存在替代效应和收入效应,但替代效应大于收入效应,劳动供给量趋于增加。当工资率达到较高水平后继续上升时,也同时存在替代效应和收入效应,但收入效应大于替代效应,劳动的供给量趋于减少。因此,劳动的供给曲线成为向后弯曲的曲线。

3. 在买方垄断的劳动市场上,劳动的需求仍取决于劳动的边际收益产量,劳动的边际收益产量曲线是一条向右下方倾斜的曲线。劳动的供给曲线实际上就是平均资源成本曲线。由于存在买方垄断,劳动的边际资源成本曲线与平均资源成本曲线不再重合,而是处于平均资源成本曲线的上方。边际收益产量曲线和边际资源成本曲线的交点,决定了均衡的劳动交易量,根据劳动的供给曲线决定了均衡的工资率。

4. 在卖方垄断的劳动市场上,劳动的需求曲线是一条向右下方倾斜的曲线,劳动的供给曲线则成为由水平线和向右上方倾斜的曲线构成的曲线,劳动的需求曲线和供给曲线的交点,决定了均衡的工资率。

5. 在双边垄断的劳动市场上,劳动的需求曲线和供给曲线具有买方垄断

和卖方垄断两方面的特点，均衡的工资率取决于劳动双方的协议力量和协议策略。但是，双边垄断条件下的工资率比买方垄断和卖方垄断的工资率更接近于自由竞争条件下的工资率。

6. 均衡的利息率是由借贷市场上资金需求曲线和供给曲线的交点决定的。但是在现实的经济中，经济存在信贷配给的现象，居民和厂商不能按现行利息率获得他们所需要的资金，资金的供给曲线成为向后弯曲的曲线。另外，利息率的差异是由借贷的风险程度、时间长短和管理成本造成的。

7. 绝对地租是由土地的需求和供给决定的。土地的需求取决于土地的边际收益产量，土地的需求曲线是向右下方倾斜的曲线。土地的供给在短期和长期里都是固定的，土地的供给曲线是一条垂直线。土地的需求曲线和供给曲线的交点，决定了土地均衡的绝对地租。

8. 不同类型的土地具有不同的生产率，从而具有不同的边际收益产量。因此，不同类型的土地的需求曲线是不同的。不同类型的土地的需求曲线与它们的供给曲线的交点所决定的均衡地租存在差异，这种差异就是级差地租。

9. 经济租金是生产要素所有者得到的总收入超过转移收入的差额，准租金是在短期内供给固定不变的生产要素所得到的额外收入。这两部分收入都是生产要素的收入而不一定是土地的收入，但由于这些生产要素的供给是固定的，与土地的供给相同，所以由此而产生的收入被称为租金。

10. 自然资源除了包括土地以外，还包括矿藏、森林、河流等。在自然资源中，有的是不可枯竭的，如土地；有的是可枯竭的，如矿藏。这样，现在开发可枯竭的自然资源将不得不放弃未来可枯竭的自然资源的生产，这就是可枯竭的自然资源的稀缺成本。稀缺成本的大小取决于对未来自然资源价格的预期，它的存在使自然资源的产量下降，价格上升。

11. 经济利润是厂商的总收益减去经济成本后的余额，它产生于动态的经济，是由风险、创新和垄断带来的。经济利润对社会资源的利用和配置产生重要影响，它是厂商进行生产的原动力。

## 二、学习要求

1. 要求掌握下述概念：货币工资，实际工资，劳动的替代效应，劳动的收入效应，劳动的平均资源成本，劳动的边际资源成本，自由竞争的劳动市场，买方垄断的劳动市场，卖方垄断的劳动市场，双边垄断的劳动市场，补偿性的工资差别，劳动质量不同的工资差别，市场不完全性的工资差别，均衡的利息率，信贷配给，利息率的差异，地租，级差地租，经济租金，准租金，转移收入，稀缺成本，自然资源价格，经济成本，正常利润，经济利润，静态经济，动态经济，风险，创新，垄断。

2. 要求理解下述关系：在自由竞争的劳动市场上整个市场的劳动供给曲线和单个厂商面对的劳动供给曲线的关系；劳动的替代效应和收入效应对劳动供给曲线形状的影响；在买方垄断的劳动市场上劳动的平均资源成本曲线和边际资源成本曲线的关系；在卖方垄断的劳动市场上工会的存在对劳动供给曲线的影响；贷款者逆向选择和信贷配给对资金供给曲线的影响；土地的需求与土地的边际收益产量的关系；不同类型的土地的边际收益产量的关系；经济租金与转移收入的关系；经济租金与地租的关系；准租金与地租的关系；稀缺成本与未来可枯竭的自然资源价格预期的关系；稀缺成本对可枯竭的自然资源现期产量和价格的影响；经济利润和正常利润的关系；风险、创新和垄断对经济利润的影响。

3. 要求能够概括下述原理：在自由竞争的劳动市场上均衡工资率的决定；在买方垄断的劳动市场上均衡工资率的决定；在卖方垄断的劳动市场上均衡工资率的决定；在双边垄断条件下均衡工资率的决定；工资的差异；均衡利息率的决定；利息率的差异；绝对地租的决定；级差地租的决定；可枯竭的自然资源价格的决定；经济利润的来源。

## 三、应该注意的问题

1. 本章所分析的自由竞争、买方垄断、卖方垄断、双边垄断四种情形都是指劳动市场的情形，产品市场假定是自由竞争的。
2. 劳动供给曲线向后弯曲是由劳动的替代效应和收入效应共同造成的，并不是劳动的供给曲线向右上方倾斜由劳动的替代效应造成，向左上方倾斜由劳动的收入效应造成。
3. 本章工资差异的分析是对劳动需求和供给的分析的补充，它说明为什么劳动的需求和供给不同而出现工资的高低不同。
4. 均衡利息率的决定的分析是一种均衡分析，信贷配给条件下的利息率的决定的分析是一种非均衡的分析。
5. 本章在分析地租的时候，把不同类型的土地看作具有同样的边际收益产量，由此而形成的地租是使用不同类型的土地都必须交纳的地租。但在实际上，不同类型的土地具有不同的边际收益产量，本章在不同类型的土地的供给相同的假定下，分析了级差地租的产生。
6. 本章所分析的土地的价格不是买卖土地的价格而是租用土地的价格。租用土地只取得土地的使用权而没有取得土地的所有权，它与买卖土地是不同的。

7. 经济租金和准租金是指包括土地在内的生产要素在特定情况下的收入，而不是单指土地所得到的收入。因此，经济租金和准租金的含义比地租的含义要广泛。土地的地租属于经济租金。

8. 正常利润是经济成本的一部分。如果厂商的总收益大于总经济成本，厂商得到了超额利润。如果厂商的总收益等于总经济成本，厂商得到了正常利润。

9. 本章所分析的利润的来源主要是经济利润的来源。经济利润产生于风险、创新和垄断。

## 四、练习与思考

（一）填空（在括号里填上适当的词）

1. 劳动的需求取决于（　　），劳动的供给取决于（　　）。
2. 在自由竞争的劳动市场上，劳动的需求曲线向（　　）倾斜，劳动的供给曲线先向（　　）倾斜，然后向（　　）倾斜。
3. 在自由竞争的劳动市场上，单个厂商面对的劳动供给曲线是（　　）的。
4. 在买方垄断的劳动市场上，劳动的平均资源成本曲线和边际资源成本曲线（　　）。
5. 在卖方垄断的劳动市场上，劳动的供给曲线先呈（　　）状态，然后向（　　）倾斜。
6. 厂商使用劳动的最大利润原则是（　　）。
7. 在买方垄断条件下的均衡工资率（　　）自由竞争条件下的均衡工资率，在卖方垄断条件下的均衡工资率（　　）自由竞争条件下的均衡工资率。
8. 假定其他条件相同，工作 A 与工作 B 唯一的不同之处是风险较大。假如这两种工作存在工资差别，那么这两种工作的工资差别称为（　　）。
9. 由于工作 A 需要的技能高于工作 B，从事工作 A 得到的工资多于工作 B，这种工资差别称为（　　）。
10. 在美国，从事同样工作的黑人和白人的工资差别是（　　）。
11. 在贷款者逆向选择和信贷配给的条件下，资金供给曲线成为（　　）的曲线。
12. 利息率的差异是由（　　）、（　　）和（　　）造成的。
13. 土地的需求曲线向（　　）倾斜，土地的供给曲线是（　　）线。
14. 土地的均衡地租是由土地需求曲线和供给曲线的（　　）决定的。
15. 级差地租产生于（　　）。

16. 如果某种土地的需求曲线和供给曲线在坐标系里没有交点，这意味着这种土地（　　）。

17. 为了防止生产要素转移到别的用途而必须对它支付的报酬叫作（　　），生产要素得到的总报酬超过转移收入的余额称为（　　）。

18. 准租金是（　　）的生产要素得到的报酬。

19. 能够产生经济租金或准租金的生产要素的供给都有一个共同的特点，这就是（　　）。

20. 由于现在开发可枯竭的自然资源而不得不放弃未来可枯竭的自然资源的生产所造成的机会成本称为（　　），它取决于（　　）。

21. 可枯竭自然资源的稀缺成本的存在使它现期的产量（　　），价格（　　）。

22. 正常利润是（　　）的一部分。

23. 经济利润是（　　）。

24. 企业家才能是（　　）。

25. 市场的变化带来的风险称为（　　）。

26. 创新主要包括（　　）和（　　）。

27. 垄断可以划分为（　　）和（　　）。

28. 经济利润的来源是（　　）、（　　）和（　　）。

29. 厂商的总收益等于总经济成本时，经济利润等于（　　）。

30. 在静态经济中，经济利润（　　）。

（二）判断（判断下列说法是否正确，分别在括号里写上 T 或 F）

1. 在自由竞争的劳动市场上，劳动的平均资源成本曲线和边际资源成本曲线是重合的。（　　）

2. 在买方垄断的劳动市场上，劳动的平均资源成本曲线和边际资源成本曲线是重合的。（　　）

3. 在自由竞争的劳动市场上，如果只考虑劳动的替代效应，劳动的供给曲线向右上方倾斜。（　　）

4. 在自由竞争的劳动市场上，如果既考虑劳动的替代效应，又考虑劳动的收入效应，那么劳动的供给曲线先向右上方倾斜，再向左上方倾斜。（　　）

5. 在卖方垄断的劳动市场上，劳动的供给曲线是向右上方倾斜的曲线。（　　）

6. 双边垄断条件下的均衡工资率与买方或卖方垄断条件下的均衡工资率相比，更接近于自由竞争条件下的均衡工资率。（　　）

7. 垃圾清扫工的工资高于普通纺织工，这种工资差别属于补偿性的工资差别。（　　）

8. 白领工人和蓝领工人的工资差别是劳动质量不同造成的工资差别。（　）
9. 日班和夜班工人的工资差别主要是市场的不完全性造成的工资差别。（　）
10. 同一职业的男工和女工的工资差别主要是市场的不完全性造成的工资差别。（　）
11. 在信贷配给的条件下，利息率不一定确定在资金的需求量等于供给量的水平上。（　）
12. 贷款风险越大，时间越短，管理成本越高，利息率将越高。（　）
13. 在完全竞争的土地市场上，土地的边际收益产量曲线就是厂商对土地的需求曲线。（　）
14. 在完全竞争的土地市场上，厂商根据土地的边际产量收益等于地租的租用土地的最大利润原则决定对土地的需求量。（　）
15. 土地的供给量随着地租的增加而增加，因而土地的供给曲线向右上方倾斜。（　）
16. 不论不同类型的土地的生产率如何不同，厂商对它们的需求都是相同的。（　）
17. 体育明星的收入有一部分属于经济租金。（　）
18. 生产要素的准租金在短期内不存在。（　）
19. 从理论上分析，开采可枯竭的自然资源的成本除了包括实际支付的成本以外，还包括放弃未来产量的机会成本。（　）
20. 如果厂商预期可枯竭的自然资源的未来价格将要上升，那么该自然资源现在开采的稀缺成本将下降。（　）
21. 可枯竭的自然资源的稀缺成本越高，该自然资源现期的价格就越高。（　）
22. 正常利润是经济成本的一部分。（　）
23. 经济利润是经济成本的一部分。（　）
24. 正常利润是对风险的报酬。（　）
25. 经济利润是对企业家才能这个生产要素的报酬。（　）
26. 企业家的创新是经济利润的源泉之一。（　）
27. 垄断可以带来经济利润。（　）
28. 总收益等于经济成本，意味着正常利润等于零。（　）
29. 企业家的创新也是一种风险。（　）
30. 企业家的创新也会形成垄断。（　）

（三）选择（根据题意选择一个最合适的答案，并在括号里填上相应的字母）

1. 工资率的上升所导致的替代效应是指（    ）

A. 工作同样长的时间可以得到更多的收入。    B. 工作较短的时间也可以得到同样的收入。    C. 工人宁愿工作更长的时间，用收入带来的享受替代闲暇带来的享受。

2. 工资率的上升所导致的收入效应是指（    ）

A. 工作同样长的时间可以得到更多的收入。    B. 工人工作较短的时间也可以得到同样的收入，因而希望享受更多的闲暇。    C. 工作更长的时间可以得到更多的收入。

3. 某工人在工资率为每小时 2 美元的时候每周挣 80 美元，每小时 3 美元的时候每周挣 105 美元，由此可以断定（    ）

A. 收入效应起着主要作用。    B. 替代效应起着主要作用。    C. 收入效应和替代效应都没发生作用。

4. 收入效应所以发生，是因为在工资率提高的条件下，（    ）

A. 工作同样长的时间能够得到更多的收入。    B. 减少工作时间不至于导致物质生活水平较大幅度的下降。    C. 工作更长的时间能够得到更多的收入。

5. 劳动的供给曲线所以向右上方倾斜，是由于（    ）

A. 替代效应的作用。    B. 收入效应的作用。    C. 替代效应的作用弱于收入效应的作用。

6. 如果政府提倡用先进的设备来替代手工劳动，这一措施将导致（    ）

A. 劳动的供给曲线向右移动。    B. 劳动的需求曲线向右移动。    C. 劳动的需求曲线向左移动。

7. 如果既要提高工资又要避免失业增加，这在下面的情况下比较容易实现：（    ）

A. 劳动产品的需求缺乏弹性。    B. 劳动的需求富有弹性。    C. 劳动的供给富有弹性。

8. 在完全竞争的劳动市场里，假如劳动者的技能完全一样，那么任何工资差别都是（    ）

A. 劳动质量不同形成的工资差别。    B. 市场的不完全性形成的工资差别。    C. 补偿性的工资差别。

9. 一个优秀教师和一个普通教师的工资差别属于（    ）

A. 劳动质量不同形成的工资差别。    B. 市场不完全性形成的工资差别。    C. 补偿性的工资差别。

10. 实际工资在商品价格不变的条件下（　　）

　　A. 与货币工资成正比。　B. 与货币工资相等。　C. 答案 A 和 B。

11. 在信贷配给的条件下，利息率一般（　　）

　　A. 在资金需求曲线与供给曲线相交时形成均衡。　B. 低于资金需求曲线和供给曲线相交时所决定的水平。　C. 高于资金需求曲线和供给曲线相交时所决定的水平。

12. 土地供给的价格弹性（　　）

　　A. 等于零。　B. 等于无穷。　C. 小于 1。

13. 级差地租是指（　　）

　　A. 边际产量收益较低的土地的地租。　B. 边际产量收益较高的土地的地租。　C. 边际产量收益较高的土地与边际产量收益较低的土地的地租之差。

14. 下面的说法是不对的：（　　）

　　A. 任何土地都产生地租。　B. 边际产量收益最低的土地即使投入使用也不会产生地租。　C. 答案 A 和 B。

15. 下面的说法是对的：（　　）

　　A. 边际产量收益最高的土地不提供绝对地租。　B. 边际产量收益最低的土地不提供级差地租。　C. 答案 A 和 B。

16. 地租是一种（　　）

　　A. 经济利润。　B. 准租金。　C. 经济租金。

17. 厂商因拥有较好设备而在短期内获得的额外收入，属于（　　）

　　A. 级差地租。　B. 准租金。　C. 经济租金。

18. 农场主因租用较肥沃的土地而获得的额外收入属于（　　）

　　A. 级差地租。　B. 准租金。　C. 经济租金。

19. 如果考虑到稀缺成本，可枯竭自然资源的供给曲线将（　　）

　　A. 向下移动。　B. 向上移动。　C. 不会移动。

20. 可枯竭的自然资源的稀缺成本取决于（　　）

　　A. 该种自然资源的蕴藏量。　B. 对该种自然资源未来的价格的预期。　C. 答案 A 和 B。

21. 稀缺成本的存在造成可枯竭自然资源现期价格（　　）

　　A. 上升。　B. 下降。　C. 不变。

22. 下面哪一种情况有可能带来经济利润？（　　）

　　A. 商品的供给量很大。　B. 商品的需求量很小。　C. 厂商有效地控制了商品的供给。

23. 正常利润是（　　）

A. 经济利润的一部分。 B. 经济成本的一部分。 C. 隐含成本的一部分。

24. 假如某厂商改进了他的产品，竞争者还来不及模仿，那么他所得到的经济利润产生于（　　）

A. 创新。 B. 创新和风险。 C. 创新、风险和垄断。

25. 经济利润产生于（　　）

A. 完全竞争的静态经济。 B. 非完全竞争的动态经济。 C. 答案 A 和 B。

26. 垄断利润属于（　　）

A. 经济成本。 B. 正常利润。 C. 经济利润。

27. 厂商承担风险所以会产生经济利润，是因为（　　）

A. 厂商心理受到损害。 B. 厂商需要支付更多的成本。 C. 厂商有可能得到更高的收益。

28. 厂商承担风险（　　）

A. 一定可以带来经济利润。 B. 有可能带来经济利润。 C. 不一定带来经济利润，但一定可以带来正常利润。

29. 厂商的垄断所以会产生经济利润，是因为（　　）

A. 厂商处于卖方垄断地位时可以提高出售价格。 B. 厂商处于买方垄断地位时可以压低购买价格。 C. 答案 A 和 B。

30. 下面哪一种说法是不对的：（　　）

A. 如果厂商得到经济利润，他一定得到正常利润。
B. 如果厂商得到了正常利润，他一定得到了经济利润。
C. 如果厂商得不到正常利润，他一定得不到经济利润。

（四）简答（简要回答下列问题）

1. 在劳动市场自由竞争的条件下，劳动的供给曲线为什么会向后弯曲？
2. 劳动的工资为什么存在差异？
3. 利息率为什么存在差异？
4. 地租为什么是一种经济租金？
5. 开采可枯竭的自然资源为什么会产生稀缺成本？
6. 企业家才能在生产活动中发挥了什么作用？
7. 经济利润和正常利润存在什么关系？

（五）论述（分析和阐述下列问题）

1. 有自由竞争的劳动市场上，劳动的均衡工资率是怎样决定的？
2. 在买方垄断的劳动市场上，劳动的均衡工资率是怎样决定的？
3. 在卖方垄断的劳动市场上，劳动的均衡工资率是怎样决定的？

4. 在双边垄断的劳动市场上，劳动的均衡工资率是怎样决定的？
5. 在自由竞争条件下和在信贷配给条件下利息率的决定有什么区别？
6. 绝对地租是怎样决定的？
7. 级差地租是怎样形成的？
8. 经济利润的来源是什么？

（六）思考（讨论和研究下列问题）

1. 本章对劳动的工资率的分析与第 8 章对一般生产要素的价格的分析有什么区别？
2. 北美洲的工资率高于南美洲，是北美洲规定的最低工资标准高于南美洲吗？是北美洲工会的力量强于南美洲吗？还是有别的原因？
3. 对于诸如核电站、煤矿等工作，许多人比较注意这种风险，要求得到较高的补偿；但也有部分人不那么注意这种风险，并不要求得到较高的补偿。在这种情况下，为什么这种类型的工作的补偿性工资差别不是很大？
4. 本章对土地的地租的分析与第 8 章对一般生产要素价格的分析有什么区别？
5. 一般来说，土地是大自然的赋予，它的供给量是不变的，它的供给曲线是一条垂直线。但严格地说，有的土地因肥力耗尽而成为不可耕种的土地，有的沼泽地因改良而成为可耕种土地。如果考虑到这种情况，土地的供给曲线将是什么形状？
6. 前面第 4 章曾分析了利润的最大化原则，本章分析了经济利润的来源。那么在第 4 章的分析中，所谓利润最大化是指正常利润的最大化还是指经济利润的最大化？
7. 如果说工资、利息和地租分别是劳动所有者、资本所有者和土地所有者提供劳动、资本和土地的服务所得到的报酬，那么正常利润是对什么的报酬？
8. 在美国，经济学教授的薪金要高于历史学或某些学科教授的薪金，为什么？
9. 许多国家都制定了最低工资法，即某一种类型的劳动者的最低工资必须达到某一个水平。如果劳动力市场是竞争的，最低工资法将会产生什么影响？

## 五、练习题解答

（一）填空题答案

1. 劳动的边际产量收益和劳动者的数量　提供劳动的成本和劳动者对收

第 11 章 工资、利息、地租和利润

入和闲暇的偏好　2．右下方　右上方　左上方　3．水平　4．不重合　5．水平　右上方　6．劳动的边际收益产量等于劳动的边际资源成本　7．低于　高于　8．补偿性的工资差别　9．劳动质量不同的工资差别　10．市场不完全性的工资差别　11．向后弯曲　12．贷款风险大小　时间长短　管理成本高低　13．向右下方　垂直　14．交点　15．不同类型的土地边际产景收益的差别　16．无法使用，因而不产生地租　17．转移收入　经济租金　18．在短期内供给固定不变　19．在短期内供给固定不变　20．稀缺成本对未来可枯竭自然资源价格的预期　21．下降　上升　22．经济成本　23．厂商的总收益超过经济成本的余额　24．是一种特殊的生产要素　25．不可保险的风险　26．运用新的生产方法　创造新的产品　27．买方垄断　卖方垄断　28．风险　创新　垄断　29．零　30．不存在

（二）判断题答案

1．T　在自由竞争的劳动市场上，工资率是既定的，增加 1 单位劳动所增加的工资等于平均每单位劳动的工资。

2．F　在买方垄断的劳动市场上，工资率是可变的，增加 1 单位劳动所增加的工资高于平均每单位劳动的工资。

3．T　如果只考虑劳动的替代效应，工资率越高，劳动供给量越大。

4．T　如果同时考虑劳动的替代效应和收入效应，由于两种效应大小不同，劳动的供给曲线向后弯曲。

5．F　在卖方垄断的劳动市场上，劳动的供给曲线先呈水平状态，再向右上方倾斜。

6．T　在双边垄断的条件下买方垄断和卖方垄断的作用彼此抵消。

7．T　补偿垃圾清扫工作的不利因素。

8．T　这是两种不同质量的劳动的工资差别。

9．F　这是补偿夜班工作更为辛劳的工资差别。

10．T　这是性别歧视造成的工资差别。

11．T　实际的利息率往往确定在低于资金的需求量等于供给量的水平。

12．F　时间越长，利息率越高。

13．T　厂商根据土地边际收益产量等于边际资源成本的原则决定对土地的需求量。在完全竞争的条件下，土地的边际资源成本等于平均资源成本即地租，所以，地租与土地数量的关系和边际产量收益与土地数量的关系吻合，土地的边际产量收益曲线就是厂商对土地的需求曲线。

14．T　土地边际产量收益等于地租是租用土地的最大利润原则。

15．F　土地的供给量是固定不变的。

16．F　土地的边际产量收益不同，对土地的需求也不同。
17．T　体育明星的收入超过转移收入的部分构成经济租金。
18．F　准租金在长期里不存在。
19．T　现在开采可枯竭自然资源意味着将来没有自然资源可开采。
20．F　可枯竭自然资源的稀缺成本将上升。
21．T　稀缺成本越高意味着开采可枯竭自然资源的成本越高，因而可枯竭自然资源的价格越高。
22．T　正常利润是对生产要素服务的报酬，因而属于经济成本。
23．F　经济利润是总收益超过总经济成本的剩余部分。
24．F　正常利润是对企业家才能或资本所有权的报酬。
25．F　经济利润产生于风险、创新和垄断。
26．T　创新是经济利润的三个来源之一。
27．T　垄断是经济利润的三个来源之一。
28．F　总收益等于总经济成本意味着经济利润等于零。
29．T　创新需要冒经营上的风险。
30．T　创新在别人未模仿以前产生垄断。

（三）选择题答案

1．C　根据劳动替代效应的定义而成立。
2．B　根据劳动收入效应的定义而成立。
3．A　这个工人原来每周工作 40 小时，工资率的提高使他的工作时间减少到 35 小时。
4．B　劳动者在收入水平没怎么下降的情况下愿意享受更多的闲暇。
5．C　在工资率上升的时候，替代效应和收入效应是同时发生的。
6．C　对劳动的需求减少。
7．A　工资提高带来的产品价格上升没有造成需求量多大的减少，因而厂商不会解雇工人。
8．C　根据条件，市场的不完全性和劳动质量的差别均被排除。
9．A　优秀教师和普通教师工资的差别是劳动质量的差别。
10．C　实际工资在商品价格不变的条件下与货币工资相等，因而它将随着货币工资的增加而增加。
11．B　居民在现行利息率水平下得不到他们所需要的全部资金。
12．A　土地的供给曲线是一条垂直线。
13．C　根据级差地租的定义而成立。
14．C　没有使用价值的土地不产生地租，使用边际产量收益最低的土地也需要提供绝对地租。

15．B 使用边际产量收益最低的土地提供绝对地租，但不提供级差地租。

16．C 土地的转移收入接近于零，所以地租是经济租金。

17．B 在长期里较好的设备的供给将增加，额外收入将会消失。

18．A 该土地具有较高的边际产量收益。

19．B 厂商要索取更高的价格才愿意提供同样数量的自然资源。

20．C 该种自然资源的蕴藏量影响到该种自然资源的开采时间，从而影响到该种自然资源未来的价格折算为现在成本的大小。

21．A 该自然资源的供给曲线将向上移动，该自然资源的价格将上升。

22．C 厂商有效地控制了供给意味着厂商处于卖方垄断的地位。

23．B 正常利润是对生产要素服务的报酬。

24．C 改进产品属于创新，创新要冒一定的风险，别人来不及模仿是垄断，因而三者是联系在一起的。需要注意的是，创新要冒风险，但冒风险不一定是创新，所以它们仍是并列的因素。

25．B 经济利润的来源在非完全竞争的动态经济才存在。

26．C 垄断利润属于因垄断而产生的经济利润。

27．C 厂商承担风险有可能失败，也有可能成功。如果失败，厂商将发生亏损；如果成功，厂商将得到超额利润。

28．B 厂商冒风险而又获得成功时才会得到经济利润。

29．C 在买方垄断和卖方垄断条件下厂商都可以通过控制价格取得经济利润。

30．B 经济利润是弥补作为经济成本的正常利润后才产生的。

（四）简答题回答提要

1．在工资率上升的时候，劳动存在替代效应和收入效应。在工资率水平较低时，劳动的替代效应大于收入效应，劳动供给量随着工资率的上升而增加；在工资率水平较高时，劳动的收入效应大于替代效应，劳动供给量随着工资率的上升而减少。所以，劳动的供给曲线是一条向后弯曲的曲线。

2．工资率的差异是由工作条件、劳动质量和市场不完全性造成的。

3．利息率因贷款风险大小不同、贷款时间长短不同、管理成本高低不同而存在差异。

4．土地的转移收入接近于零，所以地租是经济租金。

5．由于这种自然资源是可枯竭的，现在多开采该种自然资源意味着将来少开采这种自然资源，所以产生了稀缺成本。

6．企业家才能在生产活动中发挥了下述作用：社会资源的组织、经营的决策、进行创新、承担风险。

7. 正常利润是经济成本的一部分,经济利润是弥补经济成本后的余额。如果厂商没有得到正常利润,他一定没有得到经济利润;如果厂商没有得到经济利润,他仍有可能得到正常利润。

(五)论述题论述要点

1. 首先,分析劳动的需求取决于什么因素,得出向右下方倾斜的劳动的需求曲线。其次,分析劳动供给取决于什么因素,得出向后弯曲的劳动的供给曲线。最后,利用劳动的需求曲线和供给曲线分析均衡工资率的决定。

2. 首先,提出劳动的边际产量收益曲线。其次,提出劳动的平均资源成本曲线和边际资源成本曲线,说明两者的关系。最后,根据劳动的边际产量收益曲线和边际资源成本曲线决定均衡的劳动交易量,再根据劳动的平均资源成本曲线决定均衡的工资率。

3. 首先,分析劳动的需求取决于什么因素,得出向右下方倾斜的劳动的需求曲线。其次,分析卖方垄断对劳动供给的影响,得出先呈水平状态后向右上方倾斜的劳动的供给曲线。最后,利用劳动的需求曲线和供给曲线分析均衡工资率的决定。

4. 首先,提出买方垄断条件下的劳动的边际产量收益曲线、平均资源成本曲线、边际资源成本曲线。其次,在同一个坐标系里提出劳动的需求曲线和供给曲线。最后,利用这两组曲线分析均衡工资率的决定。

5. 在自由竞争的条件下,资金的供给曲线是一条向右上方倾斜的曲线,利息率在资金的需求曲线和供给曲线相交时形成均衡。在信贷配给的条件下,资金的供给曲线是向后弯曲的曲线,利息率往往确定在资金的需求曲线和供给曲线相交的水平,这时资金的需求量大于供给量。

6. 首先,根据土地的边际产量收益曲线得到厂商对土地的需求曲线以及市场对土地的需求曲线。其次,根据土地的性质得到土地的供给曲线。最后,利用土地的需求曲线和供给曲线分析均衡绝对地租的决定。

7. 假定各种类型的土地的供给是相同的,根据它们边际产量收益的高低得出它们的需求曲线,比较它们各自的需求曲线和供给曲线的交点得到不同类型土地的级差地租。

8. 经济利润产生于动态经济中的经营风险、企业家创新和市场垄断。

(六)思考题思考提示

1. 两者的区别主要表现在:一般生产要素的供给曲线是向右上方倾斜的曲线,劳动的供给曲线是向后弯曲的曲线。

2. 北美洲和南美洲工资率的差别主要是由这两个地区劳动的需求和供给的差别造成的。在劳动需求方面,对劳动的需求是一种引致需求,它取决于劳动的边际产量收益。由于北美洲劳动者的技术水平、受教育水平和受训练程度较高，平均每个劳动者拥有的资本以及诸如土地、石油等自然资源较多，因而劳动的边际产量收益和对劳动的需求远高于南美洲。在劳动供给方面，北美洲实行限制移民的法律，劳动的供给相对于南美洲来说并不充裕。这样，在同一个坐标系里，北美洲劳动需求曲线和供给曲线的交点高于南美洲。

3. 对核电站、煤矿等这种类型的工作的需要是一定的，因而这种类型的企业对劳动的需求即劳动的需求曲线是一定的。如果劳动的供给仅限于那部分要求得到高补偿的人，工资率会较高，但如果考虑到另一部分并不要求得到高补偿的人，劳动的供给会增加，即劳动的供给曲线向下移动，劳动的需求曲线和供给曲线的交点所决定的工资率将不会很高。

4. 两者的分析主要有下述区别：第一，一般生产要素的价格是指买卖生产要素的价格，土地的地租是租用土地的价格；第二，一般生产要素的供给曲线是向右上方倾斜的曲线，土地的供给曲线是一条垂直线。

5. 严格地说，土地的供给量对地租的高低存在反应。地租越高，人们将会把那些不提供地租的土地改良为提供地租的土地，或者填海以增加土地面积，如日本和中国的台湾、香港地区就因地租昂贵而填海造地。所以，土地的供给曲线是一条向右上方倾斜的曲线。另外，本章实际上是把一个国家的土地作为一个整体来分析。实际上，从微观经济学的角度，土地可以分为耕作用地、住宅用地、厂房用地等，就每一种类型的土地市场来看，土地的供给曲线更是向右上方倾斜的曲线。

6. 最大利润原则中所分析的利润是经济利润，所分析的利润最大化是经济利润的最大化。当然，当经济利润达到最大化时，正常利润也一定全部得到了实现。本章是进一步分析经济利润的来源。

7. 对正常利润的来源有两种理解：一种理解是正常利润是企业家才能创造的，它是对企业家才能的报酬；另一种理解是正常利润是资本所有权带来的，它是对资本所有权的报酬。按照前一种理解，向厂商贷放的款项和提供的股本都是资本，它们的收益属于利息的范畴；按照后一种理解，向厂商贷放款项得到利息，向厂商提供股本得到利润，企业家提供才能得到的是薪金。

8. 尽管经济学家的供给要大于历史学家，但对经济学家的需求更大于历史学家，因而经济学家从事的职业的薪金要高于历史学家从事的职业的薪金。如果在大学里经济学教授的薪金与历史学教授的薪金相同，大学将招聘不到经济学教授，所以经济学教授的薪金要高于历史学教授的薪金。

9. 如果规定的最低工资等于或低于均衡的工资，最低工资法对劳动力市场不会产生什么影响；如果规定的最低工资高于均衡的工资，将会产生失业。

# 第 12 章　公共物品和公共选择

## 一、内容提要

在前 11 章的分析中，所涉及的物品都是私人物品。本章将分析不同于私人物品的公共物品的产量以及政府提供的非公共物品的价格。本章首先提出公共物品的概念，然后分析政府提供的公共物品的产量以及政府提供的非公共物品的价格是怎样决定的。

本章内容的要点如下：

1. 公共物品是政府提供的具有非排斥性和非竞争性的物品。非排斥性是指不论一个人是否支付了某种物品的价格，他都可以使用该种物品。非竞争性是指当更多的人得到了某种物品的服务时，物品提供者没有因此而付出额外的成本。

2. 政府提供的公共物品的产量可以用两种方式来确定：一种是以市场的方式确定产量，另一种是以投票的方式确定产量。公共部门根据人们投票的结果来作出决策的过程称为公共选择。

3. 政府提供的非公共物品的价格可以用五种方法来确定，它们分别是垄断定价法、平均成本定价法、边际成本定价法、两部门定价法、高峰负载定价法。

## 二、学习要求

1. 要求掌握下述概念：公共物品，非排斥性，非竞争性，公共选择，一致原则，多数原则，垄断定价法，平均成本定价法，边际成本定价法，两部门定价法，高峰负载定价法。

2. 要求理解下述关系：私人物品与公共物品的关系；政府提供的公共物品与政府提供的非公共物品的关系；私人物品以市场方式确定的价格与公共物品以市场方式确定的价格的关系；平均成本定价法与边际成本定价法的关系。

3. 要求能够概述下述原理：政府提供的公共物品的产量是如何确定的；

政府提供的非公共物品的价格是如何决定的。

### 三、应该注意的问题

1. 公共物品是政府提供的物品，但政府提供的物品并不都是公共物品。政府提供的并具有非排斥性和非竞争性的物品才是公共物品。

2. 政府提供的公共物品具有非竞争性，但具有非竞争性的物品不都是政府提供的，私人提供的私人物品也可能具有非竞争性。

3. 本书到目前为止，所分析的物品包括下述四种类型：私人物品，生产要素，政府提供的公共物品，政府提供的非公共物品。

### 四、练习与思考

（一）填空（在括号里填上适当的词）

1. 公共物品是（　　）提供的具有（　　）和（　　）的物品和劳务。
2. 没有支付某种物品的价格但仍可以使用该种物品的属性称为（　　）。
3. 尽管更多的人得到了某种物品的服务但该物品提供者并没有支付额外成本的属性称为（　　）。
4. 以市场的方式确定公共物品的产量意味着按照（　　）来确定公共物品的产量。
5. 以投票的方式确定公共物品的产量意味着按照（　　）来确定公共物品的产量。
6. 要促进政府部门的经济效率，可以采用下述方法：（　　）、（　　）和（　　）。
7. 政府提供的不完全公共物品是指（　　）提供的不具有（　　）的物品和劳务。
8. 政府提供的不完全公共物品可以按照下述方法决定价格：（　　）、（　　）、（　　）、（　　）和（　　）。
9. 按照垄断定价法、平均成本定价法和边际成本定价法来决定政府提供的不完全公共物品的价格是指分别按照（　　）、（　　）和（　　）的原则来决定政府提供的不完全公共物品的价格。
10. 按照两部门定价法和高峰负载定价法来决定政府提供的不完全公共物品的价格是指分别按照（　　）、（　　）的方法来决定政府提供的不完全公共物品的价格。

(二)判断(判断下列说法是否正确,分别在括号里写上 T 和 F)

1. 政府提供的物品都是公共物品。(    )
2. 私人生产的物品不具备非排斥性或非竞争性。(    )
3. 公共物品实际上是指公用的物品。(    )
4. 对于私人物品而言,各个消费者的需求曲线在水平方向上相加构成市场的需求曲线。对于公共物品而言,各个消费者的需求曲线在垂直方向上相加构成市场的需求曲线。(    )
5. 在按照市场的方式决定公共物品的产量的情况下,社会的边际利益等于社会的边际成本。(    )
6. 如果某种公共物品的产量既可以以市场的方式决定,也可以以投票的方式决定,那么一般来说,采用后一种方式所花费的社会成本高于前一种方式。(    )
7. 政府提供的不完全公共物品不一定具有非竞争性,但一定不具有非排斥性。(    )
8. 假定其他条件相同并且不存在亏损,按照垄断定价法决定的政府不完全公共物品的价格高于按照平均成本定价法决定的政府不完全公共物品的价格。(    )
9. 如果政府希望某家博物馆能实现自我维持而不需要政府给予补贴,该政府不应该采用边际成本定价法决定门票金额。(    )
10. 政府按照高峰负载定价法决定不完全公共物品的价格可以使不完全公共物品得到合理和平均的使用。(    )

(三)选择(根据题意选择一个最合适的答案,并在括号里填上相应的字母)

1. 公共物品除了必须是政府提供的物品以外,还必须具有下述特点:(    )
 A. 非排斥性。  B. 非竞争性。  C. 答案 A 和 B。
2. 政府建造的收费高速公路属于(    )
 A. 公共物品。  B. 政府提供的不完全公共物品。  C. 私人物品。
3. 当政府提供公共物品的时候,(    )
 A. 没有人对该物品付出代价。  B. 肯定有部分人对该物品付出代价。  C. 全部人都对该物品付出代价。
4. 私人物品除了是私人生产以外,一般不会有下述特点:(    )
 A. 非排斥性。  B. 非竞争性。  C. 答案 A 和 B。
5. 个别消费者对公共物品的需求曲线和市场对公共物品的需求曲线的关系是(    )

A. 前者在水平方向上相加构成后者。 B. 前者在垂直方向上相加构成后者。 C. 最有代表性的消费者的需求曲线构成市场的需求曲线。

6. 公共选择意味着（　　）

A. 由市场作出选择。 B. 由公众作出选择。 C. 由政府作出选择。

7. 采用平均成本定价法决定政府的不完全公共物品的价格意味着政府按照下述原则决定不完全公共物品的价格：（　　）

A. $MR=MC$。 B. $AR=AC$。 C. $AR=MC$。

8. 平均成本定价法与边际成本定价法相比，（　　）

A. 前者所决定的价格一定高于后者。 B. 前者所决定的价格一定低于后者。 C. 两种方法所决定的价格谁高谁低无法确定。

9. 在现实的经济生活中，政府较多采用下述方法决定不完全公共物品的价格：（　　）

A. 垄断定价法。 B. 平均成本定价法。 C. 边际成本定价法。

10. 在下面的条件下，采用高峰负载定价方法来决定政府的不完全公共物品的价格可以使政府不完全公共物品得到更有效和更合理的利用：（　　）

A. 该物品富有需求的价格弹性。 B. 该物品缺乏需求的价格弹性。 C. 该物品需求的价格弹性等于1。

（四）简答（简要回答下列问题）

1. 私人物品与公共物品存在什么区别？
2. 公共物品和政府的不完全公共物品存在什么区别？

（五）论述（分析和阐述下列问题）

1. 公共物品的产量可以用什么方式来决定？
2. 政府的不完全公共物品的价格可以用什么方法决定？

（六）思考（讨论和研究下列问题）

1. 如果把市场物品定义为由市场提供的物品，把集体物品定义为由政治程序和公共选择来分配的物品，那么它们与公共物品和私人物品存在什么关系？
2. 互联网是公共物品吗？

## 五、练习题解答

（一）填空题答案

1. 政府　非排斥性　非竞争性　　2. 非排斥性　　3. 非竞争性
4. 市场的需求和供给　　5. 公众投票的结果　　6. 让私人承包公共物品的生产　与私人部门进行竞争　分散政府部门的权力　　7. 政府　非排斥性

8. 垄断定价法　平均成本定价法　边际成本定价法　两部门定价法　高峰负载定价法　　9. $MR = MC$　$AR = AC$　$AR = MC$　　10. 分别收取固定费用和变动费用　分别收取非高峰期价格和高峰期价格

(二) 判断题答案

1. F　政府提供的物品是公共物品的必要条件但不是充分条件。

2. F　部分私人生产的物品具有非竞争性。

3. F　公用的物品不一定具有非排斥性。

4. T　公共物品具有非竞争性。

5. T　市场的供给曲线代表边际社会成本，市场的需求曲线代表边际社会利益。

6. T　采用投票的方式需要花费较长的时间和较多的社会资源。

7. T　政府提供的不完全公共物品不具有非排斥性，但可以具有非竞争性，也可以不具有非竞争性。

8. T　采用垄断定价法可以得到经济利润，但采用平均成本定价法只能得到正常利润。

9. T　博物馆固定成本较高而变动成本较低，采用边际成本定价法将无法弥补固定成本。

10. F　采用高峰负载定价法只能在一定程度上使政府的不完全公共物品得到合理利用。

(三) 选择题答案

1. C　公共物品同时具有非排斥性和非竞争性。

2. B　收费高速公路不具有非排斥性。

3. B　尽管公共物品具有非排斥性，但它是政府利用纳税人的赋税提供的。

4. A　在一般情况下，必须支付私人物品的价格才能使用私人物品。

5. B　公共物品具有非竞争性。

6. B　根据定义而成立。

7. B　根据定义而成立。

8. C　平均收益曲线与边际成本曲线和平均成本曲线的相互位置关系可以有不同的情况，因此无法确定按照哪一种方法来决定价格会较高。

9. B　平均成本定价法不获取经济利润，但也可以逐步收回成本。

10. A　政府不完全公共物品的需求价格越大，人们对该物品价格高低反应就越敏感，按高峰负载定价方法决定价格就越能调节对政府不完全公共物品的使用。但应该注意的是，政府的不完全公共物品一般来说缺乏需求的价格弹性。

（四）简答题回答提要

1. 私人物品是私人提供的具有排斥性的物品，公共物品是政府提供的具有非排斥性和非竞争性的物品。

2. 公共物品是政府提供的具有非排斥性和非竞争性的物品，政府的不完全公共物品是政府提供的具有排斥性的物品。

（五）论述题论述要点

1. 公共物品的产量可以用市场的方式和投票的方式来决定。在现实的经济生活中，重要的公共物品的提供是通过国会议员投票的方式决定的，也有部分公共物品的提供是由政府部门的官员决定的。

2. 政府提供的不完全公共物品的价格可以用垄断定价法、平均成本定价法、边际成本定价法、两部门定价法、高峰负载定价法来决定。

（六）思考题思考提示

1. 公共物品和私人物品与市场物品和集体物品是不同的两对概念。公共物品和私人物品是从物品的性质来划分的，市场物品和集体物品是从物品的提供方式来划分的。在内容上，这些物品相互交错。一般来说，私人物品是市场物品；公共物品既有市场物品，也有集体物品。

2. 尽管互联网在一定程度上具有非竞争性，但它具有排斥性，它属于私人物品。

# 第13章 市场失灵和政府的经济职能

## 一、内容提要

前面各章分析了市场的运转情况并阐述了市场对投资配置的重要作用。但是市场也有缺陷,它在某些情况下会出现失灵的现象。本章主要说明市场失灵的原因和纠正市场失灵的方法。

本章内容的要点如下:

1. 市场在存在垄断、外部效应和信息不完全的情况下将发生失灵,无法有效、合理地对资源的配置进行调节;在收入分配和公共物品生产的调节方面也存在缺陷,不能解决公平及公共物品提供问题。因此,政府在经济中应该履行一定的经济职能。

2. 政府的微观经济职能包括限制垄断、提供公共物品、调节收入分配。但是,由于寻租活动的存在、政府缺乏效率以及政策实施的困难,政府的调节也有可能发生失灵的情况,因而需要把政府对经济的调节控制在一定的范围内。

3. 如果说垄断、收入分配、公共物品的问题可以通过政府的调节在一定程度上得到解决,那么外部效应的问题则需要通过明晰产权的方式来解决。在竞争的条件下,如果能够明确地界定产权,那么外部效应可以内在化,成为有关厂商的成本。这种通过产权的界定来解决外部效应的方法叫作科斯定理。

## 二、学习要求

1. 要求掌握下述概念:自然垄断,市场垄断,规模经济,外部效应,信息不充分,信息不对称,成本加成定价方法,收益比率定价方法,最高限价方法,交叉补贴,可操作竞争,寻租活动,产权,科斯定理。

2. 要求理解下述关系:垄断、外部效应和信息不完全对市场调节的影响;市场调节在收入分配和公共物品领域的作用;寻租活动的存在和政府缺乏效率对政府调节的影响;产权界定对外部负效应后果的影响。

3. 要求能够概括下述原理：市场调节失灵的原因；市场调节失灵的解决方法；政府调节失灵的原因。

### 三、应该注意的问题

1. 本章主要说明市场的缺陷，但它并不否认市场的作用。市场在社会资源配置过程中发挥灵活和有效的作用，但是市场不是万能的，它在某些情况下会发生失灵，它对某些问题是无法解决的。因此，需要有政府的调节作为市场调节的补充。

2. 本章的分析结构是第一节提出市场失灵的问题，第二、三节阐述解决市场失灵问题的方法。其中第二节主要是说明通过政府的调节来解决市场失灵的问题，第三节则主要说明通过产权界定解决市场失灵的问题。

### 四、练习与思考

（一）填空（在括号里填上适当的词）

1. 自然垄断是指（　　）。
2. 自然垄断的产生有两个原因，它们分别是（　　）和（　　）。
3. 如果在生产过程中随着产量的增加平均成本趋于下降，这种现象称为（　　）。
4. 如果一家厂商同时生产多种相似的产品可以带来成本的节约，这种现象称为（　　）。
5. 市场垄断是指（　　）。
6. 如果个人或企业的行为直接影响到其他个人或企业，但它们并没有因此支付成本或得到补偿，这种情形叫作（　　），它分为（　　）和（　　）。
7. 在现实经济里，市场信息不仅是（　　），而且是（　　）。
8. 政府的价格管制包括（　　）、（　　）和（　　）。
9. 在存在市场垄断、外部效应、信息不完全的条件下，市场调节出现（　　）。
10. （　　）不能解决收入分配的公平问题，也不能解决公共物品的提供问题。
11. 政府调节失灵的原因是（　　）以及（　　）。
12. 产权是指（　　），产权界定的形式是（　　）。
13. 产权的所有制包括（　　）、（　　）和（　　）。
14. 产权具有（　　）的性质。

15. 通过（    ）可以把外部效应内在化，从而解决市场调节失灵的问题。

（二）判断（判断下列说法是否正确，分别在括号里写上 T 或 F）

1. 自然垄断属于市场垄断的一种情形。（    ）
2. 市场垄断产生于产品差别和法律限制。（    ）
3. 如果某个人或企业发生了外部效应，那么这种外部效应一定是不利的。（    ）
4. 市场信息不对称是指买者和卖者掌握的市场信息存在差别。（    ）
5. 寻租活动是指政府官员追求经济租金的行为。（    ）
6. 某种经济品的产权束只对该经济品的权利产生影响，而对该经济品的交换价值没有影响。（    ）
7. 产权是指人与人之间的生产关系。（    ）
8. 私有产权、共有产权和国有产权都会产生负的外部效应。（    ）
9. 私有产权的界定使它的所有者能够得到生产专业化的好处，但不一定使它的所有者得到规模经济的好处。（    ）
10. 如果交易费用很高，即使界定产权也难以把外部效应内在化。（    ）

（三）选择（根据题意选择一个最合适的答案，并在括号里填上相应的字母）

1. 在存在垄断的条件下，市场调节所以会失灵，是因为（    ）
   A. 价格没有反映市场供求的情况。   B. 价格不再发生变化。   C. 消费者的需求对价格的变化没有作出反应。

2. 在存在负的外部效应的条件下，市场调节所以失灵，是因为（    ）
   A. 企业的成本大于社会的成本。   B. 社会的成本大于企业的成本。
C. 生产者的供给对价格的变化没有作出反应。

3. 在信息不完全的条件下，市场的调节是（    ）
   A. 没有作用的。   B. 会起相反作用的。   C. 不充分的。

4. 在收入分配领域，市场的调节是（    ）
   A. 无效率的，但它能够解决公平问题。   B. 有效率的，但它不能解决公平问题。   C. 无效率的，也不能解决公平问题。

5. 在公共物品的提供方面，市场的调节是有缺陷的，其原因是（    ）
   A. 市场调节不能实现社会资源在私人物品和公共物品之间的有效配置。
   B. 公共物品生产的成本是无法计算的。
   C. 消费者对公共物品的需求不是自愿的。

6. 在成本加成定价方法、收益比率定价方法和最高限价方法三种价格管制的方法中，哪一种方法不会促使企业降低成本：（    ）

A. 成本加成定价方法。　B. 收益比率定价方法。　C. 最高限价方法。

7. 在寻租活动、政治创租、租金抽取三种活动中，哪一种活动不是政府官员的主动行为：（　　）

A. 寻租活动。　B. 政治创租。　C. 租金抽取。

8. 私有产权的下述性质有助于解决在私有产权约束下经济规模较小的问题：（　　）

A. 可分离性。　B. 可转让性。　C. 答案 A 和 B。

9. 下述制度可以解决把私有产权的使用权集中在企业里所产生的负的外部效应问题：（　　）

A. 公司董事会制度。　B. 股东有限责任制度。　C. 答案 A 和 B。

10. 在下述情况下，即使界定产权，也难以实现外部效应内在化，从而有效地发挥市场调节的作用：（　　）

A. 交易费用为零。　B. 交易费用很小。　C. 交易费用很大。

（四）简答（简要回答下列问题）

1. 在存在垄断、外部效应和信息不充分的情况下，市场调节为什么出现失灵？
2. 在收入分配和公共物品生产领域，为什么市场调节存在缺陷？
3. 产权的界定为什么可以解决外部效应对市场调节造成不利影响的问题？

（五）论述（分析和论述下列问题）

1. 市场调节失灵的原因是什么？
2. 如何解决市场调节失灵的问题？

（六）思考（讨论和研究下列问题）

1. 根据科斯定理，交易成本对于能否实现外部效应内在化存在什么影响？例如，某个牛场的牛损害了邻近农场的农作物，每年给农场带来的损失是 3000 美元。如果谈判的成本是每一方承担的费用是 500 美元或 3500 美元，界定产权对该问题的解决有什么影响？

2. 瑞格喜爱以高音量演奏的摇滚乐，但讨厌歌剧；约翰则喜爱歌剧，但讨厌摇滚乐。但不幸的是，他们是同一座公寓里的邻居。在这个例子里，外部效应是什么？房东用禁止发出响声的方法可以导致有效率的结果吗？根据科斯定理，如何做才能实现有效率的结果？什么因素妨碍有效率的结果的产生？

## 五、练习题解答

（一）填空题答案

1. 在一个行业里由一家厂商来生产可达到最高效率所形成的垄断

2. 规模经济 范围经济 3. 规模经济 4. 范围经济 5. 由某家或某几家厂商控制了市场的供给或需求而形成的垄断 6. 外部效应 外部正效应 外部负效应 7. 不充分的 不对称的 8. 成本加成定价方法 收益比率定价方法 最高限价方法 9. 失灵 10. 市场调节 11. 寻租活动的存在 政府缺乏效率和政策实施困难 12. 对一种经济品的使用权、转让权和受益权 所有制 13. 私有制 共有制 国有制 14. 排他 15. 产权界定

(二)判断题答案

1. F 自然垄断和市场垄断是垄断的两种情形。
2. T 产品差别和法律限制是形成垄断的原因。
3. F 外部效应既有负的外部效应，也有正的外部效应。
4. T 根据市场信息不对称的定义而成立。
5. F 寻租活动是利益集团追求经济租金的行为。
6. F 经济品的产权规定了相关的权利，这些权利的大小对经济品的交换价值产生影响。
7. F 产权是指人对物的使用过程中人们相互之间认可的关系。
8. F 按照西方经济学家的分析，只有共有制和国有制才会产生负的外部效应。
9. T 在私有产权的约束下，企业的经济规模偏小。
10. T 如果交易费用很高，将难以达成协议，外部效应也难以内在化。

(三)选择题答案

1. A 价格受垄断厂商控制，没有反映市场供求的情况。
2. B 商品的价格只反映企业的成本，没有反映社会的成本。
3. C 市场仍能发挥调节作用，但它的调节是不充分的。
4. B 市场仍按供求调节生产要素的价格，但它不能解决公平问题。
5. A 公共物品具有非排斥性，市场不会把资源配置到公共物品的生产中去。
6. A 在实行成本加成定价方法的条件下，企业成本提高了，价格可以相应提高。
7. A 寻租活动是利益集团的主动行为。
8. C 私有产权的这两种性质使组织股份公司成为可能。
9. C 公司董事会制度解决决策带来的外部负效应，有限责任制度解决收益方面的外部负效应。
10. C 如果交易费用很大，外部负效应难以形成企业的成本。

（四）简答题回答提要

1. 在存在垄断、外部效应、信息不完全的条件下，商品的价格不能充分反映商品的需求和供给的情况，并随着商品需求和供给的变化而变化，所以市场的调节出现失灵的现象。

2. 在收入分配领域，市场调节只能解决效率问题，但不能解决公平问题。在公共物品生产领域，由于公共物品具有非排斥性，市场调节不能有效地发挥作用。

3. 在产权界定以后，产生外部负效应的个人或企业对外部负效应负有责任，该责任通过谈判等方式转化为个人或企业的成本，从而使商品的价格能够真实地反映生产成本的情况，市场可以有效地发挥其调节的作用。

（五）论述题论述要点

1. 市场调节失灵的原因是由于存在垄断、外部负效应和信息不完全，因而影响了市场调节有效发挥作用所必须具备的前提条件。

2. 解决市场调节失灵问题的方法包括政府对垄断进行限制、界定产权以使外部效应内在化。

（六）思考题思考提示

1. 如果谈判成本是各方承担500美元的费用，产权界定将能够使外部效应内在化，市场调节将有效地发挥作用。如果谈判成本是各方承担3500美元，农场主将宁愿忍受每年3000美元的损失，外部效应不能内在化。

2. 在这个例子里，外部负效应是瑞格听摇滚乐时使约翰难以忍受，而约翰听歌剧时又使瑞格难以忍受。房东禁止两位房客发出声音将导致无效率的结果：两人的爱好无法得到满足，两人都会离开这座公寓。根据科斯定理，房东应该界定任何房客都无权干扰对方，然后让瑞格和约翰磋商解决问题的方法。这样，瑞格和约翰就会寻找最有效率的方法解决这个问题，如规定听摇滚乐或歌剧的时间表，在一方满足自己的爱好时另一方可以避免受到折磨。妨碍他们实现有效率的结果的因素是双方互不相让，即效果成本较高。

# 第 14 章　国民收入的核算

## 一、内容提要

本书第 14 章到第 26 章构成宏观经济学的内容。本章主要分析国民收入的概念以及国民收入的计算。国民收入是宏观经济学最基本和最重要的概念，因此，本章是本书宏观经济学部分的基础。为了便于说明问题起见，本章分二部门经济和四部门经济这两种类型的经济，从简单到复杂说明国民收入的计算方法。

本章内容的要点如下：

1. 国民收入是指一个经济社会在一定的时期所生产的以货币来表示的物品和劳务的总值，它实际上指的是国内生产总值或国民生产总值。国内生产总值和国民生产总值的统计范围不同：国内生产总值计算一个国家境内本国国民和非本国国民生产的产值或获得的收入；国民生产总值则计算本国国民在境内外生产的产值或获得的收入，但不包括非本国国民在境内生产的产值或获得的收入。国民收入可以用支出法或收入法来计算。按照国民收入计算的规则，两种方法得到的结果是一致的。

2. 在二部门经济里，如果用支出法来计算，国内生产总值或国民生产总值等于消费支出与总投资支出之和，国内生产净值或国民生产净值等于消费支出与净投资支出之和。如果用收入法计算，国内生产总值或国民生产总值等于工资、利息、租金、分配的利润、不分配的利润与折旧费之和，国内生产净值或国民生产净值等于国内生产总值或国民生产总值减去折旧费之差。

3. 在四部门经济里，如果用支出法计算，国内生产总值或国民生产总值等于消费支出、总投资支出、政府支出与净出口之和，国内生产净值或国民生产净值等于消费支出、净投资支出、政府支出与净出口之和。如果用收入法计算，国内生产总值或国民生产总值等于工资和薪金、净利息、租金、公司利润、业主收入、企业间接税、社会保险金与折旧费之和，国内生产净值或国民生产净值等于国内生产总值或国民生产总值减去折旧费之差。

4. 在国民收入核算体系中包括下述指标：国民生产总值，国民生产净值，国民收入，个人收入，个人可支配收入。

## 二、学习要求

1. 要求掌握下述概念：国内生产总值，国内生产净值，国民生产总值，国民生产净值，名义国民收入，实际国民收入，支出法，收入法，重复计算，增加值，总投资，更新投资，净投资，储蓄，封闭经济，开放经济，转移支付，个人收入，个人可支配收入。

2. 要求掌握下述关系：名义国民收入与实际国民收入的关系；国内生产总值和国内生产净值的关系；国民生产总值与国民生产净值的关系；支出法与收入法的关系；总投资与净投资的关系；国内生产总值、国民生产总值、国内生产净值、国民生产净值、国民收入、个人收入、个人可支配收入相互之间的关系。

3. 要求能够概括下述原理：在二部门经济中国内生产总值或国民生产总值的计算；在四部门经济中国内生产总值或国民生产总值的计算。

## 三、应该注意的问题

1. 国民收入在经济分析中和在具体统计中的含义是不同的。在经济分析中，国民收入指的是国内生产总值或国民生产总值。在具体统计中，国民收入是指一个经济社会在生产物品和劳务的过程中生产要素所有者得到的收入的总和。除了本章第四节以外，本书所说的国民收入都是经济分析中的国民收入，即国内生产总值或国民生产总值。

2. 投资分为总投资、更新投资和净投资。更新投资保持资本存量不变，净投资导致资本存量增加，总投资等于更新投资和净投资之和。

3. 在国民收入核算体系中，投资恒等于储蓄。首先，在国民收入核算体系中的投资和储蓄是已经发生的实际的投资和储蓄。其次，根据国民收入核算体系的规则，投资在支出法中的概念与储蓄在收入法中的概念是相应的，它们按照定义而相等。

## 四、练习与思考

（一）填空（在括号里填上适当的词）

1. （    ）是在一个国家境内一年所生产的、用货币表示的物品和劳务的价值总和。

2. 国内生产净值是国内生产总值与（　　）之差。
3. 四部门经济包括下述部门：（　　）、（　　）、（　　）和（　　）。
4. 消费是指（　　）。
5. （　　）是指生产不是用于目前消费的物品的行为。
6. 储蓄是指（　　）。
7. 总投资等于（　　）与（　　）之和。
8. 储蓄包括（　　）和（　　），其中厂商的储蓄包括（　　）和（　　）。
9. 某个部门的（　　），是它的产出品价值减去它在生产过程中向别的部门购买的投入品价值之差。
10. 国内生产总值或国民生产总值的计算可以使用（　　）和（　　）两种方法。
11. 在四部门经济中，如果用支出法衡量，国内生产总值或国民生产总值等于（　　）、（　　）、（　　）和（　　）之和。
12. 在四部门经济中，如果用收入法衡量，国内生产总值或国民生产总值等于（　　）、（　　）、（　　）、（　　）、（　　）、（　　）（　　）和（　　）之和。
13. 国内收入等于国内生产净值或国民生产净值减去（　　），再加上（　　）。
14. 个人收入等于国民收入减去（　　），减去（　　），减去（　　），再加上（　　）。
15. 个人可支配收入等于个人收入减去（　　）。

（二）判断（判断下列说法是否正确，分别在括号里写上 T 或 F）

1. 国内生产总值或国民生产总值等于各种最终产品和中间产品的价值总和。（　　）
2. 在国内生产总值或国民生产总值的计算中，所谓商品只包括有形的物质产品。（　　）
3. 不论是商品数量还是商品价格的变化都会引起实际国内生产总值或国民生产总值的变化。（　　）
4. 在国内生产总值或国民生产总值的计算中，政府的转移支付是政府支出的一部分。（　　）
5. 一个国家的总产值和总收入是相等的。（　　）
6. 国内私人总投资是国内私人经济在一年中所生产的投资品的总和。（　　）
7. 国内私人净投资是国内私人总投资减去更新投资后的余额。（　　）

8. 如果考虑存货，净投资不可能是负数。（   ）
9. 如果考虑存货，总投资不可能是负数。（   ）
10. 净投资与资本消耗折扣相等，意味着投资品价值保持不变。（   ）
11. 存货的增加是一种净投资。（   ）
12. 在国民收入核算中，所谓工资薪金是指个人实际得到的收入。（   ）
13. 公司利润税是公司在分配利润前向政府缴纳的税。（   ）
14. 厂商在赢利的时候才缴纳间接税。（   ）
15. 间接税是厂商支出的成本，它将构成产品价格的一部分。（   ）
16. 个人收入等于消费与储蓄之和。（   ）
17. 居民得到的收入不是他们都能支配的。（   ）
18. 居民拿到的收入不一定都是他们挣得的。（   ）
19. 某居民花 100 美元缝制一件衣服的行为是一种投资行为。（   ）
20. 某居民花 40 万美元建造一所房子的行为是一种消费行为。（   ）
21. 股票和债券交易的收入，构成国民生产总值的一部分。（   ）
22. 某人出售一幅旧油画所得到的收入，应该构成当年国民生产总值的一部分。（   ）
23. 从公司债券得到的利息收入，应当算入国民生产总值。（   ）
24. 音乐家举行音乐会的收入，应当算入国民生产总值。（   ）
25. 家庭主妇提供劳务应得的收入，构成国民生产总值的一部分。（   ）

（三）选择（根据题意选择一个最合适的答案，并在括号里填上相应的字母）

1. 在国内生产总值或国民生产总值的计算中，所谓商品（   ）
   A. 必须是有形的。   B. 必须是无形的。   C. 既可以是有形的，也可以是无形的。

2. 已知某个国家的资本品存量在年初时为 2000 亿美元，它在本年度生产了 500 亿美元的资本品，资本消耗折扣是 300 亿美元。这样，在存货没有变化的条件下，这个国家在本年度的总投资和净投资分别是（   ）
   A. 500 亿和 200 亿美元。   B. 2500 亿和 2200 亿美元。   C. 500 亿和 300 亿美元。

3. 根据题 2 的已知条件，该国资本品存量到年末达到（   ）
   A. 2500 亿美元。   B. 2200 亿美元。   C. 500 亿美元。

4. 在国民收入核算体系里，下面哪一项属于私人投资？（   ）
   A. 政府修建公路。   B. 私人购买股票。   C. 厂商年终的存货大于年初。

5. 在国民收入核算体系里，政府支出是指（   ）

A. 政府购买物品的支出。 B. 政府购买物品和劳务的支出加上政府转移支付之和。 C. 政府购买物品和劳务的支出，不包括政府转移支付。

6. 所谓净出口是（    ）

A. 出口减进口之差。 B. 进口减出口之差。 C. 出口加进口之和。

7. 在二部门经济中，如果用支出法来衡量，国内生产净值或国民生产净值等于（    ）

A. $C + I'$。 B. $C + I' + G$。 C. $C + I' + G + X - M$。

8. 在四部门经济里，如果用支出法衡量，国内生产净值或国民生产净值等于（    ）

A. $C + I' + G + X$ B. $C + I' + G + X - M$。 C. $C + I' + G + M$。

以下 9～16 题已知条件为：某国在某一年的支出和收入如下：(1) 利息 190；(2) 折旧费 380；(3) 出口 120；(4) 社会保险金 200；(5) 扣除社会保险金后的税前工资和薪金 3020；(6) 不分配的公司利润 80；(7) 租金 90；(8) 个人消费支出 3500；(9) 红利 170；(10) 转移支付 430；(11) 企业间接税 490；(12) 进口 70；(13) 国内私人总投资 750；(14) 个人所得税 580；(15) 业主收入 530；(16) 公司利润税 250；(17) 政府支出 1100。（单位均为亿美元）

9. 工资薪金是指（    ）

A. 第 5 项。 B. 第 5、14 项。 C. 第 4、5 项。

10. 利润包括（    ）

A. 第 9、15 项。 B. 第 9、15、16 项。 C. 第 6、9、15、16 项。

11. 如果用支出法计算，国民生产总值等于（    ）

A. 5470 亿美元。 B. 5400 亿美元。 C. 5830 亿美元。

12. 如果用收入法计算，国民生产总值等于（    ）

A. 5400 亿美元。 B. 5470 亿美元。 C. 6410 亿美元。

13. 国民生产净值等于（    ）

A. 5400 亿美元。 B. 5020 亿美元。 C. 4530 亿美元。

14. 国民收入等于（    ）

A. 4440 亿美元。 B. 4770 亿美元。 C. 4530 亿美元。

15. 个人收入等于（    ）

A. 4770 亿美元。 B. 4430 亿美元。 C. 5010 亿美元。

16. 个人可支配收入等于（    ）

A. 4620 亿美元。 B. 3360 亿美元。 C. 3850 亿美元。

17. 下面哪一部分收入是居民挣得的但他们并没有拿到？（    ）

A. 社会保险金。 B. 工资和薪金。 C. 红利。

18. 下面哪一部分收入不是居民挣得的但他们却拿到了？（    ）

    A. 转移支付。    B. 利息。    C. 租金。

19. 假如某人不出租他的房子而是自己使用，这部分房租（    ）

    A. 不算入国内生产总值或国民生产总值，因为出租房子不属于生产行为。    B. 算入国内生产总值或国民生产总值，按照若出租可得到的租金计算。    C. 不算入国内生产总值或国民生产总值，因为房子由房主本人居住。

20. 在计算国内生产总值或国民生产总值的过程中，哪两项不能简单相加？（    ）

    A. 政府支出与工资和薪金。    B. 个人消费与个人储蓄。    C. 消费支出与净投资支出。

21. 名义国内生产总值或国民生产总值随着下述因素的变化而变化：（    ）

    A. 商品的数量。    B. 商品的价格。    C. 商品的数量与价格。

22. 已知某种商品的价格在 2010 年是 20 美元，在 2014 年是 24 美元，如果以 2010 年的价格指数为 100，2014 年这种商品的价格指数是（    ）

    A. 20%。    B. 120。    C. 104。

23. 已知某国 2014 年和 2010 年的名义国民生产总值分别是 3630 亿美元和 910 亿美元；如果以 2014 年的价格指数为 100，2010 年的价格指数等于 48。这样，2010 年的实际国民生产总值是（    ）

    A. 910 亿美元。    B. 1900 亿美元。    C. 4368 亿美元。

24. 已知某国 2014 年的国民生产净值是 3600 亿美元，从 2010 年到 2014 年价格水平上升了 20%。如果按 2010 年的价格计算，2014 年的实际国民生产净值是（    ）

    A. 3200 亿美元。    B. 3600 亿美元。    C. 3000 亿美元。

25. 如果要计算个人可支配收入，不应该从国民生产净值（    ）

    A. 减去折旧费。    B. 加上政府转移支付。    C. 减去间接税。

（四）简答（简要回答下列问题）

1. 在计算某种最终产品的产值时，为什么不能简单地把这种产品各个生产阶段的产值相加？

2. 在计算某个国家某个时期的国内生产总值或国民生产总值时，为什么不包括股票、债券等各种金融资产交易的收入？

3. 在计算某个国家某个时期的国内生产总值或国民生产总值时，为什么不包括买卖旧货的收入？

（五）论述（分析和论述下列问题）

1. 如何利用支出法计算二部门经济的国内生产总值或国民生产总值？

2. 如何利用支出法计算四部门经济的国内生产总值或国民生产总值？

3. GNP、NNP、NI、PI、DI 各指标之间存在什么关系？

（六）思考（讨论和研究下列问题）

1. 为什么下述项目不能计入当年的国内生产总值或国民生产总值：（1）一个厨师在自己家里烹调食物；（2）某人在家里放一张刚买来的古典音乐的唱片所得到的享受；（3）某人从市场买一辆旧车；（4）某人买进了已故著名画家的绘画真品；（5）某人在股票价格上升时卖出所持有的股票获得的收入。

2. 某理发师有一天得到 400 美元的收入。在这一天里，他的折旧费是 50 美元。在其余的 350 美元里，他向政府交纳 30 美元的销售税，留下 100 美元用于未来购买设备，以工资的形式拿回家 220 美元。在拿回家的 220 美元里，他向政府交纳了 70 美元的个人所得税。该理发师在这一天里对国内生产总值、国内生产净值、国民收入、个人收入、个人可支配收入各作了多少贡献？

3. 某日本人到美国建立了一家汽车厂生产小汽车，这对美国的国内生产总值和国民生产总值有什么影响？这两种影响存在什么差异？

## 五、练习题解答

（一）填空题答案

1. 国内生产总值　　2. 资本消耗折扣（折旧）　　3. 居民　厂商　政府　国际市场　　4. 用物品和劳务来满足自己需要的行为　　5. 投资　　6. 储存不是用于目前消费的收入的行为　　7. 更新投资　净投资　　8. 居民的储蓄　厂商的储蓄　折旧费　不分配的利润　　9. 增加值　　10. 支出法　收入法　　11. 消费支出　总投资支出　政府支出　净出口　　12. 工资和薪金　净利息　租金　公司利润　业主收入　企业间接税　折旧费　社会保险金　　13. 间接税　对企业的津贴　　14. 社会保险金　不分配利润　公司利润税　转移支付　　15. 个人所得税

（二）判断题答案

1. F　国内生产总值或国民生产总值只包括最终产品的价值。

2. F　商品包括有形的物品和无形的劳务。

3. F　只有商品数量的变化才会引起实际国内生产总值或国民生产总值的变化。

4. F　政府支出是排除了转移支付后的支出。

5. T　总产值可以分解为各项收入。按照国内生产总值或国民生产总值的计算规则，总产值等于总收入。

6. T　根据总投资的定义而成立。

7．T　根据净投资的定义而成立。

8．F　如果存贷没有变化，当本年度资本品和房屋的产值不足以弥补资本消耗折扣时，净投资为负数。

9．F　假定某经济社会没有生产资本品和建造房屋，而企业的存货又减少了，总投资成为负数。

10．F　净投资为正数意味着资本消耗折扣已得到补偿，所以净投资等于资本消耗折旧实际上表示净投资与更新投资相等，资本存量增加了。

11．T　根据净投资的定义而成立。

12．F　工资和薪金是指应得到的收入，它扣除个人所得税后才是实际得到的收入。

13．T　按照征税的规定而成立。

14．F　只要厂商营业，他就需要交纳间接税。

15．T　间接税计入企业的生产成本。

16．F　个人可支配收入等于消费与储蓄之和。

17．T　用于交纳个人所得税的收入是居民不能支配的。

18．T　居民得到的政府的转移支付不是他们挣得的。

19．F　这种行为是消费行为。

20．F　这种行为是投资行为。

21．F　只有在最终物品和劳务生产过程中产生的收入，才构成国民生产总值的一部分。

22．F　它已算入以前的国内生产总值或国民生产总值。

23．T　公司债券的利息收入是国内生产总值或国民生产总值的组成部分。

24．T　音乐家的演奏属于最终的劳务。

25．F　家庭主妇应该得到的收入不算入国内生产总值或国民生产总值。

（三）选择题答案

1．C　商品包括物品和劳务。

2．A　新生产的资本品是总投资，从中减去更新投资，剩下的就是净投资。

3．B　资本存量 = 2000 + 200 = 2200 亿（美元）。

4．C　厂商存货的增加属于私人投资。

5．C　根据政府支出的定义而成立。

6．A　根据净出口的定义而成立。

7．A　在二部门经济中，国内生产净值或国民生产净值等于消费支出与净投资支出之和。

8. B 在四部门经济中，国内生产总值或国民生产净值等于消费支出、净投资支出、政府支出与净出口之和。

9. C 第5项已包括第14项，但没有包括第4项。

10. C 利润包括不分配的利润、分配的利润、公司利润税、非公司制企业的利润。

11. B 国民生产总值等于第3、8、13、17项之和，再减去第12项。

12. A 国民生产总值等于第1、2、4、5、6、7、9、11、15、16项之和。

13. B 从国民生产总值减去第2项之差。

14. C 从国民生产净值减去第11项之差。

15. B 从国民收入减去第4、6、16项之差，再加上第10项。

16. C 从个人收入减去第14项之差。

17. A 社会保险金在发放工资和薪金以前已经由所在机构代为扣除。

18. A 转移支付是政府对居民单方面的支付。

19. B 在国民收入核算体系中，房屋不论是出租还是自己居住，应付租金都算入国内生产总值或国民生产总值。

20. A 政府支出包括对政府雇员的报酬，因而它包括一部分工资和薪金。如采用支出法应计算前一项，如采用收入法应计算后一项。

21. C 商品数量或商品价格的变化都会引起名义国内生产总值或国民生产总值的变化。

22. B 2014年这种商品的价格指数 = $24 \div 20 \times 100 = 120$。

23. B 2010年的实际国民生产总值 = $910 \div 48 \times 100 \approx 1900$ 亿（美元）。

24. C 2014年的实际国民生产净值 = $3600 \div 120 \times 100 = 3000$ 亿（美元）。

25. A 国民生产净值已不包括折旧费。

（四）简答题回答提要

1. 在计算某种最终产品的产值时，由于该产品后一个生产阶段的产值包括前一个生产阶段的产值，如果把各个生产阶段的产值简单相加，就会造成重复计算。因此，应该把该产品各个生产阶段的增加值相加而不是把各个阶段的产值相加。

2. 计算国内生产总值或国民生产总值既可以使用支出法，也可以使用收入法。但是，这两种方法是相对应的。在使用支出法计算国内生产总值或国民生产总值时，支出是对最终物品和劳务的支出。在使用收入法计算国内生产总值或国民生产总值时，收入是生产最终物品和劳务过程中发生的收入。股票等金融资产的易手不是生产最终物品和劳务的过程，它的收入不计算到国民生产总值里。

3. 在计算某个国家某个时期的国内生产总值或国民生产总值时,只计算这个时期生产的最终物品和劳务的产值。旧货是以前生产出来的,它们的产值已经算入以前的国民生产总值,不应该再算入现期的国内生产总值或国民生产总值。

(五) 论述题论述要点

1. 在二部门经济里,支出包括对消费品的支出和对投资品的支出。如果采用支出法,国内生产总值（GDP）或国民生产总值（GNF）=消费支出（C）+总投资支出（I）。

2. 在四部门经济里,支出包括私人对消费品的支出、对投资品的支出、政府的支出、净出口支出。如果采用支出法,国内生产总值（GDP）或国民生产总值（GNP）=消费支出（C）+总投资支出（I）+政府支出（G）+净出口（X-M）。

3. 国内生产总值或国民生产总值 - 折旧费 = 国内生产净值或国民生产净值,国内生产净值或国民生产净值 - 企业间接税 + 对企业的津贴 = 国内收入或国民收入,国内收入或国民收入 - 不分配的利润 - 企业利润税 - 社会保险金 + 政府转移收入 = 个人收入,个人收入 - 个人所得税 = 个人可支配收入。

(六) 思考题思考提示

1. 第一、二项是没有经过市场的活动,其中第二项唱片的价值已计入当年的国内生产总值或国民生产总值;第三、四项不是当年生产的产品,它们的价值已计入以前的国内生产总值或国民生产总值;第五项不是生产性的收入,社会没有生产出相应的产品。因此,上述项目都不应该计入当年的国内生产总值或国民生产总值。

2. 该理发师在这一天里对国内生产总值的贡献是400美元,对国内生产净值的贡献是350美元（=400-50）,对国民收入的贡献是320美元（=350-30）,对个人收入的贡献是220美元（=320-100）,对个人可支配收入的贡献是150美元（=220-70）。

3. 这家日本人建立的汽车厂的全部收入都构成了美国国内生产总值的一部分,但其中美国人取得的工资、利息、租金才构成美国国民生产总值的一部分。对美国国内生产总值和国民生产总值的贡献的差异是日本人取得的工资、利息、利润。

# 第15章 消费、储蓄和总支出函数

## 一、内容提要

如果说第14章所分析的国民收入核算是整个宏观经济学的基础,那么从本章开始将进入第一个重要的宏观经济理论——现代国民收入理论的讨论。下一章是现代国民收入理论的核心内容,本章将分析消费函数、储蓄函数和总支出函数,为下一章现代国民收入理论的分析做好概念上和理论上的准备。

本章内容的要点如下:

1. 凯恩斯的消费函数是指消费支出和个人可支配收入之间的函数关系。在短期内,可支配收入存在一个收支相抵的水平。在这个水平上,$APC>1$;在这个水平以下,$APC>1$;在这个水平以上,$APC<1$。另外,在可支配收入的变化过程中,$0<MPC<1$。在长期里,当可支配收入为零时,消费支出等于零。另外,随着可支配收入的增加,$MPC$接近于$APC$。凯恩斯的消费函数被称为绝对收入消费理论。

2. 凯恩斯的储蓄函数是指储蓄和个人可支配收入之间的函数关系。在短期内,可支配收入存在一个零储蓄的水平。在这个水平上,$APS=0$;在这个水平以下,$APS<0$;在这个水平以上,$APS>0$。另外,在可支配收入的变化过程中,$0<MPS<1$。在长期里,当可支配收入为零时,储蓄等于零。另外,随着可支配收入的增加,$MPS$接近于$APS$。

3. 杜森贝里的短期消费函数是指消费支出和个人可支配收入之间的函数关系,但是杜森贝里认为消费支出不是取决于可支配收入的绝对水平,而是取决于相对于以前最高收入水平而言的可支配水平。杜森贝里的消费函数被称为相对收入消费理论。

4. 由于居民的可支配收入不是用于消费就是用于储蓄,消费函数一旦确定,储蓄函数也随之确定。杜森贝里的储蓄函数也认为储蓄取决于相对以前最高收入水平而言的可支配水平。

5. 弗里德曼的短期消费函数是指消费支出和个人可支配收入之间的函数关系,但是弗里德曼认为消费支出既不是取决于可支配收入的绝对水平,也不是取决于相对以前最高收入水平而言的可支配水平,而是取决于持久收入。弗里德曼的消费函数被称为持久收入消费理论。

6. 由于居民的可支配收入不是用于消费就是用于储蓄,消费函数一旦确定,储蓄函数也随之确定。弗里德曼的储蓄函数也认为储蓄取决于持久收入。

7. 凯恩斯学派的总支出函数表示总支出和国民收入之间的函数关系。在二部门经济里,$AE = C + I$;在四部门经济里,$AE = C + I + G + X - M$。在短期内,总支出随着国民收入的增加而增加,总支出函数在图像上表现为一条向右上方倾斜的曲线。

## 二、学习要求

1. 要求掌握下述概念:消费函数,平均消费倾向,边际消费倾向,储蓄函数,平均储蓄倾向,边际储蓄倾向,总支出函数,自发投资。

2. 要求理解下述概念:消费与可支配收入的关系;储蓄与可支配收入的关系;短期消费函数与长期消费函数的关系;短期储蓄函数与长期储蓄函数的关系;消费函数与储蓄函数的关系;总支出与国民收入的关系;平均消费倾向与平均储蓄倾向的关系;边际消费倾向与边际储蓄倾向的关系;凯恩斯消费函数、杜森贝里消费函数和弗里德曼消费函数的关系。

3. 要求能够概括下述原理:凯恩斯的消费函数;凯恩斯的储蓄函数;凯恩斯学派的总支出函数;杜森贝里的消费函数;弗里德曼的消费函数。

## 三、应该注意的问题

1. 本章分别分析了凯恩斯、杜森贝里、弗里德曼的消费函数和储蓄函数,重点是凯恩斯的消费函数和储蓄函数。本书以后的分析只涉及凯恩斯的消费函数和储蓄函数以及凯恩斯学派的总支出函数。

2. 消费函数是消费支出和个人可支配收入的函数关系,总支出函数是总支出和国民收入的函数关系。因此,在利用消费函数推导总支出函数时,需要首先分析消费支出与国民收入的函数关系,然后再分析其他支出而得出总支出函数。

3. 在总支出函数里,$AE = f(Y)$ 中,$AE = C + I + G + X - M$。而在国民收入核算中,理论上的国民收入 $(Y) = C + I + G + Z - M$。这是否意味着 $AE$ 与 $Y$ 恒等而不存在函数关系呢?实际上,国民收入核算是一种事后的分析。如果所有的支出已经发生了,理论上的国民收入将等于总支出。但是,总支出函数的分析是一种事前的分析,总支出是一种希望的或预期的数量,因而它将随着国民收入的变化而变化。

### 四、练习与思考

（一）填空（在括号里填上适当的词）

1. 消费函数表示（　　）和（　　）之间的函数关系。
2. 居民的可支配收入越高，消费支出（　　），消费函数在图像上是一条向（　　）倾斜的曲线。
3. 平均消费倾向表示（　　）与（　　）之比。
4. （　　）表示消费支出增量与收入增量之比。
5. 储蓄函数表示（　　）和（　　）之间的函数关系。
6. 居民的可支配收入越高，储蓄就（　　），储蓄函数在图像上是一条向（　　）倾斜的曲线。
7. （　　）表示储蓄与可支配收入之比。
8. 边际储蓄倾向表示（　　）。
9. 假设技术条件和投资环境为一定，自发投资主要取决于投资的预期收益率和利息率。它与前者（　　）方向变化，与后者（　　）方向变化。
10. 有的投资不随着国民收入的变化而变化，这种投资称为（　　）。
11. 有的投资随着国民收入的变化而变化，这种投资称为（　　）。
12. 在图像上，自发投资曲线是（　　）的直线。
13. 在图像上，引致投资曲线是向（　　）倾斜的曲线。
14. 在四部门经济中，总支出等于（　　）、（　　）、（　　）和（　　）之和。
15. 总支出函数表示（　　）和（　　）的函数关系，它在图像上是一条（　　）倾斜的曲线。

（二）判断（判断下列说法是否正确，分别在括号里写上 T 或 F）

1. 从短期来说，当居民的可支配收入等于零时，消费支出也等于零。（　　）
2. 从长期来说，当居民的可支配收入等于零时，消费支出为正数。（　　）
3. 消费支出大于可支配收入，意味着储蓄是负数。（　　）
4. 消费支出等于可支配收入，意味着储蓄是正数。（　　）
5. 如果边际消费倾向递减，平均消费倾向也将递减。（　　）
6. 假定可支配收入不变，平均消费倾向越大，消费支出就越大。（　　）
7. 在短期内，居民的消费支出有可能大于可支配收入。（　　）

8. 按照短期的消费函数，在可支配收入的某一变化范围内，消费增量会大于收入增量。（　　）

9. 假如居民在各种可支配收入水平上都增加消费支出，消费曲线将向上移动。（　　）

10. 消费曲线的斜率等于边际消费倾向。（　　）

11. 边际储蓄倾向是大于1的正数。（　　）

12. 在短期内，居民的储蓄有可能大于可支配收入。（　　）

13. 假如居民在各种可支配收入水平上都减少储蓄，消费曲线将向上方移动。（　　）

14. 在消费曲线与45°线相交的时候，消费支出等于储蓄。（　　）

15. 在同一个坐标平面内，消费曲线的位置和形状一旦确定，储蓄曲线的位置和形状随之确定。（　　）

16. 在某一可支配收入水平上，如果消费曲线与45°线相交，储蓄曲线一定与横轴相交。（　　）

17. 如果只考虑自发投资并假定政府支出和净出口不受国民收入影响，总支出曲线与消费曲线平行。（　　）

18. 假如某厂商用自有资金进行投资，由于他不必支付利息，投资的成本等于零。（　　）

19. 某居民把节省下来的收入锁在钱柜里，这种行为是储蓄。（　　）

20. 某居民把节省下来的收入用于购买股票，这种行为是投资。（　　）

21. 某居民把节省下来的钱用于建造一所房子，这个人在储蓄。（　　）

22. 某居民把节省下来的钱用于购买一所旧房子，这个人在投资。（　　）

23. 某公司保留部分利润的行为是储蓄，把这部分不分配利润用于购买新设备的行为是投资。（　　）

（三）选择（根据题意选择一个最合适的答案，并在括号里填上相应的字母）

1. 短期消费曲线的特点之一是（　　）
A. 它与45°线相交。　B. 它不与45°线相交。　C. 它与横轴相交。

2. 长期消费曲线的特点之一是（　　）
A. 它通过原点。　B. 它不通过原点。　C. 它与45°线相交。

3. 消费曲线位于45°线上方表明，储蓄是（　　）
A. 正数。　B. 零。　C. 负数。

4. 在边际储蓄倾向等于20%的时候，边际消费倾向等于（　　）
A. 20%。　B. 80%。　C. 30%。

5. 在平均储蓄倾向等于−10%的时候，平均消费倾向等于（　　）

A. 10%。 B. 110%。 C. 90%。

6. 边际消费倾向随着可支配收入的增加而递减意味着（    ）

A. 消费曲线不是直线。 B. 消费曲线将向下移动。 C. 消费曲线是直线。

7. 已知某国有 1000 万户居民，其中 500 万户的边际消费倾向是 1/2，500 万户是 3/4。假如当总可支配收入增加 10 亿美元时，他们的边际消费倾向一律为 1/2，那么消费支出将增加（    ）

A. 2.5 亿美元。 B. 7.5 亿美元。 C. 5.0 亿美元。

8. 根据题 7 的已知条件，假如当总可支配收入增加 10 亿美元时，他们的边际消费倾向一律是 3/4，那么消费支出将增加（    ）

A. 6.25 亿美元。 B. 7.50 亿美元。 C. 5.0 亿美元。

9. 根据题 7 的已知条件，假如每户居民的可支配收入都增加 100 美元，但是他们的边际消费倾向没变，那么消费支出将增加（    ）

A. 6.25 亿美元。 B. 7.50 亿美元。 C. 2.50 亿美元。

10. 居民的收支相抵点是消费曲线（    ）

A. 与纵轴的交点。 B. 与横轴的交点。 C. 与 45°线的交点。

11. 在图 15.1 中，图 A 和图 B 的主要差别是（    ）

A. 图 A 的边际消费倾向递增，图 B 的边际消费倾向递减。

B. 图 A 的边际消费倾向不变，图 B 的边际消费倾向递减。

C. 图 A 的边际消费倾向递减，图 B 的边际消费倾向不变。

12. 在图 15.1 中，如果可支配收入等于 $OG$，消费支出等于（    ）

A. $DF$。 B. $GF$。 C. $EF$。

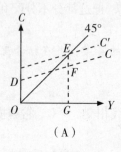 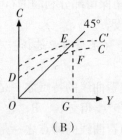

(A)　　　　　　　　(B)

图 15.1

13. 在图 15.1 中，如果可支配收入等于 $OG$，储蓄等于（    ）

A. $EF$。 B. $GF$。 C. $DF$。

14. 在图 15.1 中，如果消费曲线从 $C$ 移向 $C'$，这表明（    ）

A. 居民在不同的可支配收入水平上都减少消费支出。

B. 居民在不同的可支配收入水平上都减少储蓄。 C. 消费支出随着可支配收入的增加而增加。

15. 假定某居民上个月的可支配收入是 2500 美元，他取出 500 美元储蓄使消费支出达到 3000 美元。这个居民本月的可支配收入是 2800 美元，他仍取出 200 美元储蓄使消费支出保持在 3000 美元。由此可知，他上个月、这个月的平均消费倾向，以及在这个收入变化范围内的边际消费倾向分别是（　　）

A. 6/5, 6/5, 0。 B. 15/14, 15/14, 0。 C. 6/5, 15/14, 0。

16. 要估算一个国家的消费倾向是十分困难的，这是因为（　　）

A. 消费支出不仅仅取决于收入水平。 B. 储蓄会随着收入的增加而增加。 C. 消费支出与收入水平没有联系。

17. 在同一个坐标平面上，总支出曲线位于消费曲线的（　　）

A. 上方。 B. 下方。 C. 重合。

18. 假定其他条件不变，储蓄曲线向下平行移动意味着总支出曲线（　　）

A. 向上移动。 B. 向下移动。 C. 不会移动。

19. 投资和储蓄是由不同的人出于不同的原因决定的，这表明（　　）

A. 投资支出和储蓄不会自行相等。 B. 投资支出和储蓄不可能相等。 C. 投资支出与储蓄恒等。

20. 某厂商把自己的 1 万美元用于投资，在货币年利息率为 6% 的情况下，他的年投资成本是（　　）

A. 0。 B. 0 与 600 美元之间。 C. 600 美元。

21. 在二部门经济中，总支出曲线与消费曲线平行意味着投资是（　　）

A. 引致投资。 B. 自发投资。 C. 净投资。

22. 自发投资曲线与储蓄曲线（　　）

A. 重合。 B. 相交。 C. 平行。

（四）简答（简要回答下列问题）

1. 消费曲线和储蓄曲线存在怎么样的位置关系？
2. 消费倾向与储蓄倾向有着什么关系？
3. 短期消费函数与长期消费函数有什么区别？

（五）论述（分析和阐述下列问题）

1. 凯恩斯的短期消费函数的形式和特点是什么？
2. 杜森贝里的短期消费函数的特点是什么？
3. 弗里德曼的短期消费函数的特点是什么？

（六）思考（讨论和研究下列问题）

消费函数可否表述为消费支出与国民收入的关系？

## 五、练习题解答

（一）填空题答案

1. 消费支出　可支配收入　　2. 越大　右上方　　3. 消费支出　可支配收入　　4. 边际消费倾向　　5. 储蓄　可支配收入　　6. 越多　右上方　　7. 平均储蓄倾向　　8. 储蓄增量与可支配收入增量之比　　9. 同　反　　10. 自发投资　　11. 引致投资　　12. 水平　　13. 右上方　　14. 消费支出　投资支出　政府支出　净出口　　15. 总支出量　国民收入　向右上方

（二）判断题答案

1. F　在短期内，消费支出可能大于可支配收入。

2. F　从长期来说，在可支配收入等于零的时候，消费支出也等于零。

3. T　当消费支出大于可支配收入时，需要动用储蓄。

4. F　当消费支出等于可支配收入时，储蓄为零。

5. T　增量的减少会引起平均数的减少。

6. T　平均消费倾向越大，表示在同样的可支配收入条件下有越多的收入用于消费支出。

7. T　在短期内，居民的消费支出保持稳定。因此，在可支配收入减少的情况下，消费支出会超过可支配收入。

8. F　边际消费倾向不可能大于1。

9. T　消费函数发生了变化。

10. T　两者的定义相同。

11. F　边际储蓄倾向是小于1的正数。

12. F　储蓄大于可支配收入意味着消费支出是负数，然而消费支出不可能是负数。

13. T　储蓄的减少意味着消费增加。

14. F　储蓄等于零。

15. T　储蓄等于消费支出之差，边际储蓄倾向等于1减去边际消费倾向之差，因而消费曲线的位置和形状决定以后，储蓄曲线的位置和形状也决定了。

16. T　消费曲线与45°线相交意味着消费支出等于可支配收入，这时储蓄为零。

17. T　总支出曲线与消费曲线的距离等于自发投资、政府支出和净出口之和。

18. F　由于存在机会成本，他的投资成本不为零。

19．T 根据储蓄的定义而成立。

20．F 购买股票是一种储蓄行为。

21．F 建造房子是一种投资行为。

22．F 资本品没有增加，还是可以看作储蓄行为。

23．T 根据储蓄和投资的定义而成立。

（三）选择题答案

1．A 在短期内消费支出比较稳定，所以会出现负储蓄、收支相抵和正储蓄的情形。

2．A 在长期里，如果可支配收入为零，消费支出也为零。

3．C 在这种情况下，消费支出大于可支配收入，储蓄是负数。

4．B $MPC = 1 - MPS$。

5．B $APC = 1 - APS$。

6．A 消费曲线的斜率等于边际消费倾向。

7．C $\Delta C = MPC \cdot DI = 1/2 \times 10 = 5$。

8．B $\Delta C = MPC \cdot DI = 3/4 \times 10 = 7.5$。

9．A $\Delta C = 1/2 \times 5 + 3/4 \times 5 = 6.25$。

10．C 当消费曲线与45°线相交时，居民的消费支出等于可支配收入。

11．B 消费曲线的斜率等于边际消费倾向。

12．B 根据消费曲线的定义而成立。

13．A 储蓄 = 可支配收入 − 消费支出 = $OG - GF = EG - FG = EF$。

14．B 储蓄减少意味着消费支出增加。

15．C $APC_1 = 3000/2500 = 6/5$，$APC_2 = 3000/2800 = 15/14$，$MPC = 0/300 = 0$。

16．A 消费支出取决于多种因素，因而消费支出与可支配收入的关系不太稳定。

17．A $AE$ 等于 $C$、$I$、$G$、$X - M$ 之和。

18．A 消费曲线向上移动引起总支出曲线向上移动。

19．A 根据现代国民收入理论而成立。

20．C 年投资成本 = $10000 \times 6\% = 600$（美元）。

21．B 总支出曲线与消费曲线平行意味着投资不随着国民收入的变化而变化。

22．B 自发投资曲线是水平线，储蓄曲线是向右上方倾斜的曲线，两者将在坐标平面内相交。

（四）简答题回答提要

1．因为 $DI = C + S$，所以 $S = DI - C$。这意味着在各种可支配收入水平上，

45°线相应的点的纵坐标与消费曲线相应的点的纵坐标之差,等于在相同的可支配收入水平上储蓄曲线的纵坐标。

2. $APC+APS=1$,$MPC+MPS=1$。

3. 短期消费曲线是与纵轴相交的曲线,长期消费曲线是经过原点的曲线;短期消费曲线与45°线相交,长期消费曲线在45°线下方。在短期,边际消费倾向递减,消费曲线是一条上凸的曲线;在长期,边际消费倾向保持稳定,消费曲线是一条直线。

(五)论述题论述要点

1. 凯恩斯的短期消费函数是消费支出与可支配收入之间的函数关系,它在图像上表现为一条向右上方倾斜的曲线。在某一个可支配收入水平上,平均消费倾向(APC)等于1;低于该可支配收入水平时,平均消费倾向大于1;高于该可支配收入水平时,平均消费倾向小于1。在可支配收入增加的过程中,边际消费倾向(MPC)大于零小于1。

2. 杜森贝里认为,消费支出取决于相对于以前最高收入水平而言的可支配收入水平。当可支配收入减少时,居民倾向于维持稳定的消费水平,消费支出的下降慢于可支配收入的下降;当可支配收入恢复到原来最高水平时,居民的消费倾向提高,消费支出的上升快于可支配收入的上升。因此,消费曲线是一条向右上方倾斜的折线。

3. 弗里德曼认为,居民的可支配收入等于持久收入和暂时收入之和,居民的消费支出等于持久消费和暂时消费之和。经验统计分析证明,持久消费与持久收入存在稳定的函数关系,但持久消费不受暂时收入影响,暂时消费也不受暂时收入影响,因而消费支出取决于持久收入。另外,由于存在暂时消费和暂时收入,边际消费倾向是不稳定的。

(六)思考题思考提示

严格地说,消费函数表示消费支出和个人可支配收入之间的函数关系,但由于可支配收入是国民收入中的一个重要组成部分,通过分析可支配收入与国民收入的关系可以得到消费支出与国民收入的函数关系,但它不是严格意义上的消费函数。

# 第16章 国民收入的均衡和变化

## 一、内容提要

在分析了消费函数、储蓄函数和总支出函数以后,本章将讨论现代国民收入理论的核心内容,即国民收入是怎样形成均衡以及均衡国民收入是怎样变化的。其中均衡国民收入变化的分析包括了均衡国民收入变化方向和变化程度的分析。

本章内容的要点如下:

1. 在二部门经济里,可以用收入-支出法和储蓄-投资法来研究国民收入的均衡。如果采用收入-支出法来分析,当总支出等于国民收入时,或在图像上表现为总支出曲线和45°线相交时,形成了均衡的国民收入。如果采用储蓄-投资法来分析,当投资等于储蓄时,或在图像上表现为投资曲线和储蓄曲线相交时,形成了均衡的国民收入。用两种分析方法得到的结果是一致的。

2. 在四部门经济里,可以用收入-支出法和漏出-注入法来研究国民收入的均衡。如果采用收入-支出法来分析,当总支出等于国民收入时,或在图像上表现为总支出曲线与45°线相交时,形成了均衡的国民收入。如果采用漏出-注入法,当漏出量与注入量相等时,或在图像上表现为漏出曲线和注入曲线相交时,形成均衡的国民收入。用两种分析方法所得到的结果是一致的。

3. 假定其他条件不变,消费支出或投资支出、政府支出、出口的增加,都引起均衡国民收入的增加;反之,则引起均衡国民收入的减少。另外,储蓄或税收、进口的增加,都会引起均衡国民收入的减少;反之,则引起均衡国民收入的增加。

4. 假定税收和进口不随着国民收入的变化而变化,各种支出的变化会引起国民收入数倍的变化,这个倍数称为支出乘数。消费支出乘数 $K_C$、投资支出乘数 $K_I$、政府支出乘数 $K_G$ 均等于 $\dfrac{1}{1-MPC}$,平衡预算乘数 $K_B = 1$。假定税收随着国民收入的变化而变化,但进口不随着国民收入的变化而变化,消费支出乘数 $K_C$、投资支出乘数 $K_I$、政府支出乘数 $K_G$ 均等于 $\dfrac{1}{1-MPC+MPT \cdot MPC}$。假定税收和进口都随着国民收入的变化而变化，消费支出乘数 $K_C$、投资支出乘数 $K_I$、政府支出乘数 $K_G$、出口支出乘数 $K_X$ 均等于 $\dfrac{1}{1-MPC+MPC \cdot MPT+MPM}$。

## 二、学习要求

1. 要求掌握下述概念：均衡的国民收入，总注入量，总漏出量，小于充分就业的均衡，收入－支出法，储蓄－投资法，漏出－注入法，均衡国民收入的变化，支出乘数，通货紧缩缺口，通货膨胀缺口。

2. 要求理解下述关系：在二部门经济中，用收入－支出法分析的均衡的国民收入与用储蓄－投资法分析的均衡国民收入的关系；储蓄－投资法与漏出－注入法的关系；消费支出、投资支出、政府支出、出口支出的变化对均衡国民收入的影响；储蓄、税收、进口的变化对均衡国民收入的影响；国民收入和价格水平的关系。

3. 要求能够概括下述原理：在二部门经济里国民收入的均衡和变化；在四部门经济里国民收入的均衡和变化；各种支出乘数是怎样决定的。

## 三、应该注意的问题

1. 均衡的国民收入是总支出等于总供给的国民收入，它不一定是充分就业的国民收入。这就是说，即使国民收入形成均衡，经济中仍有可能存在闲置的社会资源。

2. 分析二部门经济均衡国民收入决定的储蓄－投资法实际上是漏出－注入法的特例。在二部门经济中，漏出量只有储蓄，注入量只有投资，漏出－注入法成为储蓄－投资法。

3. 假定其他条件不变，在原国民收入水平上，消费支出的变化或投资支出的变化、出口支出的变化，不是引起总支出曲线上的点沿着总支出曲线上下移动，而是引起整条总支出曲线移动，即总支出函数发生变化，必须把在总支出函数不变的前提下总支出的变化和总支出函数的变化区分开来。

4. 如果支出乘数为 $\dfrac{1}{1-MPC}$，其前提条件是在国民收入增加的过程中所渗漏的仅是储蓄。如果支出乘数为 $\dfrac{1}{1-MPC+MPT \cdot MPC}$，其前提条件是在国民收入增加的过程中所渗漏的仅是储蓄和税收。如果支出乘数为 $\dfrac{1}{1-MPC+MPC \cdot MPT+MPM}$，其前提条件是在国民收入增加的过程中所渗漏的是储蓄、税收和进口。

### 四、练习与思考

（一）填空（在括号里填上适当的词）

1. 在二部门经济中，均衡的国民收入是（　　）和（　　）相等时的国民收入。从图像上说，它是总支出曲线和45°线相交时的国民收入。

2. 在二部门经济中，均衡的国民收入也可以说是投资支出和储蓄相等时的国民收入。从图像上说，它是（　　）和（　　）相交时的国民收入。

3. 在四部门经济中，均衡的国民收入是（　　）和（　　）相等时的国民收入，在图像上表现为（　　）和（　　）相交时的国民收入。

4. 在四部门经济中，均衡的国民收入也可以说是（　　）和（　　）相等时的国民收入，在图像上表现为（　　）和（　　）相交时的国民收入。

5. 国民收入在未达到充分就业以前所形成的均衡称为（　　）。

6. 假定其他条件不变，（　　）、（　　）、（　　）和（　　）的增加将导致均衡国民收入的增加。

7. 假定其他条件不变，（　　）、（　　）和（　　）的减少将导致均衡国民收入的增加。

8. 投资支出乘数是指（　　），假定税收和进口保持不变，投资乘数的计算公式是（　　）。

9. 消费支出对国民收入（　　）乘数作用。

10. 假定其他条件不变，边际储蓄倾向越小，投资支出乘数和消费支出乘数就（　　）。

11. 政府增加支出、减少税收以及同时增加同量的支出和税收相比较，（　　）对国民收入的影响最大，（　　）次之，（　　）最小。

12. 假定税收和进口保持不变，政府支出乘数的计算公式是（　　），政府税收乘数的计算公式是（　　）。

13. 假定税收和进口保持不变，（　　）乘数等于1。

14. 在图像上，通货紧缩缺口是指（　　）。

15. 在图像上，通货膨胀缺口是指（　　）。

（二）判断（判断下列说法是否正确，分别在括号里写上 T 或 F）

1. 均衡的国民收入必然是充分就业的国民收入。（　　）

2. 在二部门经济中，如果投资支出大于储蓄，总支出将小于总收入。（　　）

3. 假如政府支出和政府税收同时增加同样的数量，注入量和漏出量仍然

相等，均衡国民收入没发生变化。（  ）

4. 假定其他条件不变，消费的增加将引起总支出曲线向上移动，从而导致均衡国民收入的增加。（  ）

5. 在消费和投资支出不足的条件下，为了避免国民收入水平的下降，政府应该增加支出和鼓励出口。（  ）

6. 假如边际储蓄倾向大于边际消费倾向，投资支出乘数将小于1。（  ）

7. 只要边际消费倾向是大于零小于1的正数，投资支出乘数一定大于1。（  ）

8. 不仅投资支出有乘数作用，政府支出、消费支出和出口也有乘数作用。（  ）

9. 减税将促使消费支出和储蓄增加。（  ）

10. 减税对国民收入的影响一般来说小于投资对国民收入的影响。（  ）

11. 税收乘数是大于1的正数。（  ）

12. 假如政府支出的增加会挤出私人支出，政府平衡预算的增加不一定导致国民收入的增加。（  ）

（三）选择（根据题意选择一个最合适的答案，并在括号里填上相应的字母）

1. 在二部门经济里，总支出曲线与45°线的交点和投资曲线与储蓄曲线的交点（  ）

A. 不在一条垂直线上。  B. 在一条垂直线上。  C. 重合。

2. 在四部门经济里，如果已知总支出曲线，怎样在坐标平面上求出均衡的国民收入？（  ）

A. 作出消费曲线，根据总支出曲线与消费曲线的交点求出均衡的国民收入水平。  B. 作出储蓄曲线，根据总支出曲线与储蓄曲线的交点求出均衡的国民收入水平。  C. 作出45°线，根据总支出曲线与45°线的交点求出均衡的国民收入水平。

3. 在四部门经济里，国民收入均衡的条件是（  ）

A. $I=S$。  B. $C+I=Y$。  C. $J=W$。

4. 在总支出与国民收入不相等的时候，均衡国民收入所以发生变化，是因为（  ）

A. 居民的储蓄带来经济的收缩。  B. 厂商的投资带来经济的扩张。
C. 厂商因利润的变化而改变产量。

5. 在二部门经济中，下述因素的变化将会导致均衡国民收入的变化：（  ）

A. 消费支出或投资支出。 B. 储蓄。 C. 答案 A 或答案 B。

6. 假定国民收入原来的均衡被投资支出的增加所打破，在国民收入形成新的均衡的时候，国民收入（　　）

A. 减少了。 B. 增加了。 C. 没变化。

7. 假定其他条件不变，厂商增加投资将引起（　　）

A. 国民收入的增加，但消费水平不变。 B. 国民收入的增加，同时消费水平也提高了。 C. 国民收入的增加，但消费水平下降了。

8. 在哪一种情况下，消费支出和自发投资对国民收入有同样大的影响？（　　）

A. 消费支出的变化不是国民收入的变化带来的，而是其他因素引起的。
B. 消费支出的变化是国民收入的变化带来的，而不是其他因素引起的。
C. 既不是答案 A 也不是答案 B。

9. 在投资支出的增加导致国民收入增加的过程中，（　　）

A. 储蓄数量没变。 B. 储蓄数量减少了。 C. 储蓄数量增加了。

10. 在某封闭经济里，已知充分就业的国民收入是 2000 亿美元，消费支出在充分就业的国民收入水平上是 1700 亿美元，投资支出和政府支出的总和在任何国民收入水平上都等于 200 亿美元，边际消费倾向为 3/4。均衡国民收入（　　）

A. 等于 2000 亿美元。 B. 等于 1900 亿美元。 C. 少于 1900 亿美元。

11. 根据题 10 的已知条件，要使国民收入达到充分就业的均衡，投资的增量应该（　　）

A. 多于 100 亿美元。 B. 等于 100 亿美元。 C. 少于 100 亿美元。

12. 在四部门经济中，下述因素的变化都会导致均衡国民收入的变化：（　　）

A. $C$、$I$、$G$ 或 $X$。 B. $S$、$T$ 或 $M$。 C. 答案 A 或答案 B。

13. 在 $I$、$S$、$G$、$T$、$X$、$M$ 同时增加的条件下，均衡国民收入（　　）

A. 趋于增加。 B. 趋于减少。 C. 变化趋势还不能确定。

14. 假定其他条件不变，$S$、$T$、$M$ 的减少将导致均衡国民收入（　　）

A. 增加。 B. 不变。 C. 减少。

15. 投资支出乘数在哪一种情况下较大？（　　）

A. 边际储蓄倾向较小。 B. 边际储蓄倾向较大。 C. 边际消费倾向较小。

16. 假定边际储蓄倾向等于 20%，增加 100 万美元投资可以使国民收入增加（　　）

A. 200 万美元。 B. 500 万美元。 C. 800 万美元。

17. 如果增加 100 万美元使国民收入增加了 1000 万美元，那么边际消费倾向一定是（  ）

　　A. 10%。　　B. 100%。　　C. 90%。

18. 假定某个经济的国民收入处于充分就业的均衡状况，其数额为 2000 亿美元。假如再增加 100 亿美元的投资支出，通货膨胀缺口（  ）

　　A. 为 100 亿美元。　　B. 大于 100 亿美元。　　C. 小于 100 亿美元。

19. 已知某个经济充分就业的国民收入是 4000 亿美元，实际的均衡国民收入是 3800 亿美元。假定边际储蓄倾向为 25%，增加 100 亿美元投资支出将使它（  ）

　　A. 达到充分就业的均衡。　　B. 出现 50 亿美元的通货膨胀缺口。
C. 出现 200 亿美元的通货膨胀缺口。

20. 某个经济国民收入的均衡被 150 亿美元的新增投资所打破，假如不存在引致投资，投资乘数等于 4，那么在国民收入形成新的均衡的时候（  ）

　　A. 投资增加了 150 亿美元，消费增加了 450 亿美元。　　B. 投资增加了 150 亿美元，消费增加了 600 亿美元。　　C. 投资增加了 450 亿美元，消费增加了 150 亿美元。

21. 已知某个经济实际的均衡国民收入是 5000 亿美元，充分就业的国民收入是 6000 亿美元，投资乘数等于 4。由此可以断定，这个经济的（  ）

　　A. 通货膨胀缺口等于 1000 亿美元。　　B. 通货紧缩缺口等于 1000 亿美元。　　C. 通货紧缩缺口等于 250 亿美元。

22. 哪一对变量对国民收入有同样大的乘数作用？（  ）

　　A. 政府支出和政府减税。　　B. 消费支出和投资支出。　　C. 政府减税和投资支出。

23. 假定某个经济目前的均衡国民收入为 5500 亿美元。如果政府要把国民收入提高到 6000 亿美元，在 $MPC$ 等于 90% 的条件下，应增加支出（  ）

　　A. 500 亿美元。　　B. 50 亿美元。　　C. 10 亿美元。

24. 假如政府减税带来同样数量的可支配收入的增加，在边际消费倾向等于 80% 的条件下，减税 100 万美元使国民收入增加（  ）

　　A. 400 万美元。　　B. 500 万美元。　　C. 80 万美元。

25. 假如政府增税会带来同样数量的可支配收入的减少，在边际消费倾向等于 50% 的条件下，增税 100 万美元使国民收入减少（  ）

　　A. 50 万美元。　　B. 100 万美元。　　C. 200 万美元。

26. 假定边际消费倾向等于 60%，政府同时增加 20 万美元的支出和税收，将使国民收入（  ）

　　A. 增加 20 万美元。　　B. 保持不变。　　C. 增加 12 万美元。

27. 投资乘数（$K_I = 1/[1-MPC]$）的前提条件是不存在引致投资。如果存在引致投资，$MPI$ 是边际投资倾向，假定政府税收和进口保持不变，那么投资乘数应等于（　　）

A. $1/(1-MPI)$。　　B. $1/[1-(MPC-MPI)]$。　　C. $1/[1-(MPC+MPI)]$。

28. 在存在引致投资的条件下，如果边际消费倾向等于60%，边际投资倾向为20%，100万美元的新增投资将使国民收入增加（　　）

A. 250万美元。　　B. 125万美元。　　C. 500万美元。

（四）简答（简要回答下列问题）

1. 45°线在均衡国民收入分析中发挥什么作用？
2. 在二部门经济里，为什么使用收入－支出法和储蓄－投资法所得到的均衡的国民收入是一样的？
3. 在四部门经济里，为什么使用收入－支出法和漏出－注入法所得到的均衡的国民收入是一样的？
4. 各种注入量和漏出量的变化对均衡国民收入有什么影响？
5. 各种支出为什么对国民收入具有乘数作用？
6. 节俭在什么情况下对社会有害，在什么情况下对社会有利？

（五）论述（分析和阐述下列问题）

1. 在四部门经济里，国民收入是怎样形成均衡的？
2. 均衡国民收入是怎样变化的？
3. 乘数原理的内容是什么？

（六）思考（讨论和研究下列问题）

1. 在国民收入核算的分析中，投资和储蓄是恒等的。但在国民收入均衡的分析中，投资和储蓄不一定相等，而且在投资和储蓄不等的时候引起国民收入的变化，为什么？
2. 我们在报章杂志上常常可以读到，一个国家保持较高的储蓄率有助于使该国保持较高的发展速度。但现代国民收入理论却告诉我们，储蓄的增加会导致国民收入的减少。如何理解这个问题？
3. 如果某个国家已实现了充分就业，该国增加投资支出还具有乘数效应吗？为什么？

## 五、练习题解答

（一）填空题答案

1. 总支出　国民收入　　2. 投资曲线　储蓄曲线　　3. 总支出　国民

收入　总支出曲线　45°线　4. 总漏出量　总注入量　漏出曲线　注入曲线　5. 小于充分就业的均衡　6. 消费支出　投资　政府支出　出口　7. 储蓄　政府税收　进口　8. 投资的增加所引起的国民收入增加的倍数　$1/(1-MPC)$　9. 具有　10. 越大　11. 增加支出　减少税收　增加同量的支出和税收　12. $1/(1-MPC)$　$MPC/(1-MPC)$　13. 平衡预算　14. 为了达到充分就业的国民收入，总支出曲线向上移动的距离　15. 为了消除通货膨胀，总支出曲线向下移动的距离

（二）判断题答案

1. F　国民收入可以在小于充分就业的状态下形成均衡。

2. F　因为 $AE=C+I$，$Y=C+S$，当 $I>S$ 时，$AE>Y$。

3. F　政府支出的正向影响大于政府税收的负向影响，国民收入在趋向新均衡的过程中增加了。

4. T　政府支出和出口的增加可以弥补消费支出和投资支出不足的缺口。

5. T　$K_I=1/MPS$，$MPS$ 越大，$K_I$ 越小。

6. F　只要边际消费倾向是大于零小于 1 的正数，投资乘数就是大于 1 的正数。

7. T　投资支出乘数为 $K_I=1/(1-MPC)$。只要 $0<MPC<1$，$0<1-MPC<1$，$1/(1-MPC)>1$。

8. T　所有支出都具有乘数作用。

9. T　减税使个人可支配收入增加。

10. T　因为 $K_T=MPC/(1-MPC)$，$K_I=1/(1-MPC)$，而 $0<MPC<1$，所以 $K_T<K_I$。

11. F　$K_T=MPC/(1-MPC)=MPC/MPS$。如果 $MPC<MPS$，$0<K_T<1$。

12. T　假如被挤出的私人支出与增加的政府支出之比等于边际储蓄倾向，那么平衡预算乘数 $=(1-MPS)/(1-MPC)-MPC/(1-MPC)=MPC/(1-MPC)-MPC/(1-MPC)=0$。

（三）选择题答案

1. B　使用收入－支出法和投资－储蓄法得到的均衡的国民收入是相同的。

2. C　总支出曲线与 45°线相交意味着总支出等于国民收入，国民收入形成均衡。

3. C　总注入量等于总漏出量是四部门经济国民收入形成均衡的条件。

4. C　例如在总支出大于国民收入的时候，价格水平有上升的趋势，厂商的利润增加，因而他将扩大产量。

5. C　$C$、$I$ 或 $S$ 的变化都会带来均衡国民收入的变化。

## 第16章 国民收入的均衡和变化

6. B　投资支出的增加导致均衡国民收入的增加。

7. B　投资支出的增加导致一轮一轮消费的增加，从而引起国民收入的增加。

8. A　如果消费支出是在自发投资导致国民收入增加以后引起的，消费支出对国民收入的影响小于自发投资。

9. C　投资支出的增加导致国民收入的增加，国民收入的增加引起储蓄的增加。当投资与储蓄在更高的水平上相等的时候，国民收入形成均衡。

10. C　充分就业的国民收入是 2000 亿美元，总支出等于 1900 亿美元，所以均衡国民收入一定是小于充分就业的均衡。设充分就业的国民收入和实际的均衡国民收入差额为 $X$，根据国民收入均衡条件，$2000 - X = 1700 - \frac{3}{4}X + 200$，解方程得 $X = 400$，所以实际的均衡国民收入是 1600 亿美元。

11. B　边际消费倾向为 3/4 意味着投资乘数等于 4，因而增加 100 亿美元投资将使国民收入在充分就业条件下形成均衡。

12. C　支出和各种注入量与漏出量的变化都会导致均衡国民收入的变化。

13. C　尚不知道注入和漏出增加的具体数量。

14. A　漏出量的减少导致均衡国民收入的变化。

15. A　$K_I = 1/(1 - MPC) = 1/MPS$，$MPS$ 越小，$K_I$ 越大。

16. B　$\Delta Y = \Delta I \cdot \dfrac{1}{MPS} = 100 \times 0.2 = 500$。

17. C　根据题意 $\dfrac{1}{1 - MPC} = \dfrac{1000}{100}$，$MPC = 90\%$。

18. A　通货膨胀缺口是指实际总支出与充分就业的总支出之间的差额。

19. B　实际的和充分就业的国民收入相差 200 亿美元。在投资乘数等于 4 的条件下，50 亿美元的投资便可弥补这个缺口。余下的 50 亿美元投资形成通货膨胀缺口。

20. A　国民收入增加了 600 亿美元，其中投资品是 150 亿美元，消费品是 450 亿美元。

21. C　增加 250 亿美元的支出便可使国民收入在充分就业的条件下形成均衡。

22. B　$K_C = K_I$。

23. B　$G \cdot 1/(1 - 90\%) = 500$，$G = 50$。

24. A　$100 \times 80\% \times 1/(1 - 80\%) = 400$。

25. B　$100 \times 50\% \times 1/(1 - 50\%) = 100$。

26. A  $TB = 1/(1 - MPC) - MPC/(1 - MPC) = 1$。

27. C  当投资增加 $\Delta I$ 的时候，国民收入增加相当于 $\Delta I$ 的数量，因而消费增加 $\Delta I \cdot MPC$，投资支出增加 $\Delta I \cdot MPI$，即支出增加 $\Delta I(MPC + MPI)$。以下按此类推。最后可推算出投资乘数 $1/[1 - (MPC + MPI)]$。

28. C  $100 \times 1/[1 - (60\% + 20\%)] = 500$。

（四）简答题回答提要

1. 在以横轴表示国民收入、纵轴表示总支出的坐标系里，45°线上各点都表示总支出等于国民收入。在均衡国民收入分析中，它与总支出曲线结合发挥了总供给曲线的作用。当总支出曲线与45°线相交时，$AE = Y$，决定了均衡的国民收入水平。

2. 在二部门经济里，根据收入－支出法得到的国民收入均衡条件是 $AE = Y$，根据储蓄－投资法得到的国民收入均衡条件是 $S = I$。由于 $AE = C + I$，$Y = C + S$，当 $AE = Y$ 时，$I = S$。使用两种方法得到的均衡的国民收入是一样的。

3. 在四部门经济里，根据收入－支出法得到的国民收入均衡条件是 $AE = Y$，根据漏出－注入法得到的国民收入均衡条件是 $I + G + X = S + T + M$。由于 $AE = C + I + G + X - M$，$Y = C + S + T$，当 $AE = Y$ 时，$J = W$。使用这两种方法得到的均衡的国民收入是一样的。

4. 注入量（$J$）包括投资支出（$I$）、政府支出（$G$）和出口（$X$）；漏出量（$W$）包括储蓄（$S$）、政府税收（$T$）和进口（$M$）。假定注入曲线和漏出曲线相交形成均衡的国民收入以后，如果 $I$、$G$ 或 $X$ 变化，将引起注入曲线移动，从而导致均衡国民收入的变化；同样，如果 $S$、$T$ 或 $M$ 变化，将引起漏出曲线移动，从而导致均衡国民收入的变化。

5. 在存在闲置社会资源的条件下，支出的增加会引起国民收入的增加，并进而带来新的支出和国民收入的增加，最终导致国民收入数倍的增加。因此，各种支出对国民收入具有乘数作用。

6. 节俭意味着减少消费支出（$C$）和增加储蓄（$S$），即导致注入量的减少或漏出量的增加，这在短期会导致均衡国民收入的减少。因此，在经济萧条的情况下节俭对社会是有害的，在通货膨胀的情况下节俭对社会是有利的。

（五）论述题论述要点

1. 在使用收入－支出法的情况下，先提出总支出曲线，再根据总支出曲线和45°线的相互关系说明均衡的国民收入是怎样形成的。在使用漏出－注入法的情况下，先分别提出漏出曲线和注入曲线，再根据漏出曲线和注入曲线的相互关系说明均衡的国民收入是怎样形成的。

2. 以已形成均衡的国民收入为起点，令消费支出、投资支出、政府支出、出口、储蓄、政府税收或进口发生变化，分析由此带来的总支出曲线、注入曲线或漏出曲线的移动，并求出新的均衡的国民收入。比较原均衡国民收入和现均衡国民收入，说明均衡国民收入的变化。

3. 首先说明乘数的定义，然后说明各种支出为什么具有乘数作用，最后推导出各种支出的乘数计算公式。

（六）思考题思考提示

1. 在国民收入核算分析中，所谓投资和储蓄是已经发生的投资和储蓄，而且按照国民收入核算规则，投资是支出，储蓄是收入，它们是相对应的两个项目，因此，投资和储蓄是恒等的。但在国民收入均衡的分析中，所谓投资和储蓄是希望的投资和储蓄，它们是由不同的人因不同的原因而进行的，希望的储蓄不会自动全部转化为希望的投资，所以两者不一定相等。

2. 现代国民收入理论是短期的分析，它认为在其他条件不变的前提下，特别是在投资不变的前提下，储蓄的增加将导致国民收入水平的下降。显然，如果在短期里储蓄没有转化为投资，或在萧条的情况下储蓄不能转化为投资，这种影响是存在的。而较高的储蓄率可以导致较高的增长率，是就长期和正常情况而言的。在储蓄可以转化为投资的情况下，较多的储蓄意味着有较多的资本积累，这对促进经济增长是有利的。

3. 国民收入变化的分析是以存在闲置的社会资源为前提。正因为存在着闲置的社会资源，当投资支出增加时，会使这部分社会资源得到利用，从而导致国民收入一轮一轮增加。但是，如果某个国家已实现了充分就业，投资支出的增加则难以导致国民收入的增加，乘数效应不再存在。

# 第 17 章 宏观财政政策

## 一、内容提要

本章所分析的宏观财政政策是以现代国民收入理论为基础的经济政策。本章首先分析政府的支出和税收体系,说明政府支出和税收对国民收入的影响,然后阐述宏观财政政策的内容及其对经济的影响。

本章内容的要点如下:

1. 宏观财政政策是利用政府支出和政府税收来消除通货紧缩缺口和通货膨胀缺口以稳定经济的政策。它包括财政支出政策和财政收入政策。财政支出政策的内容是调整公共工程的支出、调整对退伍军人的津贴、调整社会福利支出等,财政收入政策的内容包括调整税率、调整投资豁免税额、调整设备的折旧年限等。

2. 当政府支出增加而税收不变时,总支出将增加,从而带来国民收入的增加;反之,则带来国民收入的减少。当政府税收增加而支出不变时,总支出将减少,从而带来国民收入的减少;反之,则带来国民收入的增加。因此,在经济萧条时期,政府应该增加支出或减少税收,即实行扩张性财政政策;在通货膨胀时期,政府应该减少支出或增加税收,即实行收缩性财政政策。

3. 宏观财政政策在实施过程中会受到两个因素的制约:一是挤出效应,二是时延。宏观财政政策的时延包括认识时延、决策时延和实施时延。

## 二、学习要求

1. 要求掌握下述概念:预算赤字,预算盈余,预算平衡,赤字财政,间接税,直接税,累进税,比例税,累退税,平均税率,边际税率,拉弗曲线,内在稳定器,斟酌使用的财政政策,财政支出政策,财政收入政策,挤出效应,政策时延。

2. 要求理解下述关系:税额和税率的关系;内在稳定器对经济的影响;财政支出政策对经济的影响;财政收入政策对经济的影响;挤出效应对财政支

出政策的影响；时延对宏观财政政策的影响；财政支出政策的效力和财政收入政策的效力的关系。

3. 要求能够概括下述原理：宏观财政政策的内容及其对经济的影响。

## 三、应该注意的问题

1. 通货紧缩缺口和通货膨胀缺口不是国民收入的缺口而是总支出的缺口，它不是表现为横轴上充分就业国民收入与实际国民收入的差额，而是表现为要达到充分就业的国民收入所应有的总支出曲线与实际的总支出曲线的实际距离。另外，在现代国民收入理论中，假定价格水平不变。如果价格水平可变，通货紧缩还意味着价格水平的下降。

2. 宏观财政政策所调整的是总支出即总需求，因而它所能缓和的是由于总需求不足而带来的经济萧条或者由于总需求过度而带来的通货膨胀。

3. 虽然内在稳定器放在宏观财政政策的内容一节中讲述，但是它是指财政制度中具有能够自动调节政府支出和税收的项目，它不属于政府的宏观财政政策。

## 四、练习与思考

（一）填空（在括号里填上适当的词）

1. 政府制定宏观财政政策的目的是消除经济的（　　）缺口和（　　）缺口。

2. 宏观财政政策包括（　　）政策和（　　）政策。

3. 财政支出政策是指（　　）。

4. （　　）是指通过改变税率来影响经济的政策。

5. 内在稳定器主要有（　　）、（　　）和（　　）。

6. 按照累进税制度，税收随着收入的增加而（　　），因而对国民收入的扩张起着（　　）作用。同时，它还随着收入的减少而（　　），因而对国民收入的收缩起着（　　）作用。

7. 按照社会保险制度，福利支出在萧条时期趋于（　　），从而对国民收入起着（　　）作用；它在繁荣时期则趋于（　　），从而对国民收入起着（　　）作用。

8. 政府的税收可以划分为三类：一类直接向个人征收，称为（　　）；一类从商品的交易中征收，称为（　　）；第三类介于两者之间，如（　　）等。

9. 如果政府只增加支出而没有相应地增加税收，或者只减少税收而没有相应地减少支出，政府的预算将出现（　　）。

10. 政府债务的刺激效应是指（　　）。

（二）判断（判断下列说法是否正确，并分别在括号里写上 T 或 F）

1. 只要政府支出挤出的私人支出小于 100%，政府支出的增加就能刺激国民收入的增长。（　　）

2. 内在稳定器是政府斟酌使用的财政政策之一。（　　）

3. 不论政府支出挤出多少私人支出，财政支出政策的效力都要大于财政收入政策。（　　）

4. 政府增加支出与增加税收对国民收入的影响是相反的，所以政府增加同样的支出和税收对国民收入没有影响。（　　）

5. 内在稳定器有助于缓和经济的波动。（　　）

6. 内在稳定器能够消除经济萧条和通货膨胀。（　　）

7. 不管各国政府是否制定财政政策，它们实际上都在实行某种财政政策。（　　）

8. 在达到充分就业以前，扩张性的财政政策对经济有百利而无一害。（　　）

9. 政府用于修筑公路的支出是一种福利支出。（　　）

10. 累退税制对经济也能起到内在稳定器的作用。（　　）

（三）选择（根据题意选择一个最合适的答案，并在括号里填上相应的字母）

1. 要消除通货紧缩缺口，政府应该（　　）

　A. 增加公共工程支出。　B. 减少福利支出。　C. 增加税收。

2. 要消除通货膨胀缺口，政府应该（　　）

　A. 增加公共工程支出。　B. 增加福利支出。　C. 增加税收。

3. 政府的财政收入政策通过哪一个因素对国民收入产生影响？（　　）

　A. 政府支出。　B. 消费。　C. 出口。

4. 挤出效应越接近 100%，财政支出政策（　　）

　A. 越有效。　B. 越无效。　C. 效力不变。

5. 假定挤出效应为零，边际消费倾向等于 80%，政府增加 100 万美元的支出使国民收入增加（　　）

　A. 500 万美元。　B. 80 万美元。　C. 400 万美元。

6. 假定边际消费倾向等于 80%，政府减少 100 万美元税收将使国民收入增加（　　）

　A. 500 万美元。　B. 80 万美元。　C. 400 万美元。

7. 假定挤出效应为零，边际消费倾向等于80%，政府同时增加100万美元的支出和税收将使国民收入（    ）

A. 保持不变。    B. 增加100万美元。    C. 减少100万美元。

8. 比较题5和题6的正确答案可以发现，在已知的前提下，财政支出政策的效力（    ）

A. 小于财政收入政策。    B. 大于财政收入政策。    C. 等于财政收入政策。

9. 比较题5、6、7的正确答案可以发现，在已知的前提下，财政支出政策、财政收入政策和平衡预算政策相比，（    ）

A. 平衡预算政策的效力最小。    B. 财政收入政策的效力最小。    C. 财政支出政策的效力最小。

10. 假如挤出效应不是零而是20%，题9的结论应该改为（    ）

A. 财政支出政策的效力小于财政收入政策。    B. 财政支出政策的效力大于财政收入政策。    C. 财政支出政策的效力等于财政收入政策，平衡预算政策没有效力。

11. 为了刺激经济，政府决定增拨10亿美元来修筑机场。在国民收入形成新的均衡的时候，（    ）

A. 政府支出与消费支出都增加了10亿美元。    B. 政府支出的增加大于10亿美元，消费支出增加10亿美元。    C. 政府支出增加10亿美元，消费支出的增加大于10亿美元。

12. 政府把个人所得税率从20%降到15%，这是（    ）

A. 内在稳定器的作用。    B. 一项财政收入政策。    C. 一项财政支出政策。

13. 政府决定把个人收入的免税标准从每年6000美元提高到7000美元，从而使税收减少了100亿美元。这项政策的结果是（    ）

A. 政府支出不变，消费支出的增加大于100亿美元。    B. 政府支出减少100亿美元，消费支出增加了100亿美元。    C. 政府支出增加100亿美元，消费支出增加小于100亿美元。

14. 公司的哪一种做法起到内在稳定器的作用？（    ）

A. 使支付给股东的红利与公司利润保持一定的比例。    B. 把支付给股东的红利保持在某一水平。    C. 把全部公司利润作为红利支付给股东。

15. 消费者的哪一种行为有助于经济的稳定？（    ）

A. 消费支出的变化远远慢于可支配收入的变化。    B. 消费支出的变化与可支配收入的变化保持一定的比例。    C. 消费支出的变化远远快于可支配收入的变化。

16. 假定政府没有实行财政政策，国民收入水平的提高可能导致（    ）

   A. 政府支出的增加。   B. 政府税收的增加。   C. 政府税收的减少。

17. 假如政府有意识地在繁荣时期实行收缩性的财政政策，在萧条时期实行扩张性的财政政策，用繁荣时期的财政盈余弥补萧条时期的财政赤字，这种政策叫作（    ）

   A. 增长性的财政政策。   B. 平衡预算的财政政策。   C. 补偿性的财政政策。

18. 扩张性的财政政策对经济有下述影响：（    ）

   A. 缓和了经济萧条但增加了政府债务。   B. 缓和了通货膨胀但增加了政府债务。   C. 加剧了经济萧条但减少了政府债务。

19. 已知某个国家的预算是平衡的，国民收入还未达到充分就业的水平。在政府支出和税率不变的条件下，如果私人投资增加，那么在国民收入形成新的均衡的时候，（    ）

   A. 政府财政收支平衡。   B. 出现财政赤字。   C. 出现财政盈余。

20. 如果政府的债务主要是外部债务，即政府债券掌握在外国人手里，那么政府承受的货币负担是（    ）

   A. 通过征税偿还债务。   B. 货币供给量减少。   C. 名义国民生产总值下降。

21. 如果政府的债务主要是外部债务，那么政府承受的实物负担是（    ）

   A. 因偿还债务而使本国货币流往国外。   B. 因偿还债务而使本国商品流往国外。   C. 实际国民生产总值下降。

22. 假如政府债务主要是内部债务，即本国人持有政府债券，那么政府偿还债务（    ）

   A. 不会影响任何人的利益。   B. 将导致生产的下降。   C. 将带来收入分配的变化。

23. 政府债务的哪一种效应会对生产直接产生影响？（    ）

   A. 转移效应。   B. 刺激效应。   C. 支出效应。

24. 公司利润税是（    ）

   A. 对股东红利征收的税。   B. 对公司总收入征收的税。   C. 对公司利润征收的税。

25. 哪一种收入不论按哪国法律都不必缴税？（    ）

   A. 股东得到的红利。   B. 持有债券得到的利息。   C. 因居住自己所有的房子而实际得到的无形收入。

（四）简答（简要回答下列问题）
1. 内在稳定器为什么能够在一定程度上缓和经济的波动？
2. 影响财政政策发挥作用的因素是什么？
3. 财政支出政策与财政收入政策相比哪一种政策更有效？
4. 赤字预算政策与平衡预算政策相比哪一种政策更有效？

（五）论述（分析和阐述下列问题）
宏观财政政策的理论基础是什么？它的主要内容是什么？它怎样对经济产生影响？

（六）思考（讨论和研究下列问题）
1. 假定不存在挤出效应，边际消费倾向等于80%，其他条件不变。如果某个国家存在100亿美元的通货紧缩缺口，该国政府应该增加多少财政支出，或者应该减少多少财政收入？

2. 按照美国联邦税法的规定，对慈善事业的捐款可以免税，对房产抵押贷款支付的利息可以免税，尚未实现的资本收益（如股票价格已经上升但该股票还没有卖出）可以免税，但已经实现的资本收益需要交税，销售啤酒需要交税，这些规定对个人的行为有什么影响？

## 五、练习题解答

（一）填空题答案
1. 通货紧缩　通货膨胀　2. 财政支出　财政收入　3. 政府通过改变支出来影响国民收入水平　4. 财政收入政策　5. 累进的税收制度　社会福利支出制度　厂商和居民的储蓄　6. 增加　抑制　减少　阻碍　7. 增加　扩张　减少　收缩　8. 直接税　间接税　公司收入税　9. 赤字　10. 当政府用增税的方法来偿还债务时，人们为了逃避高税率而减少工作时间

（二）判断题答案
1. F　只要政府支出的增加大于私人支出的减少，总支出将增加，从而对国民收入有刺激作用。
2. F　内在稳定器不是政府斟酌使用的财政政策，而是财政制度本身具有的功能。
3. F　如果挤出效应等于或者大于边际储蓄倾向，财政支出政策的效力等于或小于财政收入政策。
4. F　只要挤出效应小于边际储蓄倾向，政府同时增加同量的支出和税收对国民收入将起到扩张的作用。

5. T　内在稳定器在一定程度内与国民收入逆向变动。

6. F　内在稳定器不能消除较大幅度的经济波动。

7. T　每个国家的政府都有支出和税收，它们每一项支出和税收的措施都会对国民收入造成影响。

8. F　政府债务的增加对经济有消极影响。

9. F　政府用于修筑公路的支出是政府支出。

10. F　累退税对经济不能起到稳定的作用。

（三）选择题答案

1. A　政府应该采取扩张性的财政政策。

2. C　政府应该采取收缩性的财政政策。

3. B　税收的变化引起可支配收入的变化，从而导致消费支出的变化。

4. B　挤出效应越大，总支出的净增加就越小。

5. A　$\Delta Y = 100 \times \dfrac{1}{1-80\%} = 500$。

6. C　$\Delta Y = 100 \times 80\% \times \dfrac{1}{1-80\%} = 400$。

7. B　$100 \times \dfrac{1}{1-80\%} - 100 \times 80\% \times \dfrac{1}{1-80\%} = 100$。

8. B　在同样的前提下，财政支出政策导致 500 万美元国民收入的增加，财政收入政策导致 400 万美元国民收入的增加。

9. A　增加平衡预算的政策只导致国民收入增加 100 万美元。

10. C　增加支出和减少税收 100 万美元都使国民收入增加 400 万美元，同时增加支出和税收所带来的总需求的净增加为零。

11. C　政府支出的增加会导致消费支出一轮一轮的增加。

12. B　财政收入政策是指调整税率和税收。

13. A　税收减少导致消费支出的增加。

14. B　公司储蓄将与国民收入同方向变化。

15. A　消费支出慢于可支配收入的变化有助于稳定国民收入水平。

16. B　在一定的税率下，国民收入水平越高，税收越多。

17. C　根据补偿性的财政政策的定义而成立。

18. A　不论是增加政府支出，还是减少政府税收，都会带来政府债务的增加。

19. C　税收随着国民收入的增加而增加。

20. A　政府只能通过征税偿还外部债务。

21. B　外国人得到该国货币最终用于购买该国商品。

22. C　一部分人缴纳的赋税将变成另一部分人的利息收入。

第 17 章 宏观财政政策

23. B 人们缩短工作时间会造成国民收入水平的下降。
24. C 根据公司利润税的定义而成立。
25. C 人们不需要对没有实际得到的房租收入缴纳赋税。

（四）简答题回答提要

1. 内在稳定器使注入量与国民收入逆方向变化，漏出量与国民收入同方向变化，因而对经济的波动在一定程度上起着缓和的作用。

2. 影响财政政策发挥作用的因素是时延，其中影响财政支出政策发挥作用的因素除了时延以外，还有挤出效应。

3. 在挤出效应为零的条件下，政府支出变化所导致的国民收入变化是 $\Delta G \times [1/(1-MPS)]$，政府收入变化所导致的国民收入变化是 $\Delta T \times [MPC \times 1/(1-MPC)]$。由于 $MPC<1$，财政支出政策的效力大于财政收入政策。在挤出效应等于边际储蓄倾向的条件下，政府支出变化所导致的国民收入变化是 $\Delta G \times (1-MPS) \times [1/(1-MPC)]$，政府收入所导致的国民收入变化是 $\Delta T \times MPC \times [1/(1-MPC)]$。由于 $1-MPS=MPC$，财政支出政策和财政收入政策具有同样的效力。在挤出效应大于边际储蓄倾向的条件下，根据上述原因，由于 $\Delta G \times (1-$挤出效应$) < \Delta T \times MPC$，财政支出政策的效力小于财政收入政策的效力。

4. 在存在经济萧条的情况下，赤字预算政策所导致的国民收入变化是 $\Delta G \times [1/(1-MPC)]$ 或者 $\Delta T \times MPC \times [1/(1-MPC)]$，而平衡预算政策所导致的国民收入变化在挤出效应为零的条件下等于政府支出和税收增加的数量，而 $MPC<1$，因此赤字预算政策的效力大于平衡预算政策的效力。

（五）论述题论述要点

首先，说明宏观财政政策的理论基础是现代国民收入理论，并简单阐述现代国民收入理论的内容。然后，解释宏观财政政策包括财政支出政策和财政收入政策，并说明其具体内容。最后，分析政府支出和政府税收的变化对国民收入的影响。

（六）思考题思考提示

1. 由于通货紧缩缺口指的是总支出缺口而不是国民收入的缺口，如果政府采用财政支出政策，应该增加 100 亿美元的政府支出；如果政府采用财政收入政策，应该减少 125 亿美元的税收（$=100 \div 80\%$）。

2. 对捐给慈善事业的收入从应税收入中扣除有利于人们对慈善事业的捐助。对房产抵押贷款支付的利息免税将鼓励人们以抵押贷款方式购买房产。已实现的资本收益必须交税而尚未实现的资本收益不必交税会造成人们在本年度收入较高的情况下不去实现资本收益，而把这部分收益转移到下一个年度以避税。对啤酒的销售征税将提高啤酒的价格，从而导致啤酒消费量一定程度的减少。

# 第18章 货币的需求和供给

## 一、内容提要

本章和下一章的内容构成宏观经济学的重要理论之一——现代货币理论。其中,下一章将直接阐述货币理论。本章主要是为下一章的分析做好准备。本章首先分析货币的性质、货币的需求和货币的供给,然后分析存款货币这种最重要的货币的创造过程。

本章内容的要点如下:

1. 货币是人们普遍接受的交换媒介,它主要执行计算单位、交换媒介、延期付款手段、价值储藏等职能。货币制度曾经经历过复本位制和金本位制,但当代的货币已不能兑换任何贵金属。

2. 货币需求量包括交易余额、预防余额和投机余额。货币需求量是国民收入和利息率的函数,它与国民收入同方向变化,与利息率反方向变化。

3. 货币供给量包括硬币、纸币、存款货币、定期存款、储蓄存款。最狭义的货币供给量包括通货和存款货币。

4. 商业银行具有创造存款货币的功能。假定商业银行不保留超额储备以及没有现金从银行体系流失出去,存款货币扩大的倍数是法定准备金比率的倒数。

## 二、学习要求

1. 要求掌握下述概念:货币,货币的职能,货币本位制,货币需求,交易余额,预防余额,投机余额,流动偏好,货币供给,存款货币,准货币,货币替代物,法定准备金比率,超额准备金,存款货币创造的倍数。

2. 要求理解下述关系:国民收入和利息率对货币需求量的影响;法定储备率对存款货币创造倍数的影响。

3. 要求能够概括下述原理:货币需求函数;存款货币的创造过程。

### 三、应该注意的问题

1. 货币供给量的定义在不同的国家有所不同，在同一个国家里也会发生变化。但从总体来看，货币供给量的定义在各个国家里差别不大。

2. 各个国家的银行制度有所不同。在美国，长期以来只允许商业银行接受活期存款并提供相应的支票服务，所以在美国的经济学教科书里分析存款货币的创造过程往往与商业银行相联系。但是在 20 世纪 80 年代中后期，美国的非商业银行金融机构也允许接受活期存款并提供支票服务。因此，即使在美国，能够影响存款货币数量的已不仅是商业银行，但仍然主要是商业银行。

3. 本章在分析存款货币的创造时，假定没有现金从银行体系中流失出去。这个前提是指在人们取得银行贷款以后，他们将习惯于存在银行，以便需要时动用。因此，贷款的增加将是存款的增加。如果人们取得贷款以后用于购买商品，而出售商品的厂商没有把钱存入银行，或者人们取得贷款以后把部分贷款转换为现金存放在保险柜里，都造成了现金从银行体系的流失，都影响到存款货币扩大的倍数。

### 四、练习与思考

（一）填空（在括号里填上适当的词）

1. 货币是（　　）。
2. 货币有下述职能：（　　）、（　　）、（　　）和（　　）。
3. 流动偏好是指（　　），它也称为货币的需求。
4. 货币的需求取决于（　　）动机、（　　）动机和（　　）动机，在这些动机下形成的货币需求称为（　　）、（　　）和（　　）。
5. 交易余额和预防余额主要取决于（　　），投资余额主要取决于（　　）。
6. 货币本位是指（　　）。
7. （　　）是指经济中的货币存量。
8. 流通中的货币即通货包括（　　）和（　　）。
9. 存款货币是指（　　）。
10. M1 包括（　　）。
11. （　　）是指 M1 加上储蓄存款和 100000 美元以下的定期存款等。
12. M3 包括（　　）。
13. 商业银行的主要资产有（　　）、（　　）、（　　）和（　　）。

14. 商业银行的主要债务有（　　）、（　　）、（　　）和（　　）。

15. 商业银行为了满足日常提款要求而保留的现金称为（　　）。

16. 中央银行对商业银行准备金规定的比率叫作（　　）。

17. 存款货币扩张的最大倍数是（　　）。

18. 货币近似物是指（　　）。

19. 货币替代物是指（　　）。

20. 现行的货币本位是（　　）。

（二）判断（判断下列说法是否正确，分别在括号里写上 T 或 F）

1. 国民收入水平越高，商品交易量就越大，交易余额和预防余额也就越大。（　　）

2. 所谓投机余额是商人为了低价买进高价卖出商品而保留的货币额。（　　）

3. 人们所以持有投机余额，是因为持有债券的年收益是经常变化的。（　　）

4. 当人们预期利息率要下降的时候，他们将出售债券。（　　）

5. 当人们预期债券价格要下降的时候，他们将购买债券。（　　）

6. 利息率越高，持有货币所付出的代价就越大。（　　）

7. 在西方国家里，汽车公司购买了 30 万美元的钢板，它一般向对方支付现金。（　　）

8. 在西方国家里，某居民购买了一辆价值 10000 美元的小汽车，他一般用支票来付款。（　　）

9. 在各个国家里，存款货币、纸币和硬币这三种货币相比较，存款货币的数量最大，纸币次之，硬币的数量最小。（　　）

10. 商业银行的经营目标不是最大利润。（　　）

11. 商业银行是唯一的金融机构。（　　）

12. 在 20 世纪 80 年代以后，商业银行仍然是唯一能够创造存款货币的金融机构。（　　）

13. 商业银行的主要收入来源是贷款利息，所以存款是商业银行生存的血液。（　　）

14. 在经济繁荣时期，商业银行的实际准备金常常少于法定准备金。（　　）

15. 在经济萧条时期，商业银行的实际准备金往往多于法定准备金。（　　）

16. 如果某人把 5000 美元作为活期存款存入商业银行，需求存款增加 5000 美元，通货减少 5000 美元，因而货币供给量保持不变。（　　）

17. 假如其他条件不变，厂商或居民提取存款来偿还商业银行的贷款，会导致货币供给量的收缩。（   ）

18. 假定其他条件不变，商业银行出售债券会引起货币供给量的减少。（   ）

19. 商业银行发放更多的信用卡将会降低通货在货币供给量中的比例。（   ）

20. 在西方国家里，货币的发行是以黄金数量作为保证的。（   ）

（三）选择（根据题意选择一个最合适的答案，并在括号里填上相应的字母）

1. 货币包括（   ）

   A. 政府债券。   B. 商业银行的活期存款。   C. 政府金库中的金锭。

2. 硬币、纸币和需求存款之和称为（   ）

   A. M3。   B. M2。   C. M1。

3. 债务人开出的支票的面额（   ）

   A. 应算入货币供给量，因为它是根据活期存款开出的。   B. 应算入货币供给量，因为它是人们普遍接受的。   C. 不应算入货币供给量，把活期存款和支票面额都算入货币供给量会造成重复计算。

4. 存款能否成为狭义货币供给量的一部分取决于（   ）

   A. 它是否存入非银行的金融机构。   B. 它的所有者是否能通过开支票动用它。   C. 金融机构的储备率是否达到了100%。

5. 按照现行的货币本位，黄金和货币之间的关系是（   ）

   A. 货币发行量的多少以黄金为根据。   B. 人们可以用货币向政府兑换黄金。   C. 人们能够用货币在市场上购买黄金。

6. 货币和货币近似物的区别是（   ）

   A. 货币可以直接用作交换媒介，货币近似物不行。   B. 货币流通速度快于货币近似物。   C. 货币能够用作价值储藏，货币近似物不能。

7. 货币和货币替代物的区别是（   ）

   A. 货币可以直接用作交换媒介，货币替代物不行。   B. 货币流通速度快于货币替代物。   C. 货币能够用作价值储藏，货币替代物不能。

8. 某居民预料债券价格将要下跌而把货币保留在手中，这种行为是出于（   ）

   A. 交易动机。   B. 预防动机。   C. 投机动机。

9. 商业银行和其他可办理存款贷款业务的金融机构不存在下述区别：（   ）

   A. 商业银行能够创造存款货币，其他金融机构不能。   B. 商业银行的经营目标是最大利润,其他金融机构不追求最大利润。 C. 答案 A 和 B。

10. 超额准备金是指商业银行的( )

A. 现金储备超过了存款数量。 B. 资产总额超过了债务总额。 C. 实际现金储备超过了法定准备金。

11. 在经济形势严重恶化的时候,部分储备的银行体系是不稳定的。这是因为( )

A. 银行不能马上收回贷款以使实际准备金比率达到法定的比率。 B. 银行不能立刻把它的资产转换为现金以应付纷纷而至的提款人。 C. 商业银行不能及时地从中央银行抽回储备来支付债务。

12. 如果某债权人把得到的面额为 15000 美元的银行 A 的支票存入银行 B,银行 A 通常( )

A. 把同额现金支付给银行 B。 B. 通过中央银行把同额存款转入银行 B。 C. 把同额债券支付给银行 B。

13. 商业银行所以能创造存款货币,条件之一是( )

A. 商业银行的准备金比率低于 100%。 B. 商业银行有权发行纸币。 C. 商业银行是非营利性机构。

14. 商业银行在下面哪一种情况下能够增加贷款?( )

A. 取得了新的存款。 B. 保留有超额准备金。 C. 答案 A 或 B。

15. 下面哪一种情况有可能导致货币供给量的增加?( )

A. 居民到商业银行提取活期存款。 B. 商业银行售出了政府债券。 C. 厂商偿还商业银行的贷款。

16. 下面哪一种情况会导致货币供给量的减少?( )

A. 居民增加在商业银行的活期存款。 B. 商业银行售出了政府债券。 C. 商业银行抽回贷放给厂商的贷款。

17. 假定商业银行不保留超额准备金,流通中的货币数量不变,那么存款货币扩张的倍数等于( )

A. 法定准备金比率。 B. 法定准备金比率的倒数。 C. 法定准备金比率与实际准备金比率之差。

18. 已知法定准备金比率是 20%,某居民在某家商业银行存入 10000 美元的活期存款,这家银行最多能够增加贷款( )

A. 8000 美元。 B. 2000 美元。 C. 10000 美元。

19. 已知法定准备金比率是 25%,10000 美元的活期存款最多能够使货币供给量增加( )

A. 50000 美元。 B. 40000 美元。 C. 75000 美元。

20. 按照题 19 的已知条件,如果商业银行保留 5% 的超额准备金,10000

美元的活期存款最多能够使货币供给量增加（　　）

　　A．100000/3 美元。　　B．50000 美元。　　C．30000 美元。

21．按照题 19 的已知条件，如果通货的数量趋于增加，10000 美元的活期存款能够使货币供给量增加（　　）

　　A．大于 40000 美元。　　B．40000 美元。　　C．小于 40000 美元。

22．从题 19、20、21 的正确答案可以看到，法定准备金比率的倒数，是货币供给量增加的（　　）

　　A．最小倍数。　　B．倍数。　　C．最大倍数。

23．影响存款货币扩张的倍数的因素之一是（　　）

　　A．商业银行把储备存入中央银行。　　B．有部分银行贷款变为通货。

C．厂商从某家商业银行取得贷款以后把它存入另一家商业银行。

24．现行的货币本位是（　　）

　　A．金本制。　　B．兑换贵金属的本位。　　C．不兑换贵金属的本位。

25．在现行的货币本位条件下，货币供给量的变化最终取决于（　　）

　　A．黄金数量的变化。　　B．中央银行。　　C．商业银行。

（四）简答（简要回答下列问题）

1．货币需求取决于什么因素？

2．存款货币为什么是一种货币？

3．货币供给包括什么内容？

（五）论述题（分析和阐述下列问题）

存款货币是怎样创造的？

（六）思考（讨论和研究下列问题）

1．有个银行家说："我的银行在账面上借方和贷方始终是平衡的，我所做的仅仅是把存款者的存款转换为向借款者的贷款，我不可能创造出新的货币。"这个银行家的话对吗？为什么？

2．假定公众总是 5% 以现金的形式、95% 以活期存款的形式持有货币，法定准备金比率是 10%，并且各银行都不保留超额准备金，那么存款货币创造的倍数是多少？

3．假定某个经济社会中有 20 万张 1 元的纸币，如果公众把所有的货币作为现金持有，货币数量有多少？如果公众把所有的货币以活期存款的形式持有，银行的存款准备金比率是 100%，货币数量有多少？如果公众持有等额的现金和活期存款，银行的存款准备金比率是 100%，货币数量是多少？如果公众把所有的货币以活期存款形式持有，银行的存款准备金比率是 10%，货币数量是多少？如果公众持有等额的现金和活期存款，银行的存款准备金比率是 10%，货币数量又是多少？

4. 假定其他条件不变，信用卡的大量使用对利息率会产生什么影响？

5. 假定其他条件不变，自动取款机（ATM）的普及对利息率会产生什么影响？

## 五、练习题解答

（一）填空题答案

1. 人们普遍接受的交换媒介　　2. 交换媒介　计算单位　价值储藏　延期支付的手段　3. 把货币保留在手中的偏好　4. 交易　预防　投机　交易余额　预防余额　投机余额　5. 国民收入　利息率　6. 作为货币单位的基础的商品　7. 货币供给量　8. 纸币　硬币（辅币）　9. 商业银行的活期存款　10. 通货、活期存款、可转让提款单（NOW）、自动转移服务（ATS）等　11. M2　12. M2 和 10 万美元以上的定期存款等　13. 发放的贷款　购买的有价证券　现金　存在中央银行的储备　14. 活期存款　定期存款　发行的债券　从别的银行取得的贷款　15. 准备金　16. 法定准备金比率　17. 法定准备金比率的倒数　18. 能够执行价值储藏职能，易于转换为交换媒介，但本身还不是交换媒介的资产，如债券　19. 能够暂时执行交换媒介职能，但不能执行价值储藏职能的东西，如信用卡　20. 不兑换的纸币本位

（二）判断题答案

1. T　交易余额与预防余额和国民收入同方向变化。

2. F　投机余额是投机者为了买卖债券而保留的货币。

3. F　人们所以持有投机余额是因为债券的价格不断变化。

4. F　利息率下降意味着债券价格要上升，人们倾向于购买债券以便日后高价卖出。

5. F　人们将出售债券以希望在债券价格下降后再买进债券。

6. T　持有货币会损失利息收入。

7. F　公司之间一般不使用现金而是使用支票。

8. T　居民的大额交易一般使用支票。

9. T　这是各个国家的实际情况。

10. F　商业银行与工业企业一样，经营目标是获得最大利润。

11. F　除了商业银行以外，还有储蓄会社、邮政储蓄、保险公司等非银行的金融机构。

12. F　非商业银行也可以办理使用支票的活期存款业务。

13. T　存款与贷款的利息差额是商业银行的主要收入来源。

14. F　商业银行的实际准备金不能少于法定准备金。

15. T　商业银行一方面担心存款人纷纷前来提取存款，另一方面也存在较大的贷款风险。

16. F　存款将带来一轮一轮贷款和存款的增加，从而导致货币供给量数倍的增加。

17. T　提取存款会带来一轮一轮贷款和存款的减少，从而导致货币供给量数倍的减少。

18. F　商业银行出售债券使商业银行的现金储备增加。

19. T　信用卡取代了通货。

20. F　现行货币本位是不兑换本位，货币的发行取决于中央银行。

（三）选择题答案

1. B　债券和金锭都不是货币。
2. C　根据 M1 的定义而成立。
3. C　在计算货币供给量时已经把活期存款包括在内。
4. B　存款能够用支票使用才成为存款货币。
5. C　现行的货币没有黄金作为保证。
6. A　根据货币和货币近似物的定义而成立。
7. C　根据货币和货币替代物的定义而成立。
8. C　他试图通过买卖债券来取得收入。
9. C　商业银行与其他办理存款贷款业务的金融机构业务范围有所侧重，但已没有明显的区别。
10. C　根据超额准备金的定义而成立。
11. B　银行准备金只占存款总额很小的一部分，它无法应付人们都来提取存款的局面。
12. B　商业银行通过中央银行进行结算。
13. A　商业银行准备金比率低于 100%，才使它取得存款后可以发放贷款。
14. C　商业银行在取得新存款或保留有超额准备金的情况下都可以增加贷款。
15. B　商业银行的储备增加。
16. C　存款货币将会减少。
17. B　根据存款货币创造的分析而成立。
18. A　该银行留下 2000 美元作为储备，贷放 8000 美元给厂商或居民。
19. B　$10000 \div 25\% = 40000$。
20. A　$10000 \div 30\% = 100000/3$。

21．C　银行体系流失现金将降低货币供给量扩张的倍数。
22．C　法定准备金比率的倒数，是货币供给量增加的倍数的上限。
23．B　部分现金从银行体系流失将影响存款货币变化的倍数。
24．C　在现行的货币制度下，货币已不能兑换贵金属。
25．B　中央银行可以通过各种措施影响货币供给量。

（四）简答题回答提要

1. 货币需求量包括交易余额、预防余额和投机余额，它取决于国民收入和利息率，是国民收入和利息率的函数。货币需求量与国民收入同方向变化，与利息率反方向变化。

2. 存款货币是指存放在银行里的活期存款。由于活期存款可以随时开支票使用，它与流通中的货币没有实质性区别，它本身也是一种货币。

3. 货币供给量从狭义到广义分别包括 M1、M2 和 M3，每一个定义都包括具体的内容。

（五）论述题论述要点

在商业银行不保留超额准备金和没有现金从银行体系流失的前提下，活期存款的增加导致贷款的增加，而贷款的增加又导致存款的增加。利用无穷级数计算公式可以得到存款货币创造的倍数等于法定准备金比率的倒数。如果商业银行保留超额准备金或者有部分现金从银行体系流失，存款货币创造的倍数将会下降。

（六）思考题思考提示

从一家银行来说，确实没有创造出新的存款货币。但是从全体银行来说，则确实创造出新的存款货币。整个银行体系能够做到一家银行所做不到的事情。从整个银行体系来看，一家银行的贷款会成为另一家银行的存款，如此继续下去，一定数量的存款会创造出数倍的存款货币。

2. 
$$\Delta M = \Delta m + \Delta m(1-10\%)(1-5\%) + \Delta m[(1-10\%)(1-5\%)]^2 + \cdots$$
$$= \Delta m\{1 + (1-10\%)(1-5\%) + [(1-10\%)(1-5\%)]^2 + \cdots\}$$
$$= \Delta m \cdot \frac{1}{1-(1-10\%)(1-5\%)}$$
$$\approx \Delta m \times 6.9。$$

答：存款货币创造的倍数大约为 6.9。

从上述分析可以得到下述结论：如果法定准备金比率为 $R$，银行不保留超额准备金，银行每次贷款所渗漏的现金比例为 $r$，数量为 $\Delta m$ 的存款的增量导致存款货币的增量为：

$$\Delta M = \Delta m \cdot \frac{1}{1-(1-R)(1-r)}。$$

3. 在这五种情况下，该经济社会的货币数量分别是 20 万元、20 万元、20 万元、200 万元（= 20 万 × 1/10%）、110 万元（= 10 万 × 1/10% + 10 万）。

4. 假定其他条件不变，信用卡的大量使用使货币需求减少，即货币需求曲线向左方移动，利息率将会出现下降。

5. 假定其他条件不变，自动取款机的普及使人们可以随时提取活期存款账户中的货币，对货币的需求将减少，货币需求曲线向左方移动，利息率将会出现下降。

# 第19章 货币对经济的影响

## 一、内容提要

本章和前一章的内容构成宏观经济学的重要理论之一——现代货币理论。本章在前一章对有关概念和原理的分析基础上，阐述了传统的货币数量论、凯恩斯学派的现代货币理论、货币学派的现代货币数量论三种有代表性的理论。

本章内容的要点如下：

1. 传统的货币数量论是把货币数量与价格水平联系起来以解释价格水平变化的理论。按照传统的货币数量论，货币数量（$M$）与货币流通速度（$V$）的乘积等于最终产品的数量（$Q$）与最终产品平均价格（$P$）的乘积。由于$V$和$Q$保持稳定，$P=\dfrac{V}{Q}M$，价格水平与货币数量成正比变化，货币是中性的。

2. 凯恩斯学派的现代货币理论认为，利息率是由货币需求和货币供给决定的，在货币需求不变的条件下，货币供给（$M$）的增加导致利息率（$i$）的下降，利息率的下降刺激投资（$I$）的增加，投资的增加导致国民收入（$Y$）的上升，并在接近充分就业水平时带来价格水平（$P$）的上升。货币数量不仅对价格水平产生影响，而且对实物产量也产生影响，货币不是中性的。

3. 货币学派的现代货币数量论认为，在货币供给量（$M$）增加以后，最初导致货币流通速度（$V$）下降；接着同时对产量（$Y$）和价格水平（$P$）产生影响，但主要是对产量产生影响；最后仍同时对产量和价格水平产生影响，但主要是对价格水平产生影响。货币数量不仅对价格水平产生影响，而且对实物产量也产生影响，货币同样不是中性的。

## 二、学习要求

1. 要求掌握下述概念：货币中性，流动偏好函数，投资边际效率函数，货币学派的货币需求函数。

2. 要求理解下述关系：传统货币数量论等式左右两边的关系；在传统货

币数量论中货币数量与价格水平的关系；在凯恩斯学派现代货币理论中货币数量与产量和价格水平的关系；在货币学派的现代货币数量论中货币数量与产量和价格水平的关系。

3. 要求能够概括下述原理：传统的货币数量论；凯恩斯学派的现代货币理论；货币学派的现代货币数量论。

### 三、应该注意的问题

1. 凯恩斯学派的货币需求函数与货币学派的货币需求函数是不同的。凯恩斯学派的货币需求函数在前一章已作了分析，它的形式是 $M_d = f(Y, i)$。货币学派的货币需求函数在本章作了分析，它的形式是 $\frac{M_d}{P} = f(Y, w; r_m, r_b, r_e, \frac{1}{p} \cdot \frac{dp}{dt}; u)$。两者的区别是：第一，凯恩斯学派分析的因变量是名义货币需求量 $M_d$，货币学派分析的是实际货币需求量 $\frac{M_d}{P}$。第二，凯恩斯学派货币需求函数的 $Y$ 是现期的国民收入，货币学派货币需求函数的 $Y$ 是恒久性收入。第三，凯恩斯学派货币需求函数的 $i$ 与货币学派货币需求函数的 $r_m$ 相似，但货币学派认为货币需求量还取决于其他因素。

2. 传统货币数量论认为货币只对价格水平产生影响，因此货币是中性的。另外，传统货币数量论认为价格水平与货币数量成比例变化。凯恩斯学派的现代货币理论和货币学派的现代货币数量论都认为货币不是中性的，价格水平与货币数量不成比例变化。

### 四、练习与思考

（一）填空（在括号里填上适当的词）

1. 利息率是由（　　）和（　　）决定的。
2. 流动偏好曲线表示（　　）和（　　）之间的关系，它是一条向（　　）倾斜的曲线。
3. 货币供给量是由中央银行决定的，它不受利息率的影响，因而货币供给曲线是一条（　　）线。
4. 流动偏好曲线和货币供给曲线的交点，决定了均衡的（　　）水平。
5. 在流动偏好不变的条件下，货币供给的增加在图像上表现为货币供给曲线（　　）移动，均衡利息率趋于（　　）。

6. 投资边际效率曲线表示（　　）和（　　）之间的关系，它是一条向（　　）倾斜的曲线。

7. 货币需求的利率弹性表示（　　）。

8. （　　）反映投资支出对利息率变化反应的敏感程度。

9. 流动性陷阱表示（　　）。

10. 按照交易方程式和剑桥方程式，（　　）与（　　）成正比例变化。

11. 根据凯恩斯学派的货币理论，货币数量的增加将导致（　　）的下降，从而刺激（　　）的增加，带来（　　）的增长。

12. 根据货币学派的货币理论，货币数量的增加同时导致（　　）和（　　）的增长，即导致名义或货币国民收入的增长。

13. 凯恩斯学派认为，在达到（　　）以后，货币数量才对价格水平产生影响。货币学派认为，在达到（　　）以前，货币数量的增加已经引起价格水平的上升。

14. 凯恩斯学派认为，货币需求主要取决于（　　）和（　　）。货币学派认为，货币需求除了受这两个因素影响外，还取决于预期的货币名义报酬率、预期的股票名义报酬率、预期的价格变化率等一系列因素。

15. 在凯恩斯学派看来，货币需求（　　）利率弹性，货币流通速度是（　　）的。在货币学派看来，货币需求（　　）利率弹性，货币流通速度是（　　）的。

（二）判断（判断下列说法是否正确，分别在括号里写上 T 或 F）

1. 按照费雪和庇古的看法，货币数量对经济的影响主要表现在价格水平上。（　　）

2. 按照凯恩斯学派和货币学派的看法，货币数量对实物产量和价格水平都有影响。（　　）

3. 利息率越高，贷方愿意发放的贷款越多，因而投资支出越大。（　　）

4. 假定其他条件不变，利息率越低，借方愿意借入的资金越多，因而投资支出越大。（　　）

5. 利息率的高低影响到投资的成本。（　　）

6. 货币供给量的大量增加将使利息率水平趋于零。（　　）

7. 货币需求的利率弹性越小，货币供给对利息率的影响就越小。（　　）

8. 投资的利率弹性越大，利息率的变化对投资的影响就越大。（　　）

9. 商业银行控制着货币的供给。（　　）

10. 货币需求的利率弹性越小，投资的利率弹性越大，一定的货币供给的变化对国民收入的影响就越大。（　　）

11. 传统的货币数量论者认为货币是中性的。（　　）

12. 凯恩斯学派认为货币是中性的。（　）
13. 货币学派认为货币是中性的。（　）
14. 货币学派否认货币数量会通过利息率对投资支出产生影响。（　）
15. 货币学派否认货币流通速度是可变的。（　）

（三）选择（根据题意选择一个最合适的答案，并在括号里填上相应的字母）

1. 已知以货币表示的国民收入（$PQ$）是8000亿美元，货币供给量（$M$）是1000亿美元，货币的流通速度（$V$）等于（　）
   A. 1/8。　B. 8。　C. 4。

2. 费雪认为交易方程式 $MV=PQ$ 中有两个因素是稳定或接近稳定的，这两个因素是（　）
   A. 产量（$Q$）和货币流通速度（$V$）。　B. 价格水平（$P$）和货币流通速度（$V$）。　C. 产量（$Q$）和价格水平（$P$）。

3. 如果用常数 $K$ 代替交易方程式中 $Q$ 和 $V$ 这两个稳定的因素，交易方程式可写成（　）
   A. $Q=KM$。　B. $V=KM$。　C. $P=KM$。

4. $P=KM$ 意味着价格水平（　）
   A. 不受货币数量的影响。　B. 受货币数量的影响，但两者的变化不成比例。　C. 与货币数量成比例变化。

5. $P=KM$ 还表明，货币数量（　）
   A. 对商品交易量有影响。　B. 对商品交易量没有影响。　C. 受商品交易量的影响。

6. 现代经济学家认为，交易方程式的缺陷在于它认为（　）
   A. 价格水平受货币数量的影响。　B. 货币流通速度是接近稳定的。　C. 价格水平和货币数量的变化成比例。

7. 庇古认为，在以货币表示的总产量（$Y$）、货币数量（$M$）和货币流通速度（$V$）中，有一个因素是保持稳定的，这个因素是（　）
   A. $V$。　B. $Y$。　C. $M$。

8. 剑桥方程式 $MV=Y$ 意味着（　）
   A. 以货币表示的总产量与货币数量密切相关。　B. 货币流通速度与货币数量密切相关。　C. 以货币表示的总产量与货币流通速度密切相关。

9. 投资边际效率曲线解释的是（　）
   A. 贷者的行为。　B. 借者的行为。　C. 借贷双方的行为。

10. 投资边际效率曲线表明，（　）
    A. 利息率越高，货币需求越小，因而投资支出越小。　B. 利息率越低，投资成本就越低，投资支出就越大。　C. 投资支出的增加将会降低利息率。

11. 假如投资边际效率曲线是一条垂直线，这意味着（　　）

A. 利息率的下降不能引起投资支出的增加。　B. 利息率稍有下降就会导致投资支出大幅度增加。　C. 利息率越高，投资支出越大。

12. 有人说，投资支出是通过借贷筹措的，而贷款数量随利息率的提高而增加，因此利息率越高，投资支出应越大。如何理解这个问题？（　　）

A. 这正是投资边际效率曲线表达的意思。　B. 投资支出不是通过借贷筹措的。　C. 投资边际效率曲线反映的是借者的行为而不是贷者的行为。

13. 债券价格趋于下降意味着利息率在（　　）

A. 上升。　B. 下降。　C. 原水平上。

14. 人们在哪一种情况下倾向于把货币保留在手中？（　　）

A. 债券价格趋于下降。　B. 债券价格趋于上升。　C. 债券价格保持不变。

15. 流动偏好曲线表明（　　）

A. 利息率越低，债券价格越高，人们预期债券价格下跌而购买更多的债券。　B. 利息率越低，债券价格越高，人们预期债券价格下降而保留更多的货币在手中。　C. 债券价格越高，人们为购买债券所需要的货币就越多。

16. 假如流动偏好曲线接近于水平，这意味着（　　）

A. 货币需求对利息率的反应很敏感。　B. 货币需求对利息率的反应不敏感。　C. 货币需求不受利息率影响。

17. 在下面哪一种情况下，货币供给对国民收入的影响最大？（　　）

A. 货币需求和投资都富有利率弹性。　B. 货币需求缺乏利率弹性，投资富有利率弹性。　C. 货币需求富有利率弹性，投资缺乏利率弹性。

18. 传统货币数量论与凯恩斯学派和货币学派的货币理论的区别之一是（　　）

A. 前者认为货币是中性的，后者认为货币不是中性的。　B. 前者认为货币不是中性的，后者认为货币是中性的。　C. 两者都认为货币不是中性的。

19. 传统货币数量论者、凯恩斯学派和货币学派在下述问题上的看法均不同：（　　）

A. 货币需求取决于什么因素。　B. 货币流通速度是不是稳定的。　C. 答案 A 和 B。

20. 传统货币数量论者、凯恩斯学派和货币学派在下述问题上的看法均相同：（　　）

A. 货币数量的增加会导致实物产量的增加。　B. 货币数量的增加会导致价格水平的上升。 C. 货币数量的增加会导致货币流通速度下降。

（四）简答（简要回答下列问题）

1. 按照传统的货币数量论，货币数量的变化怎样对经济产生影响？
2. 按照凯恩斯学派的货币理论，货币数量的变化怎样对经济产生影响？
3. 按照货币学派的货币理论，货币数量的变化怎样对经济产生影响？

（五）论述（分析和阐述下列问题）

1. 传统的货币数量论与凯恩斯学派和货币学派的货币理论有什么联系和区别？
2. 凯恩斯学派和货币学派的货币理论有什么联系和区别？

（六）思考（讨论和研究下列问题）

根据凯恩斯学派的现代货币理论和货币学派的现代货币数量论，货币供给量对产量将产生影响，货币不是中性的。就这点而言，两者的看法有没有什么区别？

## 五、练习题解答

（一）填空题答案

1. 货币需求　货币供给　　2. 货币需求量　利息率　右下方　　3. 垂直　　4. 利息率　　5. 向右　下降　　6. 投资支出　利息率　右下方　　7. 货币需求量对利息率变化反应的敏感程度　　8. 投资的利率弹性　　9. 货币数量的增加已不能降低利息率　　10. 价格水平　货币数量　　11. 利息率　投资支出　国民收入　　12. 实际国民收入　价格水平　　13. 充分就业　充分就业　　14. 国民收入　利息率　　15. 富有　不稳定　缺乏　相对稳定

（二）判断题答案

1. T　在传统货币数量论者看来，货币是中性的。
2. T　在凯恩斯学派和货币学派看来，货币不是中性的。
3. F　投资是借者而不是贷者进行的。
4. T　利息率越低，投资的成本就越低，因而投资支出越大。
5. T　不论投资使用的是否是自有资金，利息都是投资的成本。
6. F　流动性陷阱的存在使利息率不可能趋于零。
7. F　货币供给对利息率的影响将越大。
8. T　根据投资的利率弹性的定义而成立。
9. F　商业银行能够影响货币供给量，但商业银行的活动又受着中央银行影响，控制着货币供给的是中央银行。

10. T  在这种情况下,LP 曲线较陡,MEI 曲线较平坦,货币供给对国民收入的影响较大。

11. T  所谓中性是指货币对实物产量没有影响。

12. F  凯恩斯学派认为货币不是中性的。

13. F  货币学派认为货币不是中性的。

14. F  货币学派认为货币数量不是仅仅通过利息率,甚至主要不是通过利息率对总支出产生影响。

15. F  货币学派认为,货币流通速度虽然可变,但也是相对稳定的。

(三) 选择题答案

1. B  $8000/1000=8$。

2. A  根据传统货币数量论而成立。

3. C  $MV=PQ$,$P=\dfrac{V}{Q}M=KM$。

4. C  变化比例 $\dfrac{P}{M}=K$。

5. B  货币数量论认为,货币是中性的。

6. C  现代经济学家认为,价格水平与货币数量不会按比例变化。

7. A  庇古认为,货币流通速度是稳定的。

8. A  名义国民收入与货币数量按比例变化。

9. B  借者是投资者。

10. B  投资边际效率曲线向右下方倾斜。

11. A  投资对利息率的变化没有反应。

12. C  这种说法误认为投资是贷者的行为。

13. A  债券价格与利息率反方向变化。

14. A  人们不但不会购买债券,而且还将出售债券。

15. B  流动偏好曲线表示货币需求量与利息率反方向变化的关系。

16. A  水平的流动偏好曲线表示利息率稍有变化就带来货币需求量很大的变化。

17. B  在货币需求缺乏利率弹性的条件下,一定的货币供给的变化会带来较大的利息率的变化。在投资富有利率弹性的情况下,一定的利息率变化会带来较大的投资的变化。

18. A  货币是否中性是传统货币理论与现代货币理论的区别。

19. A  传统货币数量论者和货币学派都认为货币流通速度是稳定的。

20. B  三个学派都认为货币数量的增加会导致价格水平的上升。

（四）简答题回答提要

1. 按照传统货币数量论的等式 $MV = PQ$ 可得 $P = \dfrac{V}{Q}M$。按照传统货币数量论者的看法，$V$ 和 $Q$ 保持稳定，所以价格水平（$P$）与货币数量（$M$）成比例变化。

2. 按照凯恩斯学派的货币理论，货币数量对经济的影响可以表述为 $M \to i \to I \to Y$ 或 $P$，即货币数量通过利息率和投资对国民收入产生影响，在充分就业的前提下对价格水平产生影响。

3. 按照货币学派的货币理论，货币数量对经济的影响可以表达为 $M \to PY$，即货币数量同时对实际国民收入和价格水平产生影响。

（五）论述题论述要点

1. 传统的货币数量论与凯恩斯学派和货币学派的货币理论都认为货币数量会对价格水平产生影响。不同的地方在于：第一，传统货币理论认为价格水平与货币数量成比例变化，现代货币理论认为价格水平与货币数量不成比例变化；第二，传统货币理论认为货币是中性的，现代货币理论认为货币不是中性的。

2. 凯恩斯学派货币理论与货币学派货币理论都认为货币不是中性的，货币数量的变化将会对实际国民收入和价格水平产生影响。它们不同的地方在于：第一，货币需求函数不同。凯恩斯学派认为货币需求量取决于国民收入和利息率，货币学派认为货币需求量除了取决于国民收入和利息率以外，还取决于其他许多因素。第二，传递机制不同。凯恩斯学派认为货币数量通过利息率和投资的变动对国民收入或价格水平产生影响，货币学派认为货币数量同时对国民收入和价格水平直接产生影响。

（六）思考题思考提示

尽管凯恩斯学派和货币学派都认为货币不是中性的，但两者的看法仍有很大的不同。凯恩斯学派认为，工资和价格是刚性或黏性的，它们不能迅速地变化以调节劳动市场和产品市场的供给或需求，国民收入常常会处于小于充分就业的状态。因此，货币供给量主要对实际国民收入产生影响。货币学派则认为，工资和价格具有相当的弹性，它们可以较快地发生变化以调节劳动市场和产品市场，实际的国民收入接近充分就业的国民收入。因此，货币供给量仅仅是在短期里并在一定程度上影响实际国民收入，它主要对价格水平产生影响。

# 第20章 宏观货币政策

## 一、内容提要

本章所分析的宏观货币政策是以前两章所分析的货币理论为基础提出的经济政策。本章首先分析中央银行及其职能,然后阐述凯恩斯学派的宏观货币政策和货币学派的简单货币规则。

本章内容的要点如下:

1. 中央银行是政府的银行,它执行着商业银行的银行、政府的银行、货币供给的控制者、金融市场的调节者的职能。

2. 凯恩斯学派的宏观货币政策主要包括调整法定准备金比率、调整贴现率、公开市场业务,这些货币政策主要通过调整货币供给量以影响利息率,最终达到影响国民收入和价格水平的目的。在这三项货币政策里,最常用的是公开市场业务。但是,宏观货币政策的作用同样受到时延的限制。宏观货币政策的时延包括内部时延、中间时延和外部时延。

3. 货币学派的简单货币规则是指稳定货币供给量的增长率,并使货币供给量的增长率与国民生产总值的增长率大致保持一致,以便为经济的发展提供一个稳定、合适的货币环境。

## 二、学习要求

1. 要求掌握下述概念:中央银行,调整法定准备金比率,调整贴现率,公开市场业务,辅助性货币措施,货币政策时延,简单货币规则。

2. 要求理解下述关系:中央银行与商业银行的关系;中央银行与政府的关系;调整法定准备金比率对国民收入和价格水平的影响;调整贴现率对国民收入和价格水平的影响;公开市场业务对国民收入和价格水平的影响;货币政策时延对宏观货币政策效力的影响。

3. 要求能够概括下述原理:宏观货币政策的内容及其对经济的影响;简单货币规则的内容及其对经济的影响。

### 三、应该注意的问题

1. 凯恩斯学派的宏观货币政策以现代货币理论为基础，它主张主动地调整货币供给量以调整利息率，最终达到影响国民收入和价格水平的目的。货币学派的简单货币规则以现代货币数量论为基础，它承认货币供给量的变化对经济有着重要影响，但中央银行难以准确有效地运用货币政策，因而应该稳定货币供给量的增长率，为私人经济提供合适的宏观货币环境。

2. 中央银行以贴现的方式向商业银行提供的短期贷款，主要用于解决商业银行短期流动资金不足的问题或补充商业银行的储备。因此，商业银行取得的中央银行的贷款不能用于增加对厂商或居民的贷款。即使这样，商业银行增加来自中央银行的贷款将对商业银行已发放的贷款起到支持的作用。

### 四、练习与思考

（一）填空（在括号里填上适当的词）

1. 中央银行是（　　）。
2. 中央银行执行下述职能：（　　）、（　　）、（　　）和（　　）。
3. 美国的中央银行是（　　），英国的中央银行是（　　）。
4. 美国联邦储备系统的主要资产有（　　）、（　　）和（　　），它的主要债务有（　　）、（　　）、（　　）和（　　）。
5. 商业银行把大部分现金存入中央银行。这笔款项在商业银行的资产负债表里记作（　　），在中央银行资产负债表里记作（　　）。
6. 法定准备金比率是（　　）对（　　）的准备金所规定的比率。
7. 贴现率是（　　）贷款给（　　）所收取的利息率。
8. 公开市场业务是指（　　）。
9. 宏观货币政策是（　　）学派提出的经济政策。
10. 宏观货币政策的主要内容有（　　）、（　　）和（　　）。
11. 如果政府准备实行扩张性的货币政策以对付经济萧条，它应该（　　）法定准备金比率，（　　）贴现率，或者在公开市场上（　　）政府债券。
12. 如果政府决定实行收缩性的货币政策来消除通货膨胀，它应该（　　）法定准备金比率，（　　）贴现率，或者在公开市场上（　　）政府债券。
13. 宏观货币政策通过下述环节对国民收入产生影响：（　　）、（　　）、

（　　）和（　　）。

14. 简单货币规则是（　　）学派的政策主张。

15. 根据简单货币规则，政府应该（　　）货币供给量增长率。

（二）判断（判断下列说法是否正确，分别在括号里写上 T 或 F）

1. 中央银行是追求最大利润的营利性金融机构。（　　）
2. 各国中央银行只对国会负责，而不是对财政部负责。（　　）
3. 中央银行接受成员银行的存款意味着它的债务增加。（　　）
4. 在中央银行降低法定准备金比率时，商业银行所以能增加贷款，是因为它们的实际准备金超过了法定准备金。（　　）
5. 假如中央银行要增加货币供给量，它可以命令成员银行来增加贴现。（　　）
6. 在中央银行降低贴现率的时候，商业银行所以到中央银行借款，是因为它们的准备金不足了。（　　）
7. 降低法定准备金比率和贴现率，都有助于刺激经济的发展。（　　）
8. 中央银行大量出售政府债券会导致政府债券价格的下降。（　　）
9. 中央银行购买政府债券将引起货币供给量的减少。（　　）
10. 中央银行最常用的扩大货币供给量的方法是增发钞票。（　　）
11. 在宏观货币政策中，改变法定准备金比率是最灵活的政策。（　　）
12. 在宏观货币政策中，公开市场业务是威力最大的政策。（　　）
13. 扩张性的货币政策不论在什么条件下都会引起货币供给量的增加。（　　）
14. 商业银行在法律上独立于中央银行，中央银行可以进行道义上的劝告，但从来没有收到过什么效果。（　　）
15. 假定其他条件不变，降低在赊购股票的时候应付的现金比例，对经济具有扩张的作用。（　　）
16. 假定其他条件不变，提高以分期付款的方式购买耐用消费品时应付的现金比例和缩短应偿还的年限，有助于控制信贷的膨胀。（　　）
17. 现行的货币本位已不是金本位，黄金数量的增加对货币供给量没有影响。（　　）
18. 凯恩斯学派认为，要对付经济萧条，宏观财政政策比宏观货币政策更有效。（　　）
19. 货币学派否认宏观货币政策会对经济造成影响。（　　）
20. 货币学派的简单货币规则主张保持货币数量不变。（　　）

(三)选择(根据题意选择一个最合适的答案,并在括号里填上相应的字母)

1. 凯恩斯学派的宏观货币政策和宏观财政政策的区别在于:( )
   A. 前者主要用于对付经济萧条,后者主要用于对付通货膨胀。 B. 前者主要通过改变投资支出发生作用,后者主要通过影响消费支出发生作用。 C. 前者主要通过影响利息率来影响总需求,后者主要通过政府支出和税收的变化来影响总需求。

2. 如果商业银行的准备金低于法定准备金,它们将( )
   A. 发行股票以筹措资金。 B. 增加贷款以增加资产。 C. 出售有价证券或收回部分贷款。

3. 假定商业银行的准备金比率正好与法定准备金比率相等,在中央银行降低法定准备金比率的时候,商业银行所以会增加贷款,是因为它们( )
   A. 听从中央银行的劝告。 B. 追求最大利润。 C. 关心国内经济形势。

4. 要用降低法定准备金比率的方法来增加货币供给量,其前提条件是( )
   A. 商业银行保持原来的准备金比率不变。 B. 商业银行的准备金比率低于原准备金比率。 C. 商业银行按照中央银行的意图去做。

5. 中央银行降低贴现率时,商业银行增加贴现一般是要( )
   A. 购买设备。 B. 偿还存款。 C. 补充短期流动资金或储备。

6. 中央银行降低贴现率会( )
   A. 诱使商业银行前来借款。 B. 阻止商业银行前来借款。 C. 起到通知商业银行扩大贷款的作用。

7. 商业银行向中央银行增加贴现将导致( )
   A. 商业银行准备金的增加,从而有利于货币供给量的扩张。 B. 商业银行贷款的减少和货币供给量的减少。 C. 商业银行准备金的增加和实力的增强。

8. 在下面哪一种情况下,中央银行降低贴现率不能发挥应有的作用?( )
   A. 商业银行向中央银行借款以补充准备金。 B. 商业银行不增加向中央银行借款。 C. 商业银行向中央银行借款以补充流动资金。

9. 公开市场业务是指( )
   A. 商业银行的信贷活动。 B. 中央银行增减对商业银行的贷款。 C. 中央银行在公开的市场上买卖政府债券的活动。

10. 要消除通货紧缩缺口,中央银行应该在公开市场上( )

A. 卖出政府债券。　B. 买进政府债券。　C. 既不买进也不卖出政府债券。

11. 中央银行在公开市场上买进政府债券将导致商业银行的存款（　　）

A. 增加。　B. 减少。　C. 不变。

12. 假如商业银行没有保留超额准备金，中央银行在公开市场上卖出政府债券，将使商业银行的准备金（　　）

A. 变得过剩。　B. 维持在原水平。　C. 变得不足。

13. 如果中央银行向公众大量购买政府债券，它的打算是（　　）

A. 增加商业银行存入中央银行的存款。　B. 减少商业银行的贷款总额。　C. 降低利息率水平。

14. 在下面哪一种情况下，政府买进政府债券不会引起货币供给量的增加？（　　）

A. 公众把中央银行的支票兑换成现金后保留在手中。　B. 公众把中央银行的支票存入商业银行。　C. 公众用中央银行的支票偿还债务。

15. 假如中央银行在公开市场上大量购买政府债券，下面哪一种情况不可能发生？（　　）

A. 利息率下降。　B. 国民收入增加。　C. 储蓄减少。

16. 中央银行在公开市场上大量出售政府债券的目的之一是（　　）

A. 限制政府债券价格的上升。　B. 提高利息率。　C. 减少货币供给量。

17. 美国联邦储备系统常用的货币政策是（　　）

A. 道义上的劝告和公开市场业务。　B. 调整法定准备金比率和公开市场业务。　C. 调整法定准备金比率和贴现率。

18. 降低贴现率的政策作用有限，其原因之一是（　　）

A. 尽管中央银行可以命令商业银行前来借款，但它不能命令商业银行增加贷款。　B. 商业银行前来借款多少由它们自己决定，中央银行无法使贴现数量达到它所希望的水平。　C. 贴现率下降的作用将被商业银行保留超额准备金所抵消。

19. 中央银行收缩货币供给量的政策在哪一种情况下会受到削弱？（　　）

A. 大量黄金输往国外。　B. 商业银行原保留有超额准备金。　C. 商业银行严格执行中央银行的意图。

20. 在下面哪一种情况下，中央银行应该停止实行收缩货币供给量的政策？（　　）

A. 国民收入处于均衡状态。　B. 利息率已下降到较低的水平。　C. 经济出现衰退的迹象。

21. 在下面哪一种情况下，扩大货币供给量的作用受到限制？（  ）

A. 厂商感到风险很大，即使利息率很低也不愿意借款。 B. 公众的兴趣是持有债券而不是持有现金。 C. 商业银行打算严格按法定准备金比率保留准备金。

22. 中央银行的货币政策通过一系列环节对国民收入水平产生影响，但下述环节并不存在：（  ）

A. 刺激投资的增加，从而导致国民收入水平的提高。 B. 增加商业银行的储备，使它们得以扩大贷款。 C. 提高利息率，鼓励商业银行增加贷款。

23. 要消除严重的通货膨胀，政府可以选择（  ）

A. 提高法定准备金比率。 B. 降低贴现率。 C. 买进政府债券。

24. 货币学派不赞成采用宏观货币政策的原因之一是（  ）

A. 宏观货币政策对经济没有什么影响。 B. 宏观货币政策反而会助长经济的不稳定。 C. 宏观货币政策的作用不及宏观财政政策。

25. 货币学派主张政府实行下述货币政策：（  ）

A. 在经济萧条时期应收缩货币供给量，在通货膨胀时期应扩大货币供给量。 B. 逐步降低货币供给量的增长率，以不断增大它与实际国民生产总值增长率的差距。 C. 稳定货币供给量的增长率，使它与实际国民生产总值的增长率大致相等。

（四）简答（简要回答下列问题）

1. 调整法定准备金比率怎样对经济产生影响？
2. 调整贴现率怎样对经济产生影响？
3. 公开市场业务怎样对经济产生影响？

（五）论述（分析和阐述下列问题）

1. 凯恩斯学派的宏观货币政策的理论基础是什么？它的内容是什么？它怎样对经济产生影响？
2. 货币学派的简单货币规则的理论依据是什么？它的内容是什么？它怎样对经济产生影响？

（六）思考（讨论和研究下列问题）

为什么调整贴现率的货币政策既不像公开市场业务那样成为常用的货币政策，也不像调整法定准备金比率那样成为影响重大的货币政策？

## 五、练习题解答

（一）填空题答案

1. 政府的金融机构　2. 政府的银行　商业银行的银行　货币供给的控

制者　金融市场的调节者　3. 联邦储备系统　英格兰银行　4. 黄金证券及其他现金　政府债券　贴现及贷款　联邦储备券　成员银行的存款　财政部的存款　外国及其他的存款　5. 资产　债务　6. 中央银行　商业银行　7. 中央银行　商业银行　8. 中央银行在公开的市场上买卖政府债券的活动　9. 凯恩斯　10. 调整法定准备金比率　调整贴现率　在公开市场上买卖政府债券　11. 降低　降低　买进　12. 提高　提高　卖出　13. 商业银行的信贷　货币供给量　利息率　投资支出　14. 货币　15. 稳定

（二）判断题答案

1. F　中央银行是非营利性金融机构。

2. F　各国中央银行地位有三种类型：对国会负责，对总统负责，从属于财政部。

3. T　成员银行的存款是中央银行的债务。

4. T　商业银行在存在超额准备金的情况下可以增加贷款。

5. F　商业银行在法律上独立于中央银行。

6. F　商业银行可以以较低的成本取得短期流动资金。

7. T　可以导致货币供给量的增加。

8. T　大量出售政府债券相当于增加对资金的需求，从而会提高利息率，导致政府债券价格下降。

9. F　公众把得到的中央银行的支票存入商业银行，商业银行把它拿到中央银行要求兑现，结果商业银行存在中央银行的储备增加，商业银行可以增加贷款，从而导致货币供给量的增加。

10. F　中央银行常用的方法是在公开市场上购买政府债券。

11. F　公开市场业务是最灵活的政策。

12. F　在西方国家，调整法定准备金比率是威力最大的政策。

13. F　在商业银行保留超额准备金和无法增加贷款的情况下，扩张性的货币政策不一定导致货币供给量的增加。

14. F　商业银行在业务上与中央银行有联系，它们对中央银行的劝告会认真考虑。

15. T　降低应付现金比例会起到扩张信贷的作用。

16. T　提高应付现金比例和缩短应偿还年限起到收缩信贷的作用。

17. F　厂商把新开采的黄金卖给政府以后，政府付给他们支票并发行同样数额的黄金证券。中央银行得到黄金证券以后，将增加政府在本行的存款；居民或厂商得到支票以后，把它存入商业银行。这样，商业银行便可以扩大贷款，从而导致货币供给量的增加。

18. T　凯恩斯学派认为财政政策对经济的影响更直接。

19．F　货币学派认为宏观货币政策对经济有着很大的影响，但由于各种时延的存在和货币当局的失误，货币政策往往不是带来经济的稳定而是造成经济的不稳定，因而应当采用简单的货币规则。

20．F　货币学派的简单货币规则主张稳定货币数量的增长率。

（三）选择题答案

1．C　货币政策主要通过影响利息率和投资来影响经济，财政政策主要通过影响总支出来影响经济。

2．C　商业银行的一般做法是增加到中央银行的贴现、出售有价证券或收回部分贷款。

3．B　贷款利息是商业银行的主要收入来源，它们在储备过多时必然增加贷款。

4．B　如果商业银行保持原储备率不变，降低法定准备金比率不能导致货币供给量的增加。

5．C　当商业银行增加贴现以补充短期流动资金或储备时，将支持其贷款规模。

6．A　中央银行降低贴现率导致商业银行借款成本下降。

7．A　商业银行增加贴现有助于支持其贷款规模。

8．B　如果商业银行不增加向中央银行借款，中央银行降低贴现率的政策失去效力。

9．C　公开市场业务是指中央银行在公开的证券市场上买卖政府债券。

10．B　中央银行买进政府债券，即投放货币，将导致货币供给量的增加。

11．A　居民卖出政府债券，将把中央银行的支票存入商业银行。

12．C　中央银行向公众出售政府债券以后，得到了商业银行的支票。中央银行将按支票面额减少商业银行在本行的存款，从而造成商业银行的准备金不足。

13．C　通过增加商业银行的贷款总额扩大货币供给量，以达到降低利息率刺激投资的动机。

14．A　这种做法没有引起一系列存款和贷款的增加。

15．C　居民或厂商的储蓄在货币供给量增加的过程中也增加了。

16．C　中央银行出售政府债券是为了减少货币供给量。

17．A　调整法定准备金比率对经济冲击太大，调整贴现率较为被动。

18．B　调整贴现率的政策较为被动。

19．B　当中央银行收缩货币供给量时，商业银行不必收缩贷款。

20．C　收缩货币供给量会加剧经济的衰退。

21．A 通过扩大货币供给量来压低利息率没有带来增加总支出的作用。

22．C 提高利息率将导致投资者的借款减少。

23．A 提高法定准备金比率将导致货币供给量的减少。

24．B 货币学派认为中央银行难以准确地实行货币政策，因而容易造成经济不稳定。

25．C 稳定货币供给量的增长率是货币学派主张的简单货币规则。

（四）简答题回答提要

1．如果中央银行降低法定准备金比率，商业银行将出现超额储备。在利润动机的推动下，商业银行将增加贷款，从而导致货币供给量的增加。货币供给量的增加压低了利息率，刺激投资的增加，从而带来国民收入的增加或价格水平的上升。提高法定准备金比率将产生相反的影响。

2．如果中央银行降低贴现率，商业银行将增加向中央银行借款以增加储备或补充流动资金，从而有利于信贷的扩大和货币供给量的增加。货币供给量的增加压低了利息率，刺激投资的增加，从而带来国民收入的增加或价格水平的上升。提高贴现率将产生相反的影响。

3．如果中央银行在公开市场上购买政府债券，将收回不能流通的债券，投放可以流通的货币，从而导致货币供给量的增加。货币供给量的增加压低了利息率，刺激投资的增加，从而带来国民收入的增加和价格水平的上升。出售政府债券将产生相反的影响。

（五）论述题论述要点

1．首先，说明凯恩斯学派宏观货币政策的理论基础是凯恩斯学派的现代货币理论，并简单解释现代货币理论。其次，阐述宏观货币政策的三项手段，即调整法定准备金比率、调整贴现率和公开市场业务。最后，分析这三项手段对经济的影响，即通过什么环节对国民收入和价格水平产生影响。

2．首先，说明根据货币学派的现代货币数量论，货币供给量将对经济产生重要影响，但由于存在时延、难以判断利息率短期或长期变化、难以掌握实行货币政策的程度，货币政策往往不能达到预期效果。其次，阐述简单货币规则的内容。最后，说明简单货币规则可以带来一个合适的宏观货币环境，有助于充分发挥市场经济的自我调节作用。

（六）思考题思考提示

调整贴现率的货币政策既不是常用的货币政策，也不是影响重大的货币政策，这除了它实行起来较为被动以外，还与贴现业务的性质有关。中央银行以再贴现的形式向商业银行发放贷款是有限制的，它主要发放下述三种贷款：第一，调剂性贷款。商业银行在存款和贷款发生短期波动时向中央银行申请调剂性贷款以补充准备金，这部分贷款常常是隔夜的。第二，季节性贷款。商业银行由于存款和贷款的季节性变化需要向中央银行借入季节性资金进行调剂。第三，其他贷款。商业银行由于某些特殊的情况发生资金周转不灵，也可以向中央银行贷款。商业银行不能利用中央银行的贷款去投机、拆放、补充资本金等。中央银行所以作出这些限制，是不让商业银行依赖于中央银行以促使它们努力拓展业务，同时不让中央银行贷款成为商业银行利润的来源以促使它们自己去获取利润。正因为这样，调整贴现率的货币政策影响有限。

# 第 21 章　国民收入和利息率的均衡

## 一、内容提要

前面曾分别介绍了凯恩斯学派现代国民收入理论和现代货币理论。现代国民收入理论在分析国民收入均衡的时候，并没有涉及利息率的问题；现代货币理论在分析利息率均衡的时候，并没有涉及国民收入的问题。因此，它们都是局部均衡分析。本章的 IS–LM 分析，则要把国民收入和利息率联系起来，讨论国民收入和利息率怎样同时达到均衡。

本章内容的要点如下：

1. 在二部门经济中，保持投资等于储蓄（$I = S$）的国民收入和利息率的点的组合形成 IS 曲线，保持货币需求量等于货币供给量 $L = M$ 的国民收入和利息率的点的组合形成 LM 曲线。当 IS 曲线和 LM 曲线相交的时候，形成了均衡的国民收入和利息率。

2. 在三部门经济中，保持投资加上政府支出之和等于储蓄加上政府税收之和（$I + G = S + T$）的国民收入和利息率的点的组合形成 IS′ 曲线，它与 LM 曲线相交形成了均衡的国民收入和利息率。

3. 在四部门经济中，保持投资、政府支出与出口之和等于储蓄、政府税收与进口之和（$I + G + X = S + T + M$）的国民收入和利息率的点的组合形成 IS″ 曲线，它与 LM 曲线相交形成了均衡的国民收入和利息率。另外，保持净资本外流量等于净出口即保持国际收支平衡的国民收入和利息率的点的组合形成 BP 曲线。当 IS″、LM 和 BP 曲线相交于一点时，该点所表示的国民收入和利息率是均衡的国民收入和利息率，而且国际收支也保持平衡。

4. 严格地说，由于存在流动性陷阱，LM 曲线的左后方部分接近于水平线。另外，当利息率达到较高水平时，如果人们预期到利息率不可能再提高，在投机动机下对货币的需求等于零，LM 曲线的右上部分接近于垂直线。

5. 当政府增加支出或减少税收时，IS′ 或 IS″ 曲线将向右方移动，在其他条件不变的前提下导致国民收入的增加和利息率的上升；反之，则导致国民收入的减少和利息率的下降。另外，当中央银行增加货币供给量时，LM 曲线将向右方移动,在其他条件不变的前提下将导致国民收入的增加和利息率的下降;反之,则导致国民收入的减少和利息率的上升。

## 二、学习要求

1. 要求掌握下述概念:$IS-LM$ 分析,$IS$ 曲线,$IS'$ 曲线,$IS''$ 曲线,$LM$ 曲线,流动性陷阱,$BP$ 曲线,内部和外部均衡。
2. 要求理解下述关系:$IS$ 曲线是怎样形成的;$IS'$ 曲线是怎样形成的;$IS''$ 曲线是怎样形成的;$LM$ 曲线是怎样形成的;$BP$ 曲线是怎样形成的;宏观财政政策对均衡的国民收入和利息率的影响;宏观货币政策对均衡的国民收入和利息率的影响。
3. 要求能够概括下述原理:在二部门经济中国民收入和利息率的均衡;在三部门经济中国民收入和利息率的均衡;在四部门经济中国民收入、利息率和国际收支的均衡。

## 三、应该注意的问题

在二部门经济、三部门经济和四部门经济中,国民收入的均衡条件是不同的,所以出现了 $IS$ 曲线、$IS'$ 曲线和 $IS''$ 曲线。但是利息率的均衡条件都是一样的,所以只有一条 $LM$ 曲线。

在四部门经济中,即使达到了内外的均衡,这种均衡也不是充分就业条件下的内外均衡;只有在充分就业的国民收入水平上达到了内外均衡,这种均衡才是充分就业条件下的内外均衡。

## 四、练习与思考

(一) 填空(在括号里填上适当的词)

1. $IS-LM$ 分析主要研究在商品生产和货币市场上的(   )和(   )怎样同时形成均衡。
2. $IS$ 曲线表示在投资和储蓄保持相等的前提下(   )和(   )之间的关系,它在图像上是向(   )倾斜的曲线。
3. 在 $LS$ 曲线的各点上,(   )等于(   )。
4. $LM$ 曲线表示在灵活偏好和货币供给量相等的条件下,(   )和(   )之间的关系,它在图像上是向(   )倾斜的曲线。
5. 在 $LM$ 曲线的各点上,(   )等于(   )。

6. IS 曲线左下方的各点，表示投资（　　）储蓄；IS 曲线右上方的各点，表示投资（　　）储蓄。

7. LM 曲线左上方的各点，表示货币需求量（　　）货币供给量；LM 曲线右下方的各点，表示货币需求量（　　）货币供给量。

8. 投资的增加导致 IS 曲线向（　　）移动。

9. 货币供给量的增加导致 LM 曲线向（　　）移动。

10. 在 IS 曲线和 LM 曲线（　　）的时候，（　　）等于（　　），（　　）等于（　　），二部门经济商品市场和货币市场同时形成均衡。

11. IS' 曲线表示在（　　）与（　　）相等的前提下国民收入和利息率之间的关系，它在图像上是向（　　）倾斜的曲线。

12. 政府支出的增加导致 IS' 曲线向（　　）移动。政府税收的增加导致 IS' 曲线向（　　）移动。

13. IS'' 曲线表示在（　　）与（　　）相等的前提下国民收入和利息率之间的关系，它在图像上是向（　　）倾斜的曲线。

14. BP 曲线表示在（　　）的前提下（　　）和（　　）的关系，它在图像上是向（　　）倾斜的曲线。

15. 在 IS''、LM 和 BP 曲线相交的时候，四部门经济的（　　）和（　　）经济同时形成均衡。

（二）判断（判断下列说法是否正确，分别在括号里写上 T 或 F）

1. IS 曲线表示投资与储蓄怎样随着国民收入的变化而变化。（　　）

2. LM 曲线反映货币需求量与供给量怎样随着利息率的变化而变化。（　　）

3. 在 IS 曲线的右上方和 LM 曲线的右下方的各点，表示投资大于储蓄，货币需求量大于货币供给量。（　　）

4. 投资的减少使 IS 曲线向左方移动。（　　）

5. 货币供给的收缩会使 LM 曲线向左方移动。（　　）

6. 根据 IS－LM 分析，假如投资和货币供给同时增加了，利息率将趋于上升。（　　）

7. IS 曲线上的任何一点，都表示商品市场的均衡。（　　）

8. LM 曲线上的任何一点，都表示货币市场的均衡。（　　）

9. 在 IS 曲线和 LM 曲线的交点上，投资支出、储蓄、货币需求量、货币供给量这四个变量相互间都相等。（　　）

10. 在 IS 曲线和 LM 曲线相交的时候所形成的均衡国民收入，一定是充分就业的国民收入。（　　）

11. 假定挤出效应为零，边际消费倾向小于 1，政府增加同样数量的支出

和税收将导致 $IS'$ 曲线向右方移动。（　　）

12. 当货币供给量大量增加时，$LM$ 曲线向右方移动，均衡利息率将趋向于零。（　　）

13. 在 $LM$ 曲线呈水平状态的区域，宏观财政政策对国民收入有着强有力的影响，宏观货币政策对国民收入则只有较小的影响。（　　）

14. 在 $IS''$ 曲线上的任何一点，都表示 $I + G = X + T$。（　　）

15. 在 $IS''$ 曲线、$LM$ 曲线和 $BP$ 曲线相交的时候，表示对外实现国际收支平衡，对内实现充分就业状态下的国民收入和利息率的均衡。（　　）

（三）选择（根据题意选择一个最合适的答案，并在括号里填上相应的字母）

1. 假定其他条件不变，投资（$I$）与利息率（$i$）的关系是（　　）

A. $I$ 与 $i$ 反方向变化。　B. $I$ 与 $i$ 正方向变化。　C. $I$ 不受 $i$ 的影响。

2. 假定其他条件不变，储蓄（$S$）与国民收入（$Y$）的关系是（　　）

A. $S$ 与 $Y$ 反方向变化。　B. $S$ 与 $Y$ 同方向变化。　C. $S$ 不受 $Y$ 的影响。

3. 在利息率（$i$）的下降导致投资（$I$）增加的时候，假定其他条件不变，国民收入（$Y$）和储蓄（$S$）将发生下述变化：（　　）

A. $Y$ 增加，$S$ 下降，$I$ 与 $S$ 的差距增大。　B. $Y$ 与 $S$ 都增加，$I$ 与 $S$ 趋于相等。　C. $Y$ 减少，$S$ 增加，$I$ 与 $S$ 趋于相等。

4. 从题1、2、3的正确答案可以看到，投资（$I$）是利息率（$i$）的函数，投资（$I$）的变化将引起国民收入（$Y$）的变化，储蓄（$S$）是国民收入（$Y$）的函数。因此，当 $i$ 下降时，（　　）

A. $I$、$Y$、$S$ 都趋于增加。　B. $I$ 增加，$Y$ 和 $S$ 减少。　C. $I$ 减少，$Y$ 和 $S$ 增加。

5. 题4的正确答案表明，在投资（$I$）和储蓄（$S$）相等的条件下，利息率（$i$）和国民收入（$Y$）的变化方向（　　）

A. 相反。　B. 相同。　C. 没有关系。

6. 交易余额和预防余额（$L_1$）受国民收入（$Y$）影响，当 $Y$ 增加的时候，（　　）

A. $L_1$ 将减少。　B. $L_1$ 将不变。　C. $L_1$ 将增加。

7. 投机余额（$L_2$）受利息率（$i$）影响，当 $i$ 提高的时候，（　　）

A. $L_2$ 将增加。　B. $L_2$ 将不变。　C. $L_2$ 将减少。

8. 假定货币供给量不变，$L_1$ 的增加会导致 $L_2$（　　）

A. 减少。　B. 增加。　C. 不变。

9. 从题6、7、8的正确答案可以发现，$L_1$ 是 $Y$ 的函数，$L_1$ 的变化会引起 $L_2$ 的变化，$L_2$ 是 $i$ 的函数。这样，假定货币供给量不变，$Y$ 的增加将导

致（　）

A. $L_1$ 增加，$L_2$ 减少，$i$ 上升。　B. $L_1$ 增加，$L_2$ 增加，$i$ 下降。　C. $L_1$ 减少，$L_2$ 增加，$i$ 上升。

10. 题 9 的正确答案表明，在货币供给量等于货币需求量的条件下，$Y$ 与 $i$ 的变化方向（　）

A. 相反。　B. 没有关系。　C. 相同。

11. 在 IS 曲线和 LM 曲线相交的时候，（　）

A. $I=S=L=M$。　B. $I=S$，$L=M$。　C. $I=L$，$S=M$。

12. 假定其他条件不变，投资的增加将导致（　）

A. 利息率上升和国民收入减少。　B. 利息率下降和国民收入增加。
C. 利息率上升和国民收入增加。

13. 假定其他条件不变，货币供给的增加将导致（　）

A. 利息率下降和国民收入增加。　B. 利息率上升和国民收入增加。
C. 利息率上升和国民收入下降。

14. 在 IS 曲线右上方和 LM 曲线左上方的任意一点，都表示 $I<S$，$L<M$。因此，在这个区域中的点将移向（　）

A. IS 曲线。　B. LM 曲线。　C. IS 曲线和 LM 曲线的交点。

15. 假定 IS 曲线和 LM 曲线的交点所表示的均衡国民收入还低于充分就业的国民收入。根据 IS－LM 分析，如果不让利息率上升，政府应该（　）

A. 增加投资。　B. 在增加投资的同时增加货币供给量。　C. 减少货币供给量。

（四）简答（简要回答下列问题）

1. 什么叫作 IS－LM 分析？

2. 为什么 LM 曲线从左到右开始时接近水平，接着向右上方倾斜，最后接近垂直？

3. IS″曲线在什么因素的影响下发生移动？

4. LM 曲线在什么因素的影响下发生移动？

（五）论述（分析和阐述下列问题）

1. IS 曲线和 LM 曲线是怎样形成的？国民收入和利息率为什么在 IS 曲线和 LM 曲线相交时形成均衡？

2. 根据 IS－LM 分析，宏观财政政策和宏观货币政策怎样对经济产生影响？

3. 如何在充分就业的状态下实现内部和外部经济的均衡？

（六）思考（讨论和研究下列问题）

宏观经济学研究领域存在多个学派，它们对同一个经济问题有不同的分析和看法。IS – LM 分析属于哪一个学派的分析方法？

## 五、练习题解答

（一）填空题答案

1．国民收入　利息率　　2．利息率　国民收入　右下方　　3．投资　储蓄　　4．利息率　国民收入　右上方　　5．货币需求量　货币供给量　　6．大于　小于　　7．小于　大于　　8．右方　　9．右方　　10．相交　投资支出　储蓄　货币需求量　货币供给量　　11．投资与政府支出之和　储蓄与政府税收之和　右下方　　12．右　左　　13．投资、政府支出与出口之和　储蓄、政府税收与进口之和　右下方　　14．国际收支平衡　国民收入　利息率　右上方　　15．内部　外部

（二）判断题答案

1．F　IS 曲线表示在投资等于储蓄的前提下国民收入与利息率的关系。

2．F　LM 曲线表示在货币需求量等于货币供给量的前提下国民收入与利息率的关系。

3．F　该区域表示 $I < S, L > M$。

4．T　根据 IS 曲线的推导过程而成立。

5．T　根据 LM 曲线的推导过程而成立。

6．F　利息率如何变化无法确定。

7．T　即实际国民收入的均衡。

8．T　即利息率的均衡。

9．F　$I = S$；$L = M$。

10．F　国民收入可能在小于充分就业的情况下形成均衡。

11．T　净支出增加了。

12．F　流动性陷阱的存在使利息率不可能趋向于零。

13．T　宏观财政政策导致 IS′ 曲线移动，在 LM 曲线是水平状态时对国民收入有着较大影响；宏观货币政策导致 LM 曲线移动，由于存在流动性陷阱，它对国民收入没有多大的影响。

14．F　IS″曲线上的任何一点表示 $I + G + X = S + T + M$。

15．F　对内不一定达到充分就业状态。

（三）选择题答案

1．A　利息率的高低关系到投资成本的高低，投资与利息率反方向变化。

2．B　储蓄随着国民收入的增减而增减。

3．B　投资的增加导致国民收入的增加，国民收入的增加导致储蓄的

增加。

4. A 这个过程如下：利息率下降→投资支出增加→国民收入增加→储蓄增加。在储蓄与投资相等的时候，国民收入不再变化。

5. A 当利息率下降的时候，国民收入将增加。

6. C 交易余额和预防余额随着国民收入的增加而增加。

7. C 投机余额随利息率的上升而减少。

8. A $L = L_1 + L_2$，在 $L$ 不变的条件下，$L_1$ 增加意味着 $L_2$ 减少。

9. A 这个过程如下：国民收入增加→交易余额和预防余额增加→投机余额减少→利息率上升。

10. C 当国民收入上升的时候，利息率将上升。

11. B 达到国民收入和利息率均衡的条件。

12. C IS 曲线向右移动。

13. A LM 曲线向右移动。

14. C 这个区域的点将向左下方移动。

15. B 同时使 IS 曲线和 LM 曲线向右移动。

（四）简答题回答提要

1. $I$、$S$、$L$、$M$ 分别是指投资、储蓄、货币需求、货币供给，$IS-LM$ 分析是利用 IS 曲线和 LM 曲线，说明在商品市场和货币市场上是怎样同时满足国民收入均衡的条件 $I = S$ 和利息率均衡的条件 $L = M$，使国民收入和利息率同时形成均衡。

2. 在利息率水平较低时，由于存在流动性陷阱，对货币的需求具有很大的弹性，投机余额曲线成为水平线，LM 曲线的相应部分也成为水平线。在利息率很高时，人们预期利息率不可能更高，在投机动机下对货币的需求为零，投机余额曲线成为垂直线，LM 曲线的相应部分也成为垂直线。在正常的利息率水平下，LM 曲线是向右上方倾斜的曲线。

3. 当 $I$、$G$ 或 $X$ 增加的时候，IS″曲线向右方移动；反之，则向左方移动。当 $S$、$T$ 或 $M$ 增加的时候，IS″曲线向左方移动；反之，则向右方移动。

4. 当货币供给增加的时候，LM 曲线向右方移动；反之，则向左方移动。

（五）论述题论述要点

1. 首先，利用投资边际效率曲线、45°线和储蓄曲线推导出要保持投资等于储蓄，国民收入和利息率应该具备的关系，从而得到 IS 曲线。其次，利用交易余额和预防余额曲线、45°线和投资余额曲线，说明要保持货币需求量等于货币供给量，国民收入和利息率应该具备的关系，从而得到 LM 曲线。最后，利用 IS 曲线和 LM 曲线，说明当这两条曲线相交时，在交点上投资等于储蓄，货币需求量等于货币供给量，国民收入和利息率同时形成均衡。

2. 扩张性的财政政策导致 IS″ 曲线向右方移动，在其他条件不变的前提下导致国民收入的增加和利息率的上升；收缩性的财政政策导致国民收入的减少和利息率的下降。扩张性的货币政策导致 LM 曲线向右方移动，在其他条件不变的前提下导致国民收入的增加和利息率的下降；收缩性的货币政策导致国民收入的减少和利息率的上升。

3. 在现行的浮动汇率制度下，应该采用宏观财政政策和宏观货币政策调整 IS 曲线和 LM 曲线，使两者在充分就业的国民收入水平上相交。另外，国际收支的失衡将导致汇率变化，使 BP 曲线发生移动并与 IS 曲线和 LM 曲线在充分就业的国民收入水平上相交。

（六）思考题思考提示

IS – LM 分析最早是由英国经济学家希克斯（J. Hicks）提出来的，而希克斯本人并不代表或属于凯恩斯学派。但是，IS – LM 分析在实质上是把凯恩斯学派的现代国民收入理论和现代货币理论结合起来，分析国民收入和利息率怎样同时达到均衡，所以从内容上它仍属于凯恩斯学派的经济理论。

# 第 22 章 国民收入和价格水平的均衡

## 一、内容提要

前面各章分别分析了国民收入的均衡、利息率的均衡、国民收入和利息率的均衡，本章将分析国民收入和价格水平的均衡。本章首先分析总需求曲线的形成，然后分析总供给曲线的形成，最后把总需求曲线和总供给曲线结合起来分析国民收入和价格水平的均衡。

本章内容的要点如下：

1. 总需求曲线表示对社会产品的总需求量与价格水平之间的函数关系。由于价格水平的下降导致消费支出和净出口支出的增加，但对投资支出没有明确的影响，而政府支出主要是由政府政策决定的，因此，价格水平的下降将导致总支出的增加，总需求曲线是一条向右下方倾斜的曲线。在均衡的国民收入水平上，各项支出的增加都会引起总需求曲线向右移动；反之，引起总需求曲线向左移动。

2. 总供给曲线表示社会产品的总供给量与价格水平的函数关系。价格水平越高，在其他条件不变的情况下厂商的利润越高，社会产品的供给量就越大，总供给曲线是一条向右上方倾斜的曲线。当发生自然灾害，或科学技术、厂商承担风险意愿、劳动者工资率、进口商品价格发生变化时，总供给曲线将会移动。

3. 当总需求曲线和总供给曲线相交时，即总需求量等于总供给量时，国民收入和价格水平形成均衡。当总需求曲线和总供给曲线发生移动时，均衡的国民收入和价格水平将会变化。

4. 在现实的经济中，价格水平往往不能随着总需求和总供给的变化进行调整而呈黏性。如果价格水平黏在总供给量等于总需求量的水平以上，将形成需求约束均衡，由此而存在的失业叫作凯恩斯的失业。如果价格水平黏在总供给量等于总需求量的水平以下，将形成供给约束均衡，因此而存在的失业叫作古典的失业。

## 二、学习要求

1. 要求掌握下述概念：总需求曲线，实际余额效应，利率效应，信贷约束效应，厂商财富效应，总供给曲线，静态预期，适应性预期，理性预期，长期总供给曲线，政策无效性命题，菜单成本，价格黏性，需求约束均衡，供给约束均衡，凯恩斯的失业，古典的失业。
2. 要求理解下述关系：价格水平的变化对消费支出的影响；价格水平的变化对投资支出的影响；价格水平的变化对净出口的影响；各种支出的变化对总需求曲线的影响；短期总供给曲线和长期总供给曲线的关系；价格弹性和价格黏性的关系。
3. 要求能够概括下述原理：均衡的国民收入和价格水平的形成；均衡的国民收入和价格水平的变化；需求约束均衡与凯恩斯失业；供给约束均衡与古典失业。

## 三、应该注意的问题

1. 对社会产品的总支出实际上是对社会产品的总需求，但是总支出函数与本章分析的总需求函数是严格区别的。总支出函数是对社会产品的总支出与国民收入的函数关系，即 $AE=f(Y)$；总需求函数是对社会产品的总需求与价格水平的函数关系，即 $AD=f(p)$，即使 $AE$ 可以看作 $AD$，但 $Y$ 与 $p$ 完全不同。
2. 现代国民收入理论所分析的国民收入的均衡和本章分析的国民收入和价格水平的均衡是不同的。在现代国民收入理论中，当总支出曲线和45°线相交时，形成均衡的国民收入。在本章中，总需求曲线不是总支出曲线。当总需求曲线和总供给曲线相交时，形成均衡的国民收入和价格水平。

## 四、练习与思考

（一）填空（在括号里填上适当的词）
1. 总需求曲线表示（  ）与（  ）之间的函数关系的图像。
2. 实际财富的变化对消费支出的影响叫作（  ）。
3. 利率效应是指（  ）。
4. 信贷约束效应是指（  ）。
5. 厂商财富效应是指（  ）。
6. 假定其他条件不变，总支出的增加导致总需求曲线向（  ）移动。

7. 总供给曲线的形状从（　　）到（　　）到（　　）。

8. 导致总供给曲线变化的因素主要有（　　）、（　　）、（　　）、（　　）和（　　）。

9. 均衡的国民收入和价格水平是在总需求曲线和总供给曲线（　　）时决定的。

10. 在理性预期条件下，总供给曲线成为垂直线，政府调整总需求的经济政策只会改变价格水平而不会改变国民收入水平，这个命题叫作（　　）。

11. 价格水平不能迅速地随着总需求和总供给变化被称为（　　）。

12. 需求约束均衡是指（　　）。

13. 供给约束均衡是指（　　）。

（二）判断（判断下列说法是否正确，分别在括号里写上 T 或 F）

1. 价格水平的下降一定导致投资支出的增加。（　　）

2. 假定其他条件不变，价格水平的下降导致出口的增加和进口的减少。（　　）

3. 假定其他条件不变，总供给的增加将导致国民收入的增加和价格水平的下降。（　　）

4. 总需求和总供给同时减少对均衡价格水平变化方向的影响无法确定。（　　）

5. 在长期里，总供给曲线是一条比较陡峭的向右上方倾斜的曲线。（　　）

6. 在存在价格黏性的条件下，经济不可能是完全竞争的。（　　）

7. 在需求约束均衡的条件下，总需求量大于总供给量。（　　）

8. 在供给约束均衡的情况下，总供给量小于总需求量。（　　）

9. 凯恩斯的失业是由于实际工资率过高造成的。（　　）

10. 古典的失业是由于总需求不足造成的。（　　）

（三）选择（根据题意选择一个最合适的答案，并在括号里填上相应的字母）

1. 价格水平的变化对下面哪个变量的影响是不存在的：（　　）
   A. 投资支出。　B. 政府支出。　C. 答案 A 和 B。

2. 下面哪一种效应使价格水平的变化对投资支出产生反方向的影响：（　　）
   A. 利率效应。　B. 信贷约束效应。　C. 厂商财富效应。

3. 假定其他条件不变，下面哪一个因素的变化不会导致总需求曲线向左移动：（　　）
   A. 消费支出减少。　B. 净出口减少。　C. 政府支出增加。

4. 在接近充分就业水平时，总供给曲线所以变得陡峭，是因为（  ）

A. 价格水平的上升难以带动社会产品总供给的增加。　B. 价格水平的上升易于带动社会产品总供给的增加。　C. 价格水平的下降导致社会产品总供给迅速减少。

5. 假定其他条件不变，下面哪一个因素的变化不会导致总供给曲线向右移动：（  ）

A. 风调雨顺。　B. 厂商敢于冒投资的风险。　C. 货币工资率的增长快于劳动生产率的增长。

6. 在下面哪种情况下对国民收入的影响是不确定的：（  ）

A. 总供给和总需求同时增加。　B. 总供给减少而总需求增加。　C. 总供给和总需求同时减少。

7. 理性预期意味着（  ）

A. 人们能够准确预测未来。　B. 人们会利用一切可以获得的信息进行合理的分析。　C. 人们会根据以前的预期的误差来修正现在的预期。

8. 价格呈黏性的原因是（  ）

A. 调整价格需要花费成本。　B. 垄断厂商在控制着价格。　C. 供给和需求实际上对价格没有影响。

9. 下面哪一种情况表示需求约束均衡：（  ）

A. 价格黏在总需求量小于总供给量的水平上。　B. 价格黏在总供给量小于总需求量的水平上。　C. 由总供给曲线和总需求曲线决定价格水平。

10. 实际工资率过高造成供给约束均衡的原因是（  ）

A. 实际工资率过高造成劳动者希望享受更多的闲暇。　B. 实际工资率过高使劳动者愿意提供更多的劳动量。　C. 实际工资率过高造成工资成本上升，使厂商减少社会产品的供给。

（四）简答（简要回答下列问题）

1. 价格水平的变化对总需求量产生什么影响？
2. 总供给曲线是怎样形成的？
3. 长期的总供给曲线为什么是垂直的？
4. 价格为什么呈黏性？

（五）论述（分析和论述下列问题）

1. 国民收入和价格水平的均衡是怎样形成的？
2. 均衡的国民收入和价格水平是怎样变化的？
3. 在需求约束均衡和供给约束均衡条件下国民收入和价格水平是怎样决定的？

《现代西方经济学原理（第六版）》学习指导与习题解答

（六）思考（讨论和研究下列问题）

1. 总供给和总需求的分析与现代国民收入理论有什么联系和区别？

2. 假定其他条件不变，下述情况的发生在短期内对国民收入和价格水平产生什么影响：股票价格指数大幅度下降，政府增加对飞机大炮的支出，科学技术的进步提高了生产率，外国经济衰退导致外国人购买美国商品的数额减少。

## 五、练习题解答

（一）填空题答案

1. 社会产品的总需求量　价格水平　2. 实际余额效应　3. 价格水平的下降导致实际货币需求量的减少，从而导致利息率的下降和投资支出的增加　4. 在信贷配给的条件下厂商不能获得他们希望获得的贷款　5. 价格水平的下降导致厂商投资风险增加，从而导致投资支出减少　6. 右方　7. 相对平坦　向右上方倾斜　相对陡峭　8. 自然灾害　科学技术水平　厂商承担风险意愿　劳动者工资率　进口商品价格　9. 相交　10. 政策无效性　11. 价格黏性　12. 价格黏在总需求量小于总供给量的水平上所形成的均衡　13. 价格黏在总供给量小于总需求量的水平上所形成的均衡

（二）判断题答案

1. F　价格水平下降以后产生的利率效应、信贷约束效应和厂商财富效应对投资支出存在不同方向的影响。

2. T　价格水平下降导致出口商品相对价格下降和进口商品相对价格上升。

3. T　总供给曲线向右方移动导致国民收入的增加和价格水平的下降。

4. T　均衡价格水平是上升还是下降取决于总需求和总供给变化的相对幅度。

5. F　在长期里，总供给曲线是一条垂直线。

6. T　在完全竞争的条件下价格具有弹性。

7. F　在需求约束的条件下总需求量小于总供给量。

8. T　根据供给约束均衡的定义而成立。

9. F　凯恩斯失业是由于总需求不足造成的。

10. F　古典的失业是由于实际工资率过高造成的。

（三）选择题答案

1. B　价格水平的变化对投资支出存在影响，只是影响的方向无法确定。

2. A　利率效应是指价格水平的下降导致投资支出的增加。

3. C　政府支出的增加导致总需求曲线向右方移动。

4. A 社会生产能力已接近被充分利用。
5. C 实际工资率的上升导致总供给曲线向左移动。
6. B 国民收入向什么方向变化取决于总供给和总需求变化的相对幅度。
7. B 根据理性预期的定义而成立。
8. A 调整价格需要花费成本使厂商不愿意经常调整价格。
9. A 根据需求约束均衡的定义而成立。
10. C 厂商在相同的价格水平下减少总供给,造成总供给量小于总需求量。

(四)简答题回答提要

1. 分别分析价格水平的变化对消费支出、投资支出、政府支出、净出口支出的影响,最后得出价格水平的变化对总需求量产生反方向影响的结论。

2. 从单个厂商的供给曲线得到市场上对某种商品的供给曲线,再从市场上对某种商品的供给曲线得到总供给曲线,最后根据充分就业的程度确定总供给曲线的形状。

3. 在长期里,人们可以掌握充分的信息作出理性预期。当价格水平上升时,劳动者会相应要求增加货币工资率,实际工资率没有下降,厂商利润没有增加,总供给量没有变化。

4. 价格呈黏性的原因是存在菜单成本、调整风险和信息传递滞后。

(五)论述题论述要点

1. 先分析总需求曲线是怎样形成的,再分析总供给曲线是怎样形成的,最后利用总需求曲线和总供给曲线分析国民收入和价格水平的均衡。

2. 先分析什么因素导致总需求曲线或总供给曲线移动,再根据总需求曲线和总供给曲线的移动分析均衡国民收入和价格水平的变化。

3. 先明确需求约束均衡和供给约束均衡的含义,然后分别把价格确定在总需求量小于总供给量和总供给量小于总需求量的水平上分析国民收入的决定。

(六)思考题思考提示

1. 两种分析的联系之处是它们都涉及均衡国民收入的分析,而且总需求曲线是利用现代国民收入理论推导而成的。两种分析的区别之处是现代国民收入理论仅分析国民收入的均衡,而总供给和总需求分析则讨论国民收入和价格水平的同时均衡。另外,总支出函数和总需求函数是完全不同的函数。

2. 股票价格下跌的财富效应造成总需求曲线向左方移动,从而导致国民收入和价格水平的下降。政府的国防支出导致总需求曲线向右方移动,从而造成国民收入和价格水平的上升。生产率的提高使总供给曲线向右方移动,从而引起国民收入增加和价格水平下降。美国出口减少使总需求曲线向左方移动,从而引起国民收入和价格水平下降。

# 第23章 失业和通货膨胀

## 一、内容提要

前面许多章节都涉及失业（经济萧条）和通货膨胀的问题，但这些章节所分析的失业（经济萧条）和通货膨胀主要是由于社会总支出或总需求的变化所引起的失业（经济萧条）和通货膨胀，所提出的对付失业（经济萧条）和通货膨胀的经济政策主要是对付由于社会总支出或总需求的变化所引起的失业（经济萧条）和通货膨胀。本章将专门分析失业和通货膨胀问题，在分析失业、通货膨胀、失业和通货膨胀并存的原因以后，提出对付这些经济问题的经济政策。

本章内容的要点如下：

1. 失业包括自愿失业和非自愿失业。非自愿失业包括下述类型：第一，摩擦性失业，即劳动者的正常流动所发生的失业；第二，结构性失业，即经济结构的变化所引起的失业；第三，寻找性失业，即为了寻找更好的工作所发生的失业；第四，需求不足的失业，即由于社会总需求不足所带来的失业。凯恩斯学派认为，缓和结构性失业可以采用人力政策，解决需求不足的失业可以采用宏观财政政策和宏观货币政策。

2. 新古典主义学派认为，高失业率是由人们对实际工资率变化预期的错误造成的。在市场的调节下，劳动的总供给量趋向于等于劳动的总需求量，劳动市场是出清的。政府的经济政策在长期不能影响就业水平。

3. 新凯恩斯主义学派认为，由于存在工会合同和隐含合同，局内人和局外人工资趋同，厂商对劳动者支付的工资高于均衡水平等现象，实际工资呈黏性，它难以下降以实现劳动市场的出清，因而非自愿失业是存在的。可以通过增加工资的弹性、刺激总需求的方法来缓和失业。

4. 通货膨胀对生产、收入分配、财产分配产生影响。通货膨胀包括下述类型：第一，需求拉上通货膨胀，即总需求的过度扩大所引起的通货膨胀；第二，成本推进通货膨胀，即由于工资成本、利润和进口投入品成本的上升所引起的通货膨胀；第三，预期引起的通货膨胀，即对价格上升的预期所引起的通货膨胀；第四，惯性的通货膨胀，即价格水平上升以惯性发展所引起的通货膨胀。凯恩斯学派认为，缓和需求拉上通货膨胀可以采用宏观财政政策和宏观货币政策，缓和成本推进通货膨胀可以采用收入政策。货币学派则认为，应该稳定货币供给量的增长率以控制通货膨胀。

5. 菲利普斯曲线是表示失业率和货币工资变动率之间关系的曲线，经过适当变换可成为表示失业率和通货膨胀率之间关系的曲线。失业和通货膨胀并存，意味着菲利普斯曲线向右上方移动。凯恩斯学派认为，美国发生停滞膨胀的原因一方面是受到外部经济的冲击，造成通货膨胀；另一方面是劳动力结构发生变化，产生了失业。供给学派认为，美国发生停滞膨胀是赋税过重，这一方面增加了成本，造成通货膨胀；另一方面挫伤了人们投资和工作的积极性，产生了失业。货币学派则认为，停滞膨胀是政府对经济滥加干预所带来的恶果。

## 二、学习要求

1. 要求掌握下述概念：失业，非自愿失业，摩擦性失业，结构性失业，寻找性失业，需求不足的失业，人力政策，工资黏性，隐含合同，消费物价指数，批发物价指数，国民生产总值折算价格指数，通货膨胀的生产效应，通货膨胀的收入分配效应，通货膨胀的财产分配效应，需求拉上通货膨胀，成本推进通货膨胀，预期引起的通货膨胀，惯性的通货膨胀，收入政策，菲利普斯曲线，停滞膨胀。
2. 要求理解下述关系：摩擦性失业与结构性失业的关系；寻找性失业与非自愿失业的关系；消费物价指数与批发物价指数的关系；货币工资率的增长和劳动生产率的增长与工资推进通货膨胀的关系；表示失业率和货币工资变化率关系的菲利普斯曲线与表示失业率和通货膨胀率关系的菲利普斯曲线的关系。
3. 要求能够概括下述原理：结构性失业产生的原因以及解决结构性失业的方法；成本推进通货膨胀产生的原因和解决成本推进通货膨胀的方法。

## 三、应该注意的问题

1. 虽然失业包括自愿失业和非自愿失业，但只要没有特别说明，在经济学中所研究的失业是非自愿失业。
2. 通货膨胀原意是流通中的货币过度扩张，但它在西方经济学里指的是价格水平的持续上升。

3. 通货膨胀意味着价格水平上升，但并不是价格水平上升就是通货膨胀，价格水平较大幅度地持续上升才是通货膨胀。

### 四、练习与思考

（一）填空（在括号里填上适当的词）

1. 失业可以划分为（　　）和（　　）两大类。
2. 非自愿失业包括（　　）、（　　）、（　　）和（　　）。
3. 摩擦性失业是指（　　）。
4. 由于总需求不足而造成的失业称为（　　）。
5. 结构性失业是指（　　）。
6. 通货膨胀是指（　　）。
7. 通货膨胀可以用（　　）指数、（　　）指数或（　　）指数来表示。
8. 因过度需求而引起价格水平持续上升称为（　　）。
9. 工资、利润推进通货膨胀又叫作成本推进通货膨胀，它是指（　　）。
10. 厂商和工会按照它们对通货膨胀率的预期提高工资和物价，从而造成了价格水平的上升。这种类型的通货膨胀称为（　　）。
11. 结构性通货膨胀是指（　　）。
12. 人力政策主要用于对付（　　）失业，它的主要内容有（　　）、（　　）和（　　）。
13. 收入政策主要用于对付（　　）通货膨胀，它的主要内容有（　　）和（　　）。
14. 菲利普斯曲线是英国经济学家（　　）提出的表示（　　）与（　　）之间关系的曲线，它在图像上是一条向（　　）倾斜的曲线。
15. 根据菲利普斯曲线，要降低通货膨胀率，失业率就会（　　）；要降低失业率，通货膨胀率就会（　　）。
16. 由劳资双方默契决定的合同叫作（　　）。
17. 工资水平并不迅速随着劳动总供给和总需求的变化进行调整叫作（　　）。
18. 效率工资（　　）市场出清工资。

（二）判断（判断下列说法是否正确，分别在括号里写上 T 或 F）

1. 因不满工资待遇而不愿就业属于自愿失业。（　　）
2. 摩擦性失业是一种自愿失业。（　　）
3. 实行适当的经济政策可以消除摩擦性失业。（　　）
4. 某人在失业以后因就业信息不灵而暂时找不到工作，这种失业是自愿

失业。（　　）

5. 结构性失业可以看作一种长期的摩擦性失业。（　　）

6. 需求不足的失业是一种自愿失业。（　　）

7. 只要存在失业工人，就不可能有工作空位。（　　）

8. 刺激消费支出和投资支出可以消除结构性失业。（　　）

9. 充分就业意味着失业率为零。（　　）

10. 消费物价指数、批发物价指数和国民生产总值折算价格指数的变化方向和变化幅度是一致的。（　　）

11. 通货膨胀会引起收入的再分配。（　　）

12. 通货膨胀有利于利润获得者，不利于工资领取者。（　　）

13. 温和的通货膨胀对生产有一定的扩张作用。（　　）

14. 凯恩斯对失业和通货膨胀相互关系的看法，与菲利普斯曲线的含义是一致的。（　　）

15. 失业率和通货膨胀率所以存在相互交替的关系，原因之一是通货膨胀率的上升会压低实际工资和提高利润率，从而使厂商增雇工人，扩大生产，导致失业率下降。（　　）

16. 新古典主义学派认为工资是黏性的。（　　）

17. 新凯恩斯主义学派认为失业主要是自愿失业。（　　）

18. 工会的存在是造成工资黏性的原因之一。（　　）

（三）选择（根据题意选择一个最合适的答案，并在括号里填上相应的字母）

1. 在20世纪30年代，西方国家最突出的失业是（　　）

A. 摩擦性失业。　B. 结构性失业。　C. 需求不足的失业。

2. 在20世纪70年代，西方国家较为突出的失业是（　　）

A. 结构性失业。　B. 摩擦性失业。　C. 需求不足的失业。

3. 科学技术的进步造成部分人不适应新的工作的要求，由此产生的失业是（　　）

A. 自愿失业。　B. 结构性失业。　C. 需求不足的失业。

4. 要缓和结构性失业，应该实行（　　）

A. 财政或货币政策。　B. 人力政策。　C. 收入政策。

5. 要对付需求不足引起的失业，应该选择（　　）

A. 财政或货币政策。　B. 人力政策。　C. 收入政策。

6. 已知充分就业的国民收入是10000亿美元，实际的国民收入是9800亿美元，边际消费倾向是80%。在增加100亿美元的投资以后，经济将发生（　　）

A. 需求拉上通货膨胀。　B. 需求不足的失业。　C. 成本推进通货膨胀。

7. 已知充分就业的国民收入是10000亿美元，实际的国民收入是9000亿美元，在边际消费倾向为75%的条件下，增加100亿美元的投资（　）
A. 将导致需求拉上的通货膨胀。　B. 仍未能使经济消除需求不足的失业。　C. 将使经济达到充分就业的国民收入水平。

8. 如果通货膨胀没有被预料到，收益者是（　）
A. 股东。　B. 债权人。　C. 退休金领取者。

9. 假如经济发生了严重的通货膨胀，受害者将是（　）
A. 债权人。　B. 退休金领取者。　C. 答案A和B。

10. 对付需求拉上通货膨胀的方法是（　）
A. 人力政策。　B. 收入政策。　C. 财政政策。

11. 抑制成本推进通货膨胀的措施是（　）
A. 人力政策。　B. 收入政策。　C. 财政政策。

12. 哪两种情形是不可能同时发生的？（　）
A. 结构性失业和成本推进通货膨胀。　B. 需求不足的失业和需求拉上通货膨胀。　C. 摩擦性失业和需求拉上通货膨胀。

13. 如果经济发生了通货膨胀，根据凯恩斯效应，哪一个因素会自动地发生作用以缓和通货膨胀？（　）
A. 实际购买力。　B. 利息率。　C. 工资与利润。

14. 如果价格水平持续上升，按照庇古效应，哪一个因素会自动地起着抑制价格水平的作用？（　）
A. 实际购买力。　B. 利息率。　C. 货币供给量。

15. 按照凯恩斯效应，当经济发生通货膨胀时，（　）
A. 交易余额减少，投机余额增加，利息率趋于下降。　B. 交易余额和投机余额同时减少，利息率趋于上升。　C. 实际货币余额减少，利息率趋于上升。

16. 根据庇古效应，当价格水平下降时，（　）
A. 实际购买力下降，总需求减少。　B. 实际购买力和总需求均不变。　C. 实际购买力提高，总需求增加。

17. 凯恩斯效应和庇古效应发生的前提条件是（　）
A. 货币存量与价格水平反方向变化。　B. 货币存量保持不变。　C. 货币存量与价格水平同方向变化。

18. 萨伊定律说明（　）
A. 因投资小于储蓄而发生的失业是普遍存在的。　B. 经济萧条与通货膨胀是总供给和总需求不相适应而造成的。　C．因购买力不足而产生的过剩和失业不可能普遍发生。

19．如果萨伊定律是正确的，经济必然具有下述特点：（　　）

　　A．工资和价格的上下波动富有弹性。　B．价格水平与货币供给量的变化保持一定的比例。　C．货币流通速度对价格水平的反应极为敏感。

20．萨伊定律在哪一种情况下将失效？（　　）

　　A．在某段时期内储蓄没有全部转化为投资。　B．储蓄完全转化为投资。　C．总需求总是与总供给相适应。

21．假定目前的失业率是6%，通货膨胀率是1.5%，社会可以接受的失业率和通货膨胀率均为4%。根据菲利普斯曲线，政府应该（　　）

　　A．采用收缩性的财政政策和货币政策。　B．采用扩张性的财政政策和收缩性的货币政策。　C．采用扩张性的财政政策和货币政策。

22．美国经济学家弗里德曼认为，从长期来看，在通货膨胀率上升的时候，工会会按照它对通货膨胀的预期提高工资，因而失业率不会下降。这表明（　　）

　　A．菲利普斯曲线变为向右上方倾斜。　B．菲利普斯曲线变为垂直线。　C．菲利普斯曲线变为水平线。

23．菲利普斯曲线向右上方移动意味着（　　）

　　A．失业率和通货膨胀率在更高的水平上并存。　B．必须用更高的通货膨胀率才能换取某一失业率。　C．答案A和B。

24．菲利普斯曲线变为垂直线意味着（　　）

　　A．失业率与通货膨胀率不再存在相互交替的关系。　B．提高通货膨胀率已不能压低失业率。　C．答案A和B。

25．下面哪一个学派认为过重的赋税具有经济停滞和通货膨胀两种效应：（　　）

　　A．凯恩斯学派。　B．供给学派。　C．货币学派。

26．下面哪一个学派认为工资是弹性的：（　　）

　　A．凯恩斯学派。　B．新古典主义学派。　C．新凯恩斯主义学派。

27．下面哪一个学派认为失业主要是自愿失业：（　　）

　　A．凯恩斯学派。　B．新古典主义学派。　C．新凯恩斯主义学派。

（四）简答（简要回答下列问题）

1．失业的原因是什么？

2．如何减少结构性失业？

3．工资为什么呈黏性？

4．通货膨胀的原因是什么？

5. 如何缓和成本推进的通货膨胀？

（五）论述（分析和阐述下列问题）

1. 失业对经济产生什么影响？如何解决失业的问题？
2. 比较凯恩斯学派、新古典主义学派、新凯恩斯主义学派对失业的看法。
3. 通货膨胀对经济造成什么影响？如何解决通货膨胀问题？

（六）思考（讨论和研究下列问题）

1. 为什么自然失业率大于零？自然失业率可以运用政策手段来降低吗？
2. 通货膨胀对政府的财政收入和财政支出有什么影响？

## 五、练习题解答

（一）填空题答案

1. 自愿失业　非自愿失业　2. 摩擦性失业　结构性失业　寻找性失业　需求不足的失业　3. 正常变换工作所发生的失业　4. 需求不足的失业　5. 经济结构的变化所发生的失业　6. 价格水平的持续上升　7. 消费物价　批发物价　国民生产总值折算价格　8. 需求拉上通货膨胀　9. 因工资和利润的上升而造成的通货膨胀　10. 预期引起的通货膨胀　11. 由于工资易升不易降，社会资源不能在各部门间迅速流动而形成的通货膨胀　12. 结构性失业　加强职业训练　提供就业信息和帮助　反对种族和性别歧视　13. 成本推进　工资物价指导　工资物价管制　14. 菲利普斯失业率　货币工资变动率　右下方　15. 上升　上升　16. 隐含合同　17. 工资黏性　18. 高于

（二）判断题答案

1. T　属于自己放弃就业。
2. F　属于非自愿失业。虽然它是难免的，但也不是劳动者自愿的。
3. F　摩擦性失业是正常的劳动者流动所发生的失业，采用经济政策不能消除这种类型的失业。
4. F　这种类型的失业属于摩擦性失业。
5. T　结构性失业是由于经济结构的变化而产生的摩擦性失业。
6. F　需求不足的失业属于非自愿失业。
7. F　结构性失业造成一方面工人找不到工作，另一方面有工作而找不到工人。
8. F　结构性失业的主要问题不在于需求不足。
9. F　有的失业如摩擦性失业难以避免，因而存在一定的失业率仍被认为达到充分就业。

10．F　这三种指数的计算包括的商品种类不同，因而变化幅度有所不同。

11．T　例如没有预料到的通货膨胀有利于债务人，不利于债权人，等等。

12．T　工资领取者的实际工资下降，利润获得者得到的利润增加。

13．T　通货膨胀造成实际工资率下降和利润增加，刺激了生产的发展。

14．F　凯恩斯认为失业和通货膨胀存在反L形关系，菲利普斯认为失业和通货膨胀存在交替关系。

15．T　这是失业和通货膨胀存在交替关系的重要原因。

16．F　新古典学派认为工资是弹性的。

17．F　新凯恩斯学派认为失业主要是非自愿失业。

18．T　工会阻止工资下降是工资呈黏性的原因之一。

（三）选择题答案

1．C　严重的生产过剩是20世纪30年代大萧条明显的特点。

2．A　失业和工作空位并存是20世纪70年代的突出现象。

3．B　这属于结构调整造成的失业。

4．B　人力政策是为了解决结构性失业而提出的政策。

5．A　宏观财政与货币政策旨在刺激总需求，所以它能缓和需求不足的失业，但对结构性失业作用不大。

6．A　增加100亿美元的投资以后将导致60亿美元的通货膨胀缺口。

7．B　100亿美元的投资只带来400亿美元的国民收入，还存在150亿美元的通货紧缩缺口。

8．A　公司利润将增加，因而红利将增加。

9．C　债权人和退休金领取者都是通货膨胀的受害者。

10．C　利用宏观财政政策可以抑制总需求。

11．B　利用收入政策可以控制生产成本。

12．B　需求不足和需求过度不可能同时存在。

13．B　假定货币供给量不变，价格水平的变化会引起利息率的变化。利息率通过对投资需求的影响抑制了价格水平的变化。利息率的这种调节作用称为凯恩斯效应。

14．A　假定货币供给量不变，价格水平的变化影响了人们手中货币的实际购买力。实际购买力的变化引起总需求的变化，从而抑制了价格水平的变化。实际购买力的这种作用称为庇古效应。

15．C　这是凯恩斯效应发生作用的过程。

16．C　这是庇古效应发生作用的过程。

17. B　如果货币供给量可变,凯恩斯效应和庇古效应不会发生。
18. C　这是萨伊定律的结论。
19. A　只有当任何商品的价格能够根据需求和供给的变化迅速而有效地作出调整的条件下,萨伊定律才是可能的。
20. A　储蓄没有全部转化为投资意味着总供给和总需求不平衡。
21. C　以提高通货膨胀率为代价降低失业率。
22. B　通货膨胀率的上升不能压低失业率,菲利普斯曲线成为垂直线。
23. C　答案 A 和 B 说明的两种情况都存在。
24. C　答案 A 和 B 说明的两种情况都存在。
25. B　这是供给学派的看法。
26. B　这是新古典主义学派的看法。
27. B　这是新古典主义学派的看法。

(四) 简答题回答提要

1. 从原因来划分,失业分为摩擦性失业、结构性失业、寻找性失业、需求不足的失业。

2. 减少结构性失业的方法是实行人力政策,即通过提供职业训练、提供就业信息和反对就业歧视的措施来增加就业。

3. 工资呈黏性的原因是存在工会合同和隐含合同、局内人和局外人工资趋同、效率工资高于市场出清工资等。

4. 从原因来划分,通货膨胀分为需求拉上通货膨胀、成本推进通货膨胀、预期引起的通货膨胀、惯性的通货膨胀。

5. 缓和成本推进通货膨胀的方法是实行收入政策,即实行工资物价指导和工资物价管制。

(五) 论述题论述要点

1. 失业造成劳动资源的浪费、劳动者的贫困和社会的动荡。要缓和失业问题,可以采用宏观财政政策和宏观货币政策对付总需求不足的失业,采用人力政策对付结构性失业。

2. 凯恩斯学派和新凯恩斯主义学派认为工资向下变动呈黏性,市场调节不能保证劳动市场出清,非自愿失业是存在的,政府对解决非自愿失业可以采用扩张性的经济政策、人力政策等。新古典主义学派认为市场调节可以实现劳动市场出清,失业主要是自愿失业,政府的经济政策从长期来看不起作用。

3. 严重的通货膨胀影响了生产和交换的正常进行,造成了收入和财产的再分配。要缓和通货膨胀,可以采用宏观财政政策和宏观货币政策对付需求拉上通货膨胀,采用收入政策对付成本推进通货膨胀。

（六）思考题思考提示

1. 在一个国家里，总是有部分劳动者辞去原来的工作去寻找新的工作，总是有部分劳动者因经济结构的变化而处在流动之中，所以自然失业率肯定大于零。但是，利用人力政策可以在一定程度上降低自然失业率。

2. 由于政府对收入所征收的税率是累进的。在通货膨胀时期，公司的名义收入增加了，劳动者的名义工资因随物价调整也或迟或早增加了，这样，他们会进入更高的税率等级，政府的财政收入增加。另外，政府债务的利息率是固定的，在通货膨胀时期，政府的债务负担可以减轻。但是，由于价格水平的上升，政府购买同样数量的物品和劳务需要的支出将增加。

# 第24章 经济的周期

## 一、内容提要

到本章为止,各章对宏观经济学的分析都是短期的静态或比较静态的分析。从本章开始,将进入宏观经济学的长期的动态的分析;分析经济周期变动的原因,并介绍研究经济周斯变动的汉森-萨缪尔森模型和实际周期理论。

本章内容的要点如下:

1. 经济周期是指经济有规则的波动。经济周期包括四个阶段,它们依次是谷底、复苏、高峰、衰退。经济周期变化的原因主要是投资支出的变化和耐用消费品支出的变化。

2. 加速原理是分析国民收入的变化对投资影响的一种理论。如果用 $\Delta Y$ 表示国民收入增量,用 $I$ 表示净投资,那么净投资与国民收入增量之比($I/\Delta Y$)称为加速系数($w$)。根据加速原理,国民收入的变化对投资的影响主要有两个特点:第一,只有在国民收入增量增加的时候,净投资才会增加;第二,净投资的变化幅度大于导致其变化的国民收入的变化幅度。

3. 汉森-萨缪尔森模型是分析经济为什么会发生周期变动的一种理论,该模型的基本思想是乘数和加速数的交织作用导致经济周期性变化。汉森和萨缪尔森利用消费函数和投资函数得到了国民收入等式:$Y_t = C_t + I_t = C_a + CY_{t-1} + I_a + w(C_t - C_{t-1})$,然后让自发投资($I_a$)发生变化并通过这个等式得到各个时期的国民收入,描述了国民收入对投资产生影响而投资又反过来对国民收入产生影响的过程。

4. 实际经济周期理论认为经济周期是经济发生的随机变化的集合,它是经济受到某个经济变量的扰动以后通过某种传播机制造成均衡产量变化而形成的。对经济冲击的扰动因素主要是生产率的变化和政府支出的变化,传播机制是闲暇的跨期替代。当扰动因素发生作用时,传播机制会导致工作时间的变化,从而导致产量的波动。

## 二、学习要求

1. 要求掌握下述概念：经济周期，谷底阶段，复苏阶段，高峰阶段，衰退阶段，加速数。
2. 要求理解下述关系：乘数原理与加速原理的关系；在加速原理中净投资与国民收入增量的关系；在汉森－萨缪尔森模型中引致投资与国民收入的关系。
3. 要求能够概括下述原理：加速原理；货币周期理论；实际周期理论。

## 三、应该注意的问题

在动态宏观经济学的分析中，资本－产量比率是一个重要的概念。资本－产量比率不是耗费的资本与产量的比率，而是使用的资本与产量的比率，所以资本－产量比率大于1。在生产同一数量的产品中，如果资本－产量比率越大，说明资本的效率越低。

在加速原理的分析中，净投资取决于国民收入的增量，即取决于国民收入的变化率，而不是取决于国民收入的绝对水平。尽管国民收入的绝对水平很高，但如果国民收入增量为零，净投资也不一定存在。

## 四、练习与思考

（一）填空（在括号里填上适当的词）
1. 经济周期包括（　　）、（　　）、（　　）和（　　）四个阶段。
2. 加速系数表示（　　）与（　　）之比。
3. 加速原理主要说明（　　）的变动对（　　）的影响。
4. 根据加速原理，投资是国民收入或消费支出的（　　）的函数。
5. 按照加速原理，投资的变动幅度（　　）国民收入或消费支出的变动幅度。
6. 乘数原理说明（　　）对（　　）的影响，加速原理说明（　　）对（　　）的影响。
7. 根据汉森和萨缪尔森的解释，经济周期性变动是由（　　）和（　　）的交织作用造成的。
8. 经济周期有（　　）周期、（　　）周期和（　　）周期之分。
9. 根据对经济周期原因的分析，可以把经济周期理论划分为两大类：一类是用（　　）因素解释经济周期的理论，一类是用（　　）因素解释经济周期的理论。

10. 汉森－萨缪尔森模型属于用（　　）因素解释经济周期的理论。

（二）判断（判断下列说法是否正确，分别在括号里写上 T 或 F）

1. 因国民收入的增长而引起的投资叫作自发投资。（　　）
2. 在资本－产量比率不变的前提下，加速系数等于资本－产量比率。（　　）
3. 净投资等于资本存量的增量。（　　）
4. 只要净投资是正数，总投资就一定是正数。（　　）
5. 根据加速原理，净投资取决于国民收入的绝对值的变化。（　　）
6. 在总投资等于零的时候，净投资是负数。（　　）
7. 国民收入仍在增长，但增长率趋于下降，这时净投资可能会下降。（　　）
8. 根据加速原理，在国民收入停止增长的时候，净投资一定会下降。（　　）
9. 根据加速原理，在国民收入趋于下降的时候，净投资可能变为负数。（　　）
10. 只要国民收入或消费支出在增加，净投资就会大于零。（　　）
11. 国民收入的变化幅度，一般大于由它引起的净投资的变化幅度。（　　）
12. 只要国民收入或消费支出的增长率在提高，净投资一定增加。（　　）
13. 假定其他条件不变，投资的减少会导致国民收入水平下降，从而使投资进一步减少。（　　）
14. 乘数的作用导致国民收入增加，加速数的作用导致国民收入减少。因此，乘数和加速数的交织作用造成经济的周期性波动。（　　）
15. 加速原理是一种用外部因素的变化来解释经济周期的原理。（　　）

（三）选择（根据题意选择一个最合适的答案，并在括号里填上适当的字母）

1. 经济周期的四个阶段依次为（　　）
   A. 高峰、衰退、谷底、复苏。　B. 谷底、复苏、高峰、衰退。　C. 答案 A 和 B。
2. 经验统计资料表明，在经济周期里，波动最大的一般是（　　）
   A. 资本品的生产。　B. 农产品的生产。　C. 日用消费品的生产。
3. 导致经济周期性波动的投资主要是（　　）
   A. 存货的投资。　B. 机器设备的投资。　C. 更新投资。

4. 所谓资本形成是指（    ）

A. 净投资。　B. 总投资。　C. 更新投资。

5. 下面哪一种说法表达了加速原理？（    ）

A. 消费支出随着投资支出增长率的变化而变化。　B. 国民收入随着投资支出的变化而变化。　C. 投资支出随着国民收入增量的变化而变化。

6. 下面哪一种说法没能表达加速原理？（    ）

A. 国民收入增长率的变化将导致投资支出的变化。　B. 消费支出的变化会引起投资支出更大的变化。　C. 投资支出的减少会造成消费支出一轮一轮地减少。

7. 加速原理发生作用的条件是（    ）

A. 投资的增加会导致国民收入增加。　B. 消费品的生产需要有一定数量的资本品，因而消费支出的增加会导致投资支出的增加。　C. 投资的增加会导致消费支出的持续增加。

8. 已知某经济的国民收入近四年来分别是 5000 亿、6000 亿、6500 亿、6500 亿美元。假定第一年的净投资是正数，根据加速原理，净投资（    ）

A. 在四年中都是正数。　B. 在第一年到第三年是正数，在第四年是零。　C. 在第一年是零，在第二年到第四年是正数。

9. 假定某经济接连两年的国民收入都是 1000 亿美元，在资本－产量比率等于 2 的条件下，净投资等于（    ）

A. 2000 亿美元。　B. 1000 亿美元。　C. 0。

10. 已知某经济某一年的国民收入是 1000 亿美元，净投资为零；第二年国民收入增至 1100 亿美元。在资本－产量比率等于 2 的前提下，第二年的净投资（    ）

A. 增加了 100 亿美元。　B. 增加了 200 亿美元。　C. 仍然等于零。

11. 已知某经济连续两年的国民收入都是 1000 亿美元，第一年的净投资等于 100 亿美元。假定资本－产量比率等于 2，第二年的净投资（    ）

A. 比上一年增加了 100 亿美元。　B. 保持不变。　C. 比上一年减少了 100 亿美元。

12. 国民收入所以会从谷底走向高峰，根据汉森和萨缪尔森的解释，是由于（    ）

A. 乘数的作用。　B. 加速数的作用。　C. 乘数和加速数的交织作用。

13. 当国民收入在乘数和加速数的作用下趋于增加时，它的增长将因下述因素的限制而放慢：（    ）

A. 失业的存在。　B. 充分就业。　C. 边际消费倾向提高。

14. 当国民收入在乘数和加速数的作用下趋于减少时，它的下降将受到下

述因素的限制：（　　）

A. 总投资降为零。　B. 失业增加。　C. 边际消费倾向下降。

15. 根据加速原理，净投资在哪一种情况下会发生？（　　）

A. 国民收入和消费支出分别达到最高水平。　B. 国民收入和消费支出正在下降。　C. 国民收入和消费支出正在增加。

16. 乘数原理和加速原理的联系在于：（　　）

A. 前者说明投资的变化对国民收入的影响，后者说明国民收入的变化又对投资产生影响。　B. 两者都说明投资是怎样产生的。　C. 前者解释了经济如何走向繁荣，后者说明了经济怎样陷入萧条。

17. 苏联经济学家康德拉耶夫提出的为期40～50年的经济周期是一种（　　）

A. 短周期。　B. 中周期。　C. 长周期。

18. 美国经济学家汉森提出的为期8年的经济周期是一种（　　）

A. 短周期。　B. 中周期。　C. 长周期。

19. 美国经济学家熊彼特用创新来解释经济周期性的变化，这种看法与汉森和萨缪尔森看法的联系在于：（　　）

A. 经济周期变化是由经济内部的因素引起的。　B. 经济活动水平与投资水平有着密切的联系。　C. 答案A或B。

20. 经济周期的分析是一种（　　）

A. 短期的比较静态的分析。　B. 长期的动态分析。　C. 局部均衡的分析。

（四）简答（简要回答下列问题）

1. 加速原理的主要内容是什么？
2. 乘数原理和加速原理有什么区别和联系？

（五）论述（分析和阐述下列问题）

1. 汉森－萨缪尔森模型的主要内容是什么？它如何说明经济的周期变动？
2. 实际经济周期理论的主要内容是什么？它如何说明经济的周期性变动？

（六）思考（讨论和研究下列问题）

像20世纪30年代那样严重的经济大萧条在西方国家还会发生吗？为什么？

## 五、练习题解答

（一）填空题答案

1. 高峰　衰退　谷底　复苏　2. 净投资　产量增量　3. 国民收入

或消费支出　净投资　4. 增量或变动率　5. 大于　6. 投资支出　国民收入　国民收入　投资支出　7. 乘数　加速数　8. 长　中　短
9. 内部　外部　10. 内部

(二) 判断题答案

1. F　这种类型的投资叫作引致投资。

2. T　假定资本-产量比率等于3，这意味着要增加100单位产量需要增加300单位资本，所以加速系数也等于3。

3. T　更新投资保持原资本存量不变，净投资导致资本存量增加。

4. T　净投资为正数意味着所生产的资本品在补偿原资本存量的损耗后还有剩余，因而总投资是正数。

5. F　净投资取决于国民收入的增量或增长率的变化。

6. T　总投资为零意味着资本品的产量为零，资本存量因损耗没有得到补偿而减少了，净投资为负数。

7. T　引致投资取决于国民收入的增量。

8. T　在国民收入增长的条件下，净投资是正数。当国民收入水平保持不变时，净投资为零。所以，在国民收入停止增长的时候，净投资一定会下降。

9. T　在国民收入趋于下降的时候，资本存量减少，净投资成为负数。

10. T　在国民收入增加的时候，资本存量趋于增加，净投资是正数。

11. F　国民收入的变化幅度一般小于净投资的变化幅度。

12. T　在这种情况下，国民收入的增量在增加，资本存量在增加。

13. T　投资减少导致国民收入下降是乘数的作用，国民收入下降带来投资减少是加速数的作用。

14. F　加速数的作用可以导致国民收入增加，乘数的作用也可以导致国民收入减少。

15. F　是用内部因素解释经济周期的原理。

(三) 选择题答案

1. C　经济周期的四个阶段并不是一定某个阶段是第一阶段，但这四个阶段的循环的次序是不能改变的。

2. A　根据经验统计资料，资本品的生产波动最大。

3. B　机器设备的投资对经济周期的形成发挥主要的作用。

4. A　更新投资用于补偿损耗的资本存量，净投资才导致资本存量增加。

5. C　加速原理说明国民收入的变化对净投资的影响。

6. C　加速原理并不反映投资支出对消费支出的影响。

7. B　例如，假定资本-产量比率为一定，消费支出或国民收入的增加将使资本存量按这个比率增加。

8. B 例如，假定资本-产量比率等于2，第二、三、四年的净投资分别是2000亿美元、1000亿美元、0。

9. C 资本品存量没有变化。

10. B 在第一年资本品存量是2000亿美元，在第二年资本品存量是2200亿美元，净投资增加了200亿美元。

11. C 净投资从100亿美元降为零。

12. C 乘数和加速数的相互推动使国民收入趋于增加。

13. B 在社会资源得到充分利用的情况下，国民收入的增长从放慢到零，投资从增长变为减少，国民收入趋于下降。

14. A 耗费的机器设备需要更新，投资支出增加，国民收入越过最低点趋于增长。

15. C 净投资是否发生取决于国民收入或消费支出是否增加。

16. A 正因为这样，乘数和加速数交织发生作用。

17. C 该周期属于长周期。

18. A 该周期属于短周期。

19. C 这两种看法在这两个方面都是相似的。

20. B 经济周期的分析是在劳动和资本可变的条件下对一个连续的经济活动过程的分析。

（四）简答题回答提要

1. 加速原理是分析国民收入的变化对投资影响的一种理论。根据加速原理，只有在国民收入增量发生增加的时候，净投资才会增加，而且净投资变化的幅度一般大于国民收入变化的幅度。

2. 乘数原理和加速原理是不同的两个原理：首先，前者说明净投资对国民收入的影响，后者说明国民收入增量对净投资的影响。其次，前者是短期的分析，后者是长期的分析。但是，乘数原理和加速原理又存在一定的联系：首先，根据前者，投资的变化将会引起数倍的国民收入的变化；根据后者，国民收入增量的变化引起净投资加速的变化。其次，从长期和动态的过程来看，乘数发生作用以后，加速数接着会发生作用，乘数又接着发生作用，如此持续下去。

（五）论述题论述要点

1. 汉森-萨缪尔森模型是分析经济为什么会发生周期变动的一种理论。该模型利用消费函数 $C_t = C_a + CY_{t-1}$ 和投资函数 $I_t = I_a + w(C_t - C_{t-1})$ 得到国民收入等式 $Y_t = C_t + I_t = C_a + CY_{t-1} + I_a + w(C_t - C_{t-1})$。在给定 $C$ 和 $w$ 值的情况下，通过自发投资 $I_a$ 的变化引起国民收入周期性波动。按照这个模型，当自发投资发生变化时，国民收入将发生变化，通过 $C$ 引起引致消费 $CY_{t-1}$ 的变化，并进一步对国民收入产生影响，这就是乘数发生作用的过程。但是，在乘数发生作用的过程还没有结束时，引致消费的变化通过 $w$ 引起引致投资 $w(C_t-C_{t-1})$ 的变化，这就是加速数发生作用的过程。在乘数和加速数的交织作用下，经济发生周期性变化。

2. 实际经济周期理论认为经济周期是经济发生的随机变化的集合，它是经济受到某个经济变量的扰动以后通过某种传播机制造成均衡产量变化而形成的。对经济冲击的扰动因素主要是生产率的变化和政府支出的变化，传播机制是闲暇的跨期替代。当扰动因素发生作用时，传播机制会导致工作时间的变化，从而导致产量的波动。

（六）思考题思考提示

由于政府加强了对经济的预测，并利用宏观财政政策和宏观货币政策等一系列经济政策对经济进行干预，像20世纪30年代那样严重的经济大萧条发生的可能性不大。

# 第 25 章 经济的增长

## 一、内容提要

前一章经济周期原理主要研究国民收入为什么会发生周期性波动。虽然国民收入周而复始地发生周期性波动，但是它的总的趋势是向上增长的。本章将研究国民收入在周期性波动中所表现出来的趋势，即研究充分就业状态下国民收入的变化趋势。首先分析经济增长的源泉，然后介绍哈罗德－多马模型和新古典增长模型。

本章内容的要点如下：

1. 经济增长是由于社会生产能力的提高所导致的国民收入增加，经济增长的源泉是科学技术的进步、物质资本的增长和人力资本的增长。

2. 哈罗德－多马模型是主要分析要保持经济的均衡增长，有关经济变量应该具备什么关系的一种理论。哈罗德－多马模型的基本公式是 $G_w = \frac{s}{C}$。当储蓄率（$s$）与资本－产量比率的倒数（$\frac{1}{C}$）的乘积等于国民收入增长率（$\frac{\Delta Y}{Y}$）时，全部储蓄转化为投资，经济实现了均衡增长，国民收入增长率（$\frac{\Delta Y}{Y}$）成为合意的增长率（$G_w$）。如果实际增长率与合意增长率不等，经济会出现波动。只有在实际增长率等于合意增长率和自然增长率时，经济才能实现在充分就业的状态下均衡增长。

3. 新古典增长模型主要分析经济增长的源泉，它主要说明产量是劳动、资本和技术水平的函数。假定不存在技术进步，总产量和人均产量增长率是劳动和资本的函数：$\frac{\Delta Y}{Y} = b \cdot \frac{\Delta K}{K} + (1-b)\frac{\Delta L}{L}$，$\frac{\Delta Y}{Y} - \frac{\Delta L}{L} = b\left(\frac{\Delta K}{K} - \frac{\Delta L}{L}\right)$。如果存在技术进步，总产量和人均产量的增长率是劳动、资本和技术的函数：$\frac{\Delta Y}{Y} = \frac{\Delta A}{A} + b \cdot \frac{\Delta K}{K} + (1-b)\frac{\Delta L}{L}$，$\frac{\Delta Y}{Y} - \frac{\Delta L}{L} = \frac{\Delta A}{A} + b\left(\frac{\Delta K}{K} - \frac{\Delta L}{L}\right)$（上式中的 $b$ 表示资本

收入在总收入中的比例)。

## 二、学习要求

1. 要求掌握下述概念：经济增长，累积效应，内含的技术进步，非内含的技术进步，物质资本，人力资本，哈罗德－多马模型，合意增长率，实际增长率，自然增长率，新古典增长模型。

2. 要求理解下述关系：经济增长与国民收入增长的关系；内含的技术变化与非内含的技术变化的关系；物质资本与人力资本的关系；实际增长率与合意增长率的关系；实际增长率与自然增长率的关系。

3. 要求能够概括下述原理：经济增长的源泉；哈罗德－多马模型；新古典增长模型。

## 三、应该注意的问题

1. 经济增长往往以国民收入增长来表示。但是，并不是所有的国民收入的增长都是经济增长。由于现有生产能力利用率的提高所带来的国民收入的增长不属于经济增长，由于社会生产能力的提高所带来的国民收入的增长才属于经济增长，因此，经济增长可以看作充分就业的国民收入的增长。

2. 在哈罗德－多马模型中，实际增长率是指实际发生的增长率。假定某个国家去年的国民收入是 $Y$，本年国民收入增量是 $\Delta Y$，那么实际增长率为 $\frac{\Delta Y}{Y}$。合意增长率则是均衡增长率，即国民收入的增长率必须等于储蓄率（$s$）与资本－产量比率（$C$）的倒数的乘积，全部储蓄才能转变为投资，该国民收入增长率才是合意的增长率。

## 四、练习与思考

（一）填空（在括号里填上适当的词）
1. 所谓经济增长是指（　　）的提高所带来的国民收入的增长。
2. 反映经济增长的指标主要有（　　）、（　　）和（　　）。
3. 资本品本身效率的提高称为（　　）。
4. 资本品使用条件的改进称为（　　）。
5. 在哈罗德看来，合意增长率是指（　　），它的公式是（　　）。
6. 按照哈罗德的解释，实际增长率是指（　　）。

7. 在哈罗德增长模型中，自然增长率是指（　　）。

8. 哈罗德认为，如果实际增长率（　　）合意增长率，经济将均衡地增长；如果实际增长率（　　）合意增长率，经济将不断扩张；如果实际增长率（　　）合意增长率，经济会出现萧条。

9. 哈罗德指出，要使经济在充分就业的条件下均衡地增长，实际增长率、合意增长率和自然增长率必须（　　）。如果合意增长率（　　）自然增长率，经济将出现长期的停滞；如果合意增长率（　　）自然增长率，经济将出现长期的高涨。

10. 新古典增长模型认为，产量的增长取决于（　　）、（　　）和（　　）。

(二) 判断（判断下列说法是否正确，分别在括号里写上 T 或 F）

1. 由失业率的下降和设备利用率的提高而带来的国民生产总值的增长，即便从严格的意义上说也是经济增长。（　　）
2. 经济增长在图像上表现为生产可能性边界向外移动。（　　）
3. 电子计算机技术的产生属于内含的技术变化。（　　）
4. 组织管理水平的提高属于非内含的技术变化。（　　）
5. 按照哈罗德的定义，自然增长率一定大于或者等于实际增长率。（　　）
6. 根据哈罗德的分析，合意增长率一定大于或等于实际增长率。（　　）
7. 哈罗德认为，如果合意增长率大于实际增长率，经济将出现高涨。（　　）
8. 哈罗德指出，如果实际增长率等于合意增长率，经济将在充分就业的状态下均衡增长。（　　）
9. 如果实现了哈罗德的自然增长率，社会资源将得到充分利用。（　　）
10. 根据新古典增长模型，劳动、资本的增长或技术水平的提高都可以带来经济增长。（　　）

(三) 选择（根据题意选择一个最合适的答案，并在括号里填上相应的字母）

1. 经济增长在图像上表现为生产可能性边界（　　）
   A. 内的某一点向边界移动。　B. 向外移动。　C. 上的某一点沿着边界移动。

2. 如果要分析经济增长对人们生活标准的影响，应该采用下述指标：（　　）
   A. 实际国民生产总值。　B. 人均实际国民生产总值。　C. 每人时实际国民生产总值。

3. 使用自动装配线进行生产是（　　）

A. 内含的技术变化。　B. 非内含的技术变化。　C. 既是内含的也是非内含的技术变化。

4. 能够促进经济增长的技术是（　　）

A. 内含的技术。　B. 非内含的技术。　C. 内含的和非内含的技术。

5. 实行劳动专业化是（　　）

A. 内含的技术变化。　B. 非内含的技术变化。　C. 既是内含的也是非内含的技术变化。

6. 哈罗德的经济增长模型和凯恩斯的有效需求原理，在分析方法上存在下述区别：（　　）

A. 凯恩斯采用的是短期的比较静态的分析方法，哈罗德采用的是长期的动态的分析方法。　B. 凯恩斯采用的是短期的动态的分析方法，哈罗德采用的是长期的静态的分析方法。　C. 凯恩斯采用的是长期的静态的分析方法，哈罗德采用的是短期的动态的分析方法。

7. 哈罗德的分析所以是一种长期的分析，是因为他（　　）

A. 从连续的各个时期来分析经济增长。　B. 根据投资和储蓄之间的关系来分析经济增长。　C. 在技术、资本和人口均为可变的条件下分析经济增长。

8. 哈罗德的分析所以是一种动态的分析，是因为他（　　）

A. 从连续的各个时期来分析经济增长。　B. 根据投资和储蓄之间的关系来分析经济增长。　C. 在技术和人口均为可变的条件下分析经济增长。

9. 已知资本－产量比率等于 4，储蓄率是 20%。按照哈罗德增长模型，要使储蓄全部转化为投资，增长率应该是（　　）

A. 4%。　B. 6%。　C. 5%。

10. 假如要把产量的年增长率从 5% 提高到 7%，在资本－产量比率等于 4 的前提下，根据哈罗德增长模型，储蓄率应达到（　　）

A. 28%。　B. 30%。　C. 32%。

11. 假如要把产量的年增长率从 5% 提高到 7%，在储蓄率为 20% 的条件下，根据哈罗德增长模型，资本－产量比率约为（　　）

A. 2。　B. 3。　C. 4。

12. 在哈罗德增长模型中，已知合意增长率小于实际增长率，这意味着（　　）

A. 现有的资本存量大于厂商希望有的资本存量。　B. 现有的资本存量小于厂商希望有的资本存量。　C. 现有的资本存量等于厂商希望有的资本存量。

13. 在哈罗德增长模型中，已知合意增长率小于实际增长率，厂商的反应是（   ）

A. 增加投资。   B. 减少投资。   C. 保持原投资水平不变。

14. 在哈罗德的增长模型中，合意增长率和自然增长率的区别在于（   ）

A. 前者假定资本与劳动的比例不断提高，后者没有。   B. 前者以充分就业为前提，后者没有。   C. 前者表示在均衡状态下增长，后者表示在充分就业状态下增长。

15. 根据哈罗德的看法，当合意增长率大于自然增长率时，经济将（   ）

A. 出现持续的高涨。   B. 发生长期的萧条。   C. 均衡增长。

（四）简答（简要回答下列问题）

1. 经济增长的源泉是什么？
2. 哈罗德－多马模型主要说明什么问题？
3. 新古典增长模型主要说明什么问题？

（五）论述（分析和阐述下列问题）

1. 哈罗德－多马模型的主要内容是什么？它的经济意义是什么？
2. 新古典增长模型的主要内容是什么？它的经济意义是什么？

（六）思考（讨论和研究下列问）

设新古典增长模型的具体形式是：$\frac{\Delta Y}{Y} = \frac{3}{4} \cdot \frac{\Delta L}{L} + \frac{1}{4} \cdot \frac{\Delta K}{K} + \frac{\Delta A}{A}$，已知劳动的增长率是 1%，资本的增长率是 4%，技术变革是 $1\frac{1}{2}$%，产量增长率是多少？如果劳动停止增长，资本增长率是 5%，技术变革仍是 $1\frac{1}{2}$%，产量增长率又是多少？

## 五、练习题解答

（一）填空题答案

1. 社会生产能力   2. 实际国民生产总值   人均国民生产总值   每人时国民生产总值   3. 内含的技术变化   4. 非内含的技术变化   5. 均衡增长率（$G_W$）   $G_W = s/C$   6. 实际发生的增长率   7. 在技术进步和人口增长的条件下的充分就业的增长率   8. 等于   大于   小于   9. 相等   大于   小于   10. 劳动的增长   资本的增长   技术的进步

## 第25章 经济的增长

（二）判断题答案

1. F 社会生产能力并没有提高。
2. T 即社会生产能力提高了。
3. T 电子计算机技术导致资本品效率提高。
4. T 组织管理导致资本品使用条件改进。
5. T 自然增长率是可能实现的最大增长率。
6. F 合意增长率可以大于、等于或小于实际增长率。
7. F 经济将出现萧条。
8. F 达到合意增长率并不意味着实现了充分就业。
9. T 自然增长率是充分就业的增长率。
10. T 根据新古典增长模型而成立。

（三）选择题答案

1. B 生产可能性边界向外移动表示社会生产能力的提高。
2. B 人均产值反映人们的生活水平。
3. C 一方面设备比以前更加先进，另一方面劳动组织形式发生了变化。
4. C 内含的和非内含的技术进步都可以促进经济增长。
5. B 劳动专业化属于劳动组织的变化。
6. A 哈罗德增长理论是凯恩斯有效需求理论的长期化和动态化。
7. C 长期意味着技术、资本和人口均为可变。
8. A 动态意味连续的过程。
9. C $G_W = s/C = 20\%/4 = 5\%$。
10. A $s = C \cdot G_W = 4 \times 7\% = 28\%$。
11. B $C = s/G_W = 20\%/7\% \approx 3$。
12. B 实际增长率大于合意增长率表示现有生产能力不足。
13. A 厂商感到现有资本存量没有达到他们希望的水平。
14. C 前者是均衡的增长率，后者是充分就业的增长率。
15. B 在这种情况下机器设备将大量闲置，经济趋于停滞。

（四）简答题回答提要

1. 经济增长的源泉主要有科学技术的进步、物质资本的增长和人力资本的增长。

2. 哈罗德－多马模型的基本公式主要说明储蓄率、资本－产量比率和国民收入增长率三个变量必须保持什么关系，才能保持国民收入均衡增长。

3. 新古典增长模型主要说明科学技术的进步、劳动力的增长和资本的增长对于产量增长的作用。

(五) 论述题论述要点

1. 哈罗德－多马模型提出三个增长率的概念：第一个增长率是实际增长率，即实际发生的增长率；第二个增长率是合意增长率，即均衡增长率，它等于储蓄率 ($s$) 与资本－产量比率 ($C$) 的倒数的乘积；第三个增长率是自然增长率，即充分就业的增长率，它等于劳动力增长率与劳动生产率增长率之和。当实际增长率等于合意增长率时，经济实现均衡增长；如果实际增长率不等于合意增长率，经济将发生波动；当实际增长率不但等于合意增长率，而且等于自然增长率时，经济在充分就业的状态下实现均衡增长。

哈罗德－多马模型基本公式 $G_W = \dfrac{s}{C}$ 的经济意义是：设去年某国的国民收入是 $Y_{t-1}$，储蓄率是 $s$，那么本年的储蓄是 $sY_{t-1}$。如果资本－产量比率等于 $C$，那么国民收入的增量 $\Delta Y_t$ 必须达到这样的水平，使 $C\Delta Y_t = sY_{t-1}$，即国民收入的增长率必须是 $\Delta Y_t / Y_{t-1}$。

2. 新古典增长模型提出四个产量增长率的等式：第一个是不存在技术进步条件下的总产量增长率 ($\dfrac{\Delta Y}{Y}$) 等式，即 $\dfrac{\Delta Y}{Y} = b \cdot \dfrac{\Delta K}{K} + (1-b)\dfrac{\Delta Y}{Y}$；第二个是不存在技术进步条件下的人均产量增长率 ($\dfrac{\Delta Y}{Y} - \dfrac{\Delta L}{L}$) 等式，即 $\dfrac{\Delta Y}{Y} - \dfrac{\Delta L}{L} = b(\dfrac{\Delta K}{K} - \dfrac{\Delta L}{L})$；第三个是存在技术进步条件下的总产量增长率 ($\dfrac{\Delta Y}{Y}$) 等式，即 $\dfrac{\Delta Y}{Y} = \dfrac{\Delta A}{A} + b \cdot \dfrac{\Delta K}{K} + (1-b)\dfrac{\Delta L}{L}$；第四个是存在技术进步条件下的人均产量增长率 ($\dfrac{\Delta Y}{Y} - \dfrac{\Delta L}{L}$) 等式，即 $\dfrac{\Delta Y}{Y} - \dfrac{\Delta L}{L} = \dfrac{\Delta A}{A} + b(\dfrac{\Delta K}{K} - \dfrac{\Delta L}{L})$。在上述等式中，$Y$、$K$、$L$、$b$ 分别表示产量、资本、劳动、资本收入在总收入中的比例。

新古典增长模型的经济意义是：劳动力的增长、资本存量的增长和科学技术的进步对产量的增长产生直接的影响。

(六) 思考题思考提示

$\dfrac{\Delta Y}{Y} = \dfrac{3}{4} \times 1\% + \dfrac{1}{4} \times 4\% + 1\dfrac{1}{2}\% = 3\dfrac{1}{4}\%$；

$\dfrac{\Delta Y}{Y} = \dfrac{1}{4} \times 5\% + 1\dfrac{1}{2}\% = 2\dfrac{3}{4}\%$。

# 第 26 章  经济的发展

## 一、内容提要

前一章所分析的经济增长，主要是一般国家充分就业的国民收入的增长，特别是发达国家充分就业的国民收入的增长。但是，在世界各国中，发展中国家存在许多自身的特点。本章所分析的经济发展，则主要是发展中国家的经济发展。首先分析发展中国家存在的问题，然后探讨各种发展中国家的发展战略。

本章内容的要点如下：

1. 发展中国家的人均产值较低，人口增长率较高，因而很容易陷入低人均产值→低储蓄→低投资→低生产率→低人均产值的恶性循环。发展中国家要摆脱恶性循环，必须加快资本形成，其方法是增加国内储蓄、引进外国资本、取得外国援助等。

2. 农业发展战略是指发展中国家应该重点发展农业，一方面解决人口的基本生活需要的问题，另一方面通过农业的积累发展工业。

3. 平衡增长战略是指发展中国家应该同时在若干个生产部门进行投资，以保持供给结构的变化与需求结构的变化相适应。

4. 进口替代工业的发展战略是指发展中国家应该发展生产进口替代品的工业，以使本国摆脱对外国商品的依赖，节省外汇的支出。

5. 出口工业的发展战略是指发展中国家应该重点发展本国具有优势的工业，然后把产品出口国外以取得发展经济所需要的外汇资金。

## 二、学习要求

1. 要求掌握下述概念：恶性循环，配置的低效率，$x$ - 低效率，农业发展战略，平衡增长战略，不平衡增长战略，逐步平衡增长战略，进口替代工业发展战略，出口工业发展战略。

2. 要求理解下述关系：配置的低效率与 $x$ - 低效率的关系；平衡增长战

略与不平衡增长战略的关系；进口替代工业发展战略和出口工业发展战略的关系。

3. 要求能够概括下述原理：农业发展战略；不平衡增长战略；进口替代工业发展战略；出口工业发展战略。

## 三、应该注意的问题

1. 在发展中国家低人均产值→低储蓄→低投资→低生产率→低人均产值的恶性循环中，不仅存在着量的问题，而且存在着质的问题，如科学技术较落后、劳动者的素质较低、投资环境较差等。

2. 发展中国家的各种发展战略不是相互排斥的。例如，发展中国家重点发展农业并不意味着它不可以发展进口替代工业。当然，发展中国家的社会资源是有限的，它不可能既重点发展农业，又重点发展进口替代工业，从这个角度来看，发展中国家的各种发展战略又有所区别和侧重。

## 四、练习与思考

（一）填空（在括号里填上适当的词）
1. 发展中国家的恶性循环的起点和终点都是（　　）。
2. 促进资本形成的方法有（　　）、（　　）和（　　）。
3. 农业发展战略的目的是（　　）和（　　）。
4. （　　）战略需要大量的资金才有可能实施。
5. 发展具有优势或潜在优势的工业以扩大商品出口的战略称为（　　）。

（二）判断（判断下列说法是否正确，分别在括号里写上 T 或 F）
1. 对经济发展的分析属于短期的比较静态的分析。（　　）
2. 某个国家所生产的商品的组合在生产可能性曲线之内，这种情形称为配置低效率。（　　）
3. 出口工业发展战略实际上属于不平衡发展战略。（　　）
4. 农业发展战略将在一定程度上延缓工业化的进程。（　　）
5. 逐步平衡增长战略比平衡增长战略更适合于发展中国家。（　　）

（三）选择（根据题意选择一个最合适的答案，并在括号里填上相应的字母）
1. 在发展中国家里，储蓄率偏低的因素包括（　　）
A. 人们收入水平较低，用于必要的消费支出以外再没有更多的收入用于储蓄。　B. 在消费示范的影响下，人们甚至会把收入用于某些超前的消费上。 C．答案 A 和 B。

2．下面哪一种引进外国资本的方式可以使双方共担风险，但本国经济有可能被外国厂商所控制：（　　）

A．向外国商业银行借钱。 B．让外国厂商到本国入股。 C．向外国公众出售债券。

3．如果政府通过增加税收或压低工资的方法促进资本形成，那么（　　）

A．政府将为经济发展付出代价。 B．这一代人将为经济发展付出代价。 C．下一代人将为经济发展付出代价。

4．具有某些特殊的社会资源的发展中国家适合于实行（　　）

A．出口工业发展战略。 B．进口替代工业发展战略。 C．逐步平衡增长战略。

5．十分贫困的发展中国家在一定的时期里宜于采用（　　）

A．平衡增长战略。 B．进口替代工业发展战略。 C．农业发展战略。

（四）简答（简要回答下列问题）

1．什么是农业发展战略？

2．什么是进口替代工业发展战略？

3．什么是出口工业发展战略？

（五）论述（分析和阐述下列问题）

1．引进外国资本对发展中国家的经济发展具有什么作用？

2．引进外国资本主要有什么方式？各有什么利弊？

（六）思考（讨论和研究下列问题）

在发展中国家，通过加快资本积累可以实现经济持续和稳定发展吗？

## 五、练习题解答

（一）填空题答案

1．低人均产值　　2．增加国内储蓄　引进外国资本　争取外国援助
3．解决人口的基本生活需要　积累资金用于发展工业　　4．平衡增长战略
5．出口工业发展战略

（二）判断题答案

1．F　对经济发展的分析属于长期的动态的分析。

2．F　这种情形称为 $x$-低效率。

3．T　发展具有优势的个别工业属于不平衡发展战略。

4．T　工业的发展由于缺少资金的投入而会被延缓。

5．T　发展中国家缺乏足够的资金在各个生产部门同时投资。

（三）选择题答案

1．C　答案 A 和 B 两种情况都造成低储蓄率。
2．B　外国厂商到本国入股免除本国还本付息的负担。
3．B　这一代人将处在较低的生活水平上。
4．A　这种类型的国家可以利用特殊的社会资源生产用于出口的商品。
5．C　这种类型的国家应该首先解决现有人口的基本需要问题。

（四）简答题回答提要

1．农业发展战略是指发展中国家应该重点发展农业，一方面解决人口的基本需要问题，另一方面通过农业的积累来发展工业。

2．进口替代工业发展战略是指发展中国家应该发展生产进口替代品的工业，以使本国摆脱对进口商品的依赖，节省外汇的支出。

3．出口工业发展战略是指发展中国家应该重点发展本国具有优势的工业，然后把产品出口国外以取得发展经济所需要的外汇资金。

（五）论述题论述要点

1．发展中国家较低的人均产值造成较低的储蓄和较低的投资，影响了本国经济的发展。在本国难以迅速地和大规模地积累的情况下，引进外国资本有助于摆脱恶性循环，加快经济的发展。

2．引进外国资本主要有两种方式：第一种是取得外国贷款，包括取得外国政府贷款、外国银行贷款、向外国出售本国债券等具体形式；第二种是让外国厂商到本国投资，包括外国厂商到本国建立独资企业、合资企业、购买本国公司的股份等具体形式。采取第一种方式的好处是本国掌握着企业的控制权；不利之处是背上还本付息的负担，承受了全部经营风险。第二种方式的好处是本国不必背上还本付息的负担，本国不承担经营风险或共同承担经营风险；不利之处是部分企业被外国厂商控制。

（六）思考题思考提示

发展中国家的经济发展是一个复杂的过程，单靠资本积累是难以实现经济持续和稳定地发展的。发展中国家的发展依赖于五个因素，即劳动素质、自然资源、资本形成、科学技术和制度创新。

# 第 27 章 国际贸易的原理

## 一、内容提要

本章和下一章构成国际经济学中的国际贸易分析。本章主要研究国际贸易的原因、流向和利益,首先分析了比较利益原理,然后分析其他的贸易基础。本章内容的要点如下:

1. 当一个国家使用相同数量的资源比另一个国家生产出更多的某种商品,这个国家在这种商品上与另一个国家相比具有绝对利益。如果一个国家出口绝对有利的商品,进口绝对不利的商品,该国将从国际贸易中获得利益。因此,按照绝对利益原理,国际贸易的原因是绝对利益的差别;国际贸易的流向是各国出口本国绝对有利的商品,进口本国绝对不利的商品;国际贸易的利益是可以获得更多的商品。

2. 当一个国家为了生产一定数量的某种商品而不得不放弃的别的商品的数量少于另一个国家时,这个国家在这种商品的生产上与另一个国家相比具有比较利益。如果一个国家出口相对有利的商品,进口相对不利的商品,该国将从国际贸易中获得利益。因此,按照比较利益原理,国际贸易的原因是各国在不同商品的生产上具有比较利益;国际贸易的流向是各国出口本国相对有利的商品,进口本国相对不利的商品;国际贸易的利益是可以获得更多的商品。

3. 一个国家所以在某些商品的生产上具有比较利益,是因为各国资源赋予不同,或者是各国技术水平不同。各个国家各种资源的充裕程度是不同的,如果某国具有充裕的某种生产要素,那么这种生产要素相对来说比较低廉。又如果某种商品的生产需要使用较多这种生产要素,那么该国在这种商品的生产上具有比较利益。另外,如果某国在某种技术上处于相对先进的地位,而某种商品的生产需要采用这种技术,那么该国在这种商品的生产上具有比较利益。

4. 国际贸易的基础除了相对成本的差异以外,还有消费者的偏好和规模的节约。假定 A、B 两个国家在 A、B 两种商品的生产上的比较利益相同,但如果 A 国消费者偏好于商品 A,B 国消费者偏好于商品 B,那么 A 国仍然会以商品 B 与 B 国交换商品 A。或者如果 A 国专门生产商品 A,B 国专门生产商品

B，那么 A 国仍然会以商品 A 与 B 国交换商品 B。

5. 在自由贸易的条件下，国际贸易将导致社会资源在各国的重新配置以及各国产品价格和资源价格均等化。

## 二、学习要求

1. 要求掌握下述概念：绝对利益，比较利益，贸易条件，利昂惕夫之谜，国际贸易的经济效应。

2. 要求理解下述关系：绝对利益与比较利益的关系；比较利益与资源赋予差别的关系；比较利益与利昂惕夫之谜的关系。

3. 要求能够概括下述原理：比较利益产生的原因及其对国际贸易的影响；国际贸易的基础；国际贸易的经济效应。

## 三、应该注意的问题

1. 一个国家在某种商品的生产上具有绝对利益，它不一定具有比较利益。另外，一个国家在某种商品的生产上具有比较利益，它不一定具有绝对利益。

2. 根据比较利益原理，一个国家生产某种商品与另一个国家相比相对成本的差异造成相对价格的差异，并进而产生比较利益。但相对价格的差异除了相对成本差异的原因以外，还可以有其他原因。因而，国际贸易有着多方面的基础。

## 四、练习与思考

（一）填空（在括号里填上适当的词）

1. 假如 A 国使用同样数量的资源比 B 国生产出更多的商品 X，那么 A 国在商品 X 的生产上具有（　　）。

2. 假如 A 国生产同样数量的商品 Y 所耗费的资源少于 B 国，那么 A 国在商品 Y 的生产上具有（　　）。

3. 如果要增加 1 单位商品 X 的生产，就不得不减少 3 单位的商品 Y，那么生产这个单位商品 X 的（　　）等于 3 单位商品 Y。

4. 假如 A 国生产 1 单位商品 X 的相对成本小于 B 国，那么 A 国在商品 X 的生产上（　　），B 国在商品 X 的生产上（　　）。

5. 假定 A、B 两国分别在商品 X、Y 的生产上相对有利，要增加这两个国家的商品总量，A 国应该专门生产（　　），B 国应该专门生产（　　）。

6. 根据比较利益原理，A 国将出口本国（　　）的商品，进口（　　）的商品。

7. 在 A、B 两国的贸易中，商品 X 与商品 Y 的交换比率称为（　　）。

8. 假如 A 国生产 1 单位商品 Y 的相对成本是 1/3 单位商品 X，它要求的贸易条件是每单位 X 换得的 Y（　　）3 单位。

9. 如果某国专门生产本国相对有利的商品，然后用它交换本国相对不利的商品，那么该国的贸易可能性曲线将位于生产可能性曲线（　　）。

10. 相对利益产生的原因是（　　）和（　　）。

11. 利昂惕夫之谜是美国经济学家发现（　　）的进出口情况与（　　）相矛盾。

12. 在某两个国家生产某两种商品的相对成本相同的条件下，由于（　　）或（　　）的存在，国际贸易仍然会发生。

13. 根据比较利益原理，各国通过国际贸易可以获得更多的商品，其原因是（　　）。

14. 国际贸易对各国社会资源配置的影响是（　　）。

15. 国际贸易对各国产品和资源价格的影响是（　　）。

（二）判断（判断下列说法是否正确，分别在括号里写上 T 或 F）

1. 如果一个国家在某种商品的生产上具有比较利益，那么它在这种商品的生产上必然具有绝对利益。（　　）

2. 如果一个国家在某种商品的生产上具有绝对利益，那么它在这种商品的生产上必然具有绝对利益。（　　）

3. 尽管某国在许多商品的生产上都具有绝对利益，但要获得对外贸易的好处，它仍应该专门生产具有比较利益的商品。（　　）

4. 尽管某国在许多商品的生产上都绝对不利，但如果它专门生产其中具有比较利益的商品，它仍然能够从对外贸易中取得好处。（　　）

5. 一个国家出口绝对有利的商品，以交换绝对不利的商品，才能够从对外贸易中得到好处。（　　）

6. 一个国家出口相对有利的商品，以交换相对不利的商品，就可以从对外贸易中得到好处。（　　）

7. 按照比较利益原理，发达国家和发展中国家都有可能从国际贸易中受益。（　　）

8. 假如 A、B 两国根据比较利益原理实行国际分工，那么经过贸易以后它们的生产可能性边界都会向外移动。（　　）

9. 假如 A、B 两国根据比较利益原理实行国际分工，那么经过贸易以后它们的贸易可能性曲线位于它们的生产可能性边界以内。（　　）

10. 利昂惕夫之谜证明资源赋予学说是错误的。（    ）

11. 如果某两个国家在某两种商品的生产上相对成本相同，那么这两个国家之间不会发生这两种商品的贸易。（    ）

12. 如果某两个国家的某两种商品的相对价格不同，那么这两个国家之间将会发生这两种商品的贸易。（    ）

13. 国际贸易所以会造成资源的重新配置，是因为国际贸易推动了国际分工，各国把较多的资源投入本国具有比较利益的商品。（    ）

14. 国际贸易会使各国产品的价格和资源的价格趋向于均等。（    ）

15. 在短期里，净出口的增加会促进该国国民收入水平的提高。（    ）

（三）选择（根据题意选择一个最合适的答案，并在括号里填上相应的字母）

1. 假如 A、B 两国专门生产本国具有比较利益的商品，然后相互交换，那么两国的商品总量（    ）

　　A. 不变。　　B. 将增加。　　C. 将减少。

2. 已知 A 国在商品 X 和 Y 的生产上都具有绝对利益，但仅在商品 X 的生产上具有相对利益；B 国在商品 X 和 Y 的生产上都绝对不利，但在商品 Y 的生产上具有相对利益。要增加商品 X 的总产量，（    ）

　　A. A 国应该专门生产商品 X，B 国专门生产商品 Y。　　B. A、B 两国各自生产商品 X 和 Y。　　C. A 国应该专门生产商品 Y，B 国专门生产商品 X。

3. A 国用商品 X 与 B 国交换商品 Y，贸易条件是指（    ）

　　A. 1 单位 X 所换取的 Y 的数量。　　B. 1 单位 Y 所换取的 X 的数量。　　C. 答案 A 或 B。

4. A 国生产 1 单位商品 Y 的相对成本是 1/3 单位商品 X，B 国生产 1 单位商品 X 的相对成本是 4 单位 Y，要增加两国的商品总量，（    ）

　　A. A 国应专门生产 X，B 国专门生产 Y。　　B. A 国应专门生产 Y，B 国应专门生产 X。　　C. A、B 两国各自生产 X 和 Y。

5. 根据题 4 的已知条件，A、B 两国愿意进行贸易的条件是（    ）

　　A. 交换比率在 3Y:1X 与 4Y:1X 之间。　　B. 交换比率是 1Y:1/3X。　　C. 交换比率是 1Y:1/4X。

6. 根据题 4 的已知条件，如果贸易条件最终为 1X:3.5Y，那么通过贸易，（    ）

　　A. A 国受益，B 国没受益。　　B. 两国都受益。　　C. A 国没受益，B 国受益。

7. 李嘉图的比较利益原理的假定之一是（    ）

　　A. 各贸易国都是工业国。　　B. 各贸易国实现了充分就业。　　C. 各贸易国专门生产出口商品。

8. 假定劳动耗费是唯一的成本。A 国一个工时的劳动能够生产 2 单位商品 X 或 3 单位商品 Y，X 与 Y 的价格之比是 3:2。假如在 B 国商品 X 和 Y 的价格之比是 1:1，B 国愿意以这个条件向 A 国交换商品 X 或 Y，那么 A 国应该（　　）

　　A．出口商品 X。　B．既不出口也不进口。　C．进口商品 X。

9. 在某一个国家里，一个工时的劳动能够生产 5 单位商品 X 或 10 单位商品 Y。假如劳动成本等于生产成本，劳动可以自由流动，商品 X 的价格若是 20 美元，商品 Y 的价格一定是（　　）

　　A．40 美元。　B．5 美元。　C．10 美元。

10. 根据题 9 的已知条件，再假定商品 X 和 Y 的价格比率是 2:1，如果这个国家出口商品 X 和进口商品 Y，会导致（　　）

　　A．商品 X 与 Y 的价格比率上升。　B．商品 X 与 Y 的价格不变。　C．商品 X 与 Y 的价格比率下降。

11. 按照比较利益原理，美国不应种植香蕉而应进口香蕉，其原因是（　　）

　　A．美国地理条件不宜种植香蕉。　B．美国的资源条件更适合于生产其他商品，热带国家的资源条件更适合于生产香蕉。　C．美国人不愿意种植香蕉。

12. 已知美国生产 1 单位商品 X 和 Y 的成本分别是 1 和 2 美元，法国生产 1 单位这两种商品的成本分别是 25 和 35 法郎。要增加两国的消费总量，（　　）

　　A．美国应该出口商品 X 和进口商品 Y。　B．法国应该出口商品 X 和进口商品 Y。　C．两国都应该出口商品 X。

13. 美国生产 1 单位商品 X 和 Y 分别耗费 1/6 和 1/20 个工时，商品 X 和 Y 的交换比率在欧洲是 16:20。假如劳动成本是唯一的成本，运输与其他费用为零，美国不生产商品 X 而用商品 Y 与欧洲国家交换，那么 1 单位商品 X 现在的成本是（　　）

　　A．1/6 个工时。　B．1/20 个工时。　C．1/16 个工时。

14. 根据题 13 的已知条件，如果美国专门生产相对有利的商品 Y，再用部分 Y 与欧洲国家交换商品 X，那么美国可以增加（　　）

　　A．商品 X 和 Y 的消费量。　B．商品 X 的消费量。　C．商品 Y 的消费量。

15. 已知美国一个工时可以生产 40 单位商品 X 或 12 单位商品 Y，欧洲国家一个工时可以生产 10 单位商品 X 和 8 单位商品 Y，假定劳动耗费是唯一的

成本，下面哪一种说法是不对的？（　　）

A．美国在商品 X 和商品 Y 的生产上都绝对有利。　　B．美国在商品 Y 的生产上相对有利　　C．美国在商品 X 的生产上相对有利。

16．根据题 15 的已知条件，按照比较利益原理，美国应该（　　）

A．进口商品 X 和出口商品 Y。　　B．出口商品 X 和商品 Y。　　C．出口商品 X 和进口商品 Y。

17．根据题 15 的已知条件，假如美国一个工时只能生产 12 单位商品 X，其他条件不变，那么美国应该（　　）

A．进口商品 X 和出口商品 Y。　　B．出口商品 X 和商品 Y。　　C．出口商品 X 和进口商品 Y。

18．下面哪一种说法是正确的？（　　）

A．如果一个国家在某种商品的生产上具有比较利益，那么它在这种商品的生产上一定具有绝对利益。　　B．如果一个国家在某种商品的生产上具有绝对利益，那么它在这种商品的生产上一定具有比较利益。　　C．除非各种商品价格比率在两个国家完全相同，否则一个国家在某一种或某几种商品的生产上一定相对有利。

以下 19～23 题已知条件为：假定有 A、B、C 三个国家，它们的生产可能性边界在相同的坐标系中表现为下述形式：

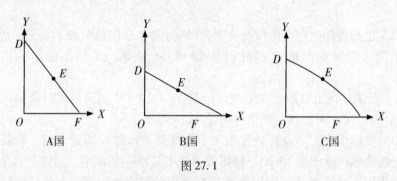

图 27.1

19．在商品 X 或商品 Y 的产量增加的时候，（　　）

A．A、B 两国的机会成本递增，C 国的机会成本递减。　　B．A、B 两国的机会成本不变，C 国的机会成本递增。　　C．A、B、C 三国的机会成本均不变。

20．假如 A、B 两国间可以自由贸易，A 国（　　）

A．将停止生产商品 X 和出口商品 Y。　　B．出口商品 Y 但仍生产部分商品 X。　　C．停止生产商品 Y 和出口商品 X。

21．假定图中 E 点是贸易前各国的生产点和消费点，在 A、B 两国自由贸

易的条件下，（  ）

A. A、B 两国的生产和消费点分别移向 D 和 F。　B. A、B 两国的生产点不变，消费点分别移向 D 和 F。　C. A、B 两国的生产点分别移向 D 和 F，它们的消费点移向生产可能性边界以外。

22. 已知 A 国在商品 Y 的生产上相对有利，当它与 B 国进行贸易时，它的贸易可能性曲线由生产可能性边界（  ）

A. 绕着 D 点向外移动形成。　B. 绕着 F 点向外移动形成。　C. 平行向内移动形成。

23. 如果 C 国与其他国家自由贸易，（  ）

A. 它将停止商品 Y 的生产而专门生产商品 X。　B. 它不会停止这两种商品中任何一种的生产。　C. 它将停止商品 X 的生产而专门生产商品 Y。

24. 在贸易前，商品 X 和商品 Y 的价格之比在 A、B 两国分别是 3 和 2。假如略去运输费和其他费用，在贸易后，X 与 Y 的价格比率（  ）

A. 在 2 和 3 之间。　B. 与以前相同。　C. 不是小于 2 就是大于 3。

25. 根据题 24 的已知条件，当 A、B 两国的贸易达到平衡时，商品 X 与 Y 的价格比率，（  ）

A. 在 B 国出口 100 单位 X 和进口 300 单位 Y 的情况下等于 2.5。 B. 在 B 国出口 50 单位 X 和进口 120 单位 Y 的情况下等于 2.4。　C. 在 B 国出口 200 单位 X 和进口 620 单位 Y 的情况下等于 3.1。

（四）简答（简要回答下列问题）

1. 绝对利益和比较利益有什么区别？
2. 国际贸易的基础是什么？
3. 国际贸易对经济会有什么影响？

（五）论述（分析和阐述下列问题）

1. 根据比较利益原理，国际贸易的原因、流向和利益是什么？
2. 根据资源赋予学说，产生比较利益差别的原因是什么？

（六）思考（讨论和研究下列问题）

1. 根据比较利益原理，国际贸易的利益是产生于流通领域还是产生于生产领域？为什么？
2. 美国经济学家波特（Michael E. Port）提出了新的国际贸易理论，该理论称为竞争优势理论。波特以为，共有四个因素形成了公司的竞争环境，从而影响其竞争力和公司产品的出口。这四个因素是：资源赋予、需求情况、相关工业支持、公司的组织结构和经理才能。如何在本章的讨论范围内评价这个理论？

### 五、练习题解答

（一）填空题答案

1. 绝对利益　2. 绝对利益　3. 相对成本　4. 相对有利　相对不利　5. 商品 X　商品 Y　6. 相对有利　相对不利　7. 贸易条件　8. 不少于　9. 之外　10. 各国资源赋予的差别　各国技术水平的差别　11. 美国　资源赋予学说　12. 消费者偏好的差别　规模的节约　13. 各国专门生产本国具有比较利益的商品　14. 导致各国资源的重新配置　15. 导致产品和资源价格趋于均等

（二）判断题答案

1. F　该国在这种商品的生产上不一定具有绝对利益。

2. F　例如，A 国使用它的资源可以生产 400 单位 X 或 1200 单位 Y，B 国可以生产 450 单位 X 或 1800 单位 Y，B 国在两种商品的生产上都具有绝对利益。但是 A 国生产 1 单位 X 的相对成本是 3 单位 Y，B 国是 4 单位 Y，A 国在商品 X 的生产上具有比较利益。

3. T　各国贸易的基础是比较利益的差别。

4. T　各国贸易的基础是比较利益的差别。

5. F　出口相对有利的商品以换取相对不利的商品，也能够从对外贸易中受益。

6. T　该国可以获得更多的商品。

7. T　发达国家和发展中国家都在不同的商品生产上具有比较利益。

8. F　从定义来说，生产可能性边界是使用本国的社会资源所能生产的最大产量。因此，只要社会生产能力没有变化，生产可能性边界不会向外移动。通过对外贸易使本国商品总量增加，用贸易可能性曲线表示。

9. F　这两个国家的贸易可能性曲线位于生产可能性边界以外。

10. F　利昂惕夫之谜可以根据资源赋予学说给予说明。

11. F　如果这两个国家对这两种商品的消费偏好存在差别，仍有可能发生这两种商品的贸易。

12. T　相对价格的差异将产生比较利益的差异，从而会发生国际贸易。

13. T　国际贸易对资源配置的影响是国际分工造成的。

14. T　在不存在贸易障碍和运输成本等一系列严格的条件下，国际贸易才导致产品和货源价格的均等。在现实生活中，这些条件是不存在的，所以国际贸易使各国的产品和资源的价格趋向于均等。

15. T　根据现代国民收入理论而成立。

(三) 选择题答案

1. B 专业化生产将带来商品总量的增加。

2. A 各国应该专门生产本国具有比较利益的商品。

3. C 贸易条件是指商品的交换比率。

4. A A、B两国生产1单位Y的相对成本分别是1/3和1/4,生产1单位X的相对成本分别是3和4。

5. A 如果1单位X换取的Y少于3,A国宁愿自己生产Y;如果多于4,B国宁愿自己生产X。

6. B A国在贸易前用1单位X只能换取3单位Y,现在能换到3.5单位Y。同样,B国在贸易前用4单位Y才能换取1单位X,现在用3.5单位Y就能换到1单位X。

7. B 李嘉图是在充分就业的前提下提出比较利益原理。

8. C A国原来用3单位Y只能交换2单位X,但如果专门生产Y则能够用3单位Y与B国交换到3单位X。

9. C $20 \times 5 \div 10 = 10$。

10. A 这个国家愿意出口商品X和进口商品Y,意味着在对外贸易中X与Y的价格之比高于2∶1,即用X可以交换到更多的Y。

11. B 这是资源赋予的差别造成的。

12. A 美国生产X和Y的相对成本是1/2和2,法国是5/7和7/5,美法两国分别在X和Y的生产上相对有利。

13. C 美国用一个工时生产的20单位Y,在欧洲可以换得16单位X,所以1单位X的成本现在是1/16。

14. A 本国对相对有利和相对不利的商品的消费量都可以通过国际贸易而得到增加。

15. C 美国在商品X的生产上具有比较利益。

16. C 美国应该出口相对有利的商品,进口相对不利的商品。

17. A 美国在Y的生产上变得相对有利,在X的生产上变得相对不利。

18. C 商品相对价格的差异将造成比较利益的差异。

19. B A、B两国的生产可能性边界是直线,C国的生产可能性边界是凹向原点的曲线。

20. A A国生产可能性边界的斜率大于B国。

21. C A国专门生产商品Y,B国专门生产商品X。

22. A A国将专门生产Y,因而生产点到达D点。A国用商品Y与B国交换更多的商品X,因而贸易可能性曲线在生产可能性边界之外。

23. B C国不论是增加X或Y的生产,相对成本都将递增。

24. A 如果 X 与 Y 的价格之比小于或等于 2，B 国不愿意专门生产 X；如果大于或等于 3，A 国不愿意专门生产 Y。

25. B $120 \times 1 = 50 \times 2.4$。

（四）简答题回答提要

1. 绝对利益和比较利益在概念上是不同的，前者是指某国在某种商品生产上的绝对成本低于另一个国家；后者是指某国在某种商品生产上的相对成本低于另一个国家。一个国家在某种商品的生产上具有绝对利益，但不一定也具有比较利益；一个国家在某种商品生产上具有比较利益，但不一定也具有绝对利益。

2. 假定不存在贸易障碍和运输成本，只要某两种商品的交换比率在某两个国家里不同，这两个国家就会进行这两种商品的交换。因此，各种造成这两种商品交换比率或相对价格差异的因素都是贸易的基础，如相对成本的差异、消费者偏好的差异等。

3. 国际贸易会造成贸易国资源的重新配置和商品消费量的增加，还会造成贸易国商品的价格和资源的价格趋向于相等。

（五）论述题论述要点

1. 根据比较利益原理，国际贸易的原因是各国在不同商品的生产上具有比较利益；国际贸易的流向是各国出口本国相对有利的商品，进口相对不利的商品；国际贸易的利益是各国可以获得更多的商品。

2. 根据资源赋予学说，一个国家所以在某种商品的生产上具有比较利益，是因为各国资源赋予不同。如果某国具有充裕的某种生产要素，那么这种生产要素相对来说比较低廉。又如果某种商品的生产需要使用较多的这种生产要素，那么该国在这种商品的生产上具有比较利益。

（六）思考题思考提示

1. 根据比较利益原理，在生产两种商品的条件下，国际贸易的利益是指一个国家通过国际贸易使这两种商品的数量都增加了，或至少一种商品的数量不变而另一种商品的数量增加了。这种意义的利益单纯从流通领域是得不到的。假定 X、Y 两种商品在 A、B 两国内的交换比率是 1:1 和 1:2，A 国在国内用 1 单位商品 X 只能交换到 1 单位商品 Y，但在 B 国可以用 1 单位商品 X 交换 2 单位商品 Y。这样，A 国每出口 1 单位商品 X 都可以得到 2 单位商品 Y。在 A 国没有调整生产的情况下，A 国商品 X 的数量少了，以国内商品 X 与商品 Y 的交换比率作为标准来看，它所拥有的商品 Y 的数量更多了，但这不是比较有利原理所阐述的国际贸易的利益。因此，国际贸易的利益产生于生产领域，产生于两国都专门生产本国具有比较利益的商品。这样，在社会资源不变的前提下，世界商品的数量增加了。

2. 本章对国际贸易原因的分析侧重于比较利益，但并不局限于比较利益。在现实的经济里，只要各国产品的相对价格存在差异，就有可能发生国际贸易。因此，一切影响产品相对价格差异的因素都构成国际贸易的原因。从这个角度来看，竞争优势理论是成立的。

# 第 28 章 国际贸易的政策

## 一、内容提要

上一章和本章构成国际经济学中的国际贸易分析。本章首先分析关税和配额及其对国际贸易的影响,然后介绍有关国家的贸易政策。

本章内容的要点如下:

1. 进口关税是对进口商品征收的税。进口关税既造成国际贸易数量的减少,也造成利益的重新分配:一方面,消费者受到关税的损害,他们消费的数量减少,支付的价格提高;另一方面,厂商和政府得到关税的利益,即厂商的产量和利润增加,政府得到了关税收入。

2. 进口配额是指对某段时间进口某种商品数量的上限作出规定,它对经济造成的影响与进口关税相似,即既造成国际贸易数量的减少,也造成利益的重新分配。

3. 自由贸易在理论上和实践上都具有许多好处,但现实世界是复杂的,贸易保护主义者们提出下述理由反对自由贸易:第一,保护性关税对于保护与国防有关的工业是必要的;第二,保护性关税对增加国内就业是必要的;第三,保护性关税对于扶持年幼工业是必要的。

## 二、学习要求

1. 要求掌握下述概念:关税,从价关税,从量关税,保护性关税,进口配额,商品倾销,触发价格。

2. 要求理解下述关系:关税与配额的关系。

3. 要求能够概括下述原理:征收进口关税对经济的影响;实行进口配额对经济的影响。

### 三、应该注意的问题

1. 关税不是只对进口商品征收的税，而是对进出口商品征收的税。配额也不是只对进口商品实行的配额，而是对进出口商品实行的配额。但本章所分析的关税和配额指的是进口关税和进口配额。

2. 在某国国内某种商品的供给和需求相同的情况下，如果进口配额的高低正好使进口商品的数量等于征收关税所发生的进口商品的数量，那么实行进口配额与征收关税对国际贸易和国内经济所产生的影响是相似的。唯一不同的是如果政府没有拍卖进口许可证，在征收关税情况下政府得到的关税收入转变为在实行配额情况下进口商的利润。

### 四、练习与思考

（一）填空（在括号里填上适当的词）
1. 一个国家的政府对进口货物征收的税叫作（　　）。
2. 一个国家的政府对进口货物征收高额关税，以保护本国厂商免受外国厂商的竞争，这种关税称为（　　）。
3. 对某些商品在某段时期的进口量作出规定叫作（　　）。
4. 非关税壁垒除了进口限额外，还有（　　）、（　　）和（　　）等。
5. 对外倾销是指（　　）。
6. 触发价格是指（　　）。
7. 征收进口关税和实行进口配额会导致国际贸易规模（　　）。
8. 征收保护性进口关税不利于（　　），有利于（　　）。
9. 在政府不出售进口许可证的情况下，实行进口配额不利于（　　），有利于（　　）。
10. （　　）总协定在推动战后国际贸易发展方面发挥了重要作用。

（二）判断（判断下列说法是否正确，分别在括号里写上 T 或 F）
1. 政府征收关税的税率越高，政府的关税收入就越多。（　　）
2. 政府征收高额关税有助于本国厂商抵御外国厂商的竞争。（　　）
3. 就 A、B 两国贸易来说，如果 A 国用高关税的方法限制进口，在 B 国不采取相应报复措施的条件下，A 国的出口不会受到影响。（　　）
4. 一个国家的政府可以用关税来改变贸易条件。（　　）
5. 从限制进口的角度说，进口配额比征收关税更有效。（　　）

（三）选择（根据题意选择一个最合适的答案，并在括号里填上相应的字母）

1. 从纯经济的观点来看，关税最好达到下述程度：（　　）
A. 使外国商品的价格与国内同类商品价格相等。　B. 低到不会引起外国的报复。　C. 零。

2. 美国的工资较高，但它在许多商品中都不需要借助关税壁垒来防止劳动成本较低的国家的竞争，其主要原因是（　　）
A. 美国的劳动生产率较高，它可以抵消劳动成本较低的竞争力。B. 美国消费者喜欢购买美国制造的商品。　C. 外国消费者喜欢购买美国制造的商品。

3. 某国长期用高关税的方法来限制进口，这个国家的出口（　　）
A. 在外国采取相应报复措施的情况下将减少。　B. 在外国用进口限额的方法限制进口的情况下将减少。　C. 几乎在任何情况下都会减少。

4. 征收进口关税和实行进口限额的区别在于（　　）
A. 前者可以使政府得到关税收入，后者不能。　B. 后者可以使本国完全禁止进口，前者不能。　C. 既不是答案 A 也不是答案 B。

5. 进口限额和苛刻的质量检查的相同之处是（　　）
A. 它们都是一种关税壁垒。　B. 它们都是一种非关税壁垒。　C. 既不是答案 A 也不是答案 B。

（四）简答（简要回答下列问题）

贸易保护主义者提出应该征收保护性关税的主要论据是什么？

（五）论述（分析和阐述下列问题）

1. 进口关税对经济产生什么影响？
2. 进口配额对经济产生什么影响？

（六）思考（讨论和研究下列问题）

既然自由贸易可以给贸易国带来更多的好处，为什么各国运用关税壁垒和非关税壁垒对国际贸易加以不同程度的限制？

## 五、练习题解答

（一）填空题答案

1. 进口关税　2. 保护性关税　3. 进口限额　4. 外汇管制　发放进口许可证　苛刻的质量检查　5. 按低于国内市场的价格在国外市场出售商品　6. 外国商品的生产成本加上从外国运到本国的运输费用。一旦外国商品在本国的售价低于触发价格，就实行反倾销政策　7. 缩小　8. 本国

消费者和外国生产者　本国生产者和本国政府　　9．本国消费者和外国生产者　本国生产者和本国进口商　　10．关税与贸易

（二）判断题答案

1．F　进口关税税率增高会导致进口数量减少，政府的税收不一定增加。

2．T　外国商品在国内的价格上升，外国厂商的竞争力减弱。

3．F　B 国没有更多的 A 国货币用于进口 A 国商品。

4．T　关税改变了商品的实际价格之比。

5．T　征收高额进口关税仍不能阻止某些具有较高竞争力的商品的进口，实行进口配额可以在进口达到某一数量后完全禁止进口。

（三）选择题答案

1．C　在自由贸易条件下，各国都充分得到了国际贸易的利益。

2．A　美国的劳动生产率较高，尽管劳动者工资较高，但单位产量的工资成本并不高。

3．C　外国无法获得该国货币以进口该国商品。

4．C　实行限额并没有完全禁止进口，政府仍然可以获得关税收入。

5．B　两者都属于非关税壁垒。

（四）简答题回答提要

贸易保护主义者提出应该征收保护性关税的主要论据有：第一，征收保护性关税有助于保护与国防有关的工业；第二，征收保护性关税有助于增加国内就业；第三，征收保护性关税有助于扶持年幼工业。

（五）论述题论述要点

1．进口关税对经济主要产生两个方面的影响：一是缩小了国际贸易的规模，二是导致利益的重新分配。就第二个方面来说，进口关税损害了本国消费者和外国生产者的利益，增进了本国生产者和本国政府的利益。

2．进口配额对经济主要产生两个方面的影响：一是缩小了国际贸易的规模，二是导致利益的重新分配。就第二个方面来说，进口关税损害了本国消费者和外国生产者的利益，在本国政府不出售进口许可证的情况下增进了本国生产者和本国进口商的利益。

（六）思考题思考提示

自由贸易能够给贸易国带来充分的利益是有一系列前提条件的，如各个国家应该相互合作和平等相待，商品的贸易条件取决于国际市场上供给和需求的变化，等等。但在现实中，这些前提条件并没有完全具备。对于发展中国家来说，它们的总体竞争力远低于发达国家，在自由贸易的条件下，它们势必走向单一经济。如果发展中国家在经济上不能自立，它们在政治上将难以自立。由于自由贸易的经济利益不是合理地分配，由于自由贸易还有可能带来非经济的

后果，一般来说，发达国家比发展中国家更主张自由贸易，竞争力较强的国家比竞争力稍弱的国家更主张自由贸易。另外，自由贸易将会影响到不同的集团的利益，它们对自由贸易将持不同的态度，这对政府的态度也将产生影响。

# 第29章 均衡汇率的决定

## 一、内容提要

本章和下一章构成国际经济学的国际金融分析。本章首先分析国际收支平衡表的结构，然后阐述均衡汇率的形成和变化。

本章内容的要点如下：

1. 国际收支平衡表是一个国家在一定时期与世界各国往来所发生的外汇收支记录。国际收支平衡表划分为借方和贷方，带来外汇收入的项目记入贷方，导致外汇支出的项目记入借方。国际收支平衡表包括经常项目、资本和金融项目，记载不同类型的外汇收支。

2. 汇率是一个国家的货币兑换另一个国家货币的比率，它是由外汇的供给和需求决定的。外汇的需求产生于本国的进口、短期资本流出本国、长期资本流出本国，外汇的供给产生于本国的出口、短期资本流入本国、长期资本流入本国。外汇的需求曲线是一条向右下方倾斜的曲线，外汇的供给曲线是一条向右上方倾斜的曲线。当外汇的需求曲线和供给曲线相交时，即外汇的需求量等于供给量时，形成均衡的汇率。

3. 均衡汇率是由外汇的供给和需求决定的，它将随着外汇供给和需求的变化而变化。科学技术的变化，进出口商品价格的变化或价格水平的变化导致的进出口数量的变化，以及利息率的变化和利润的变化导致的短期和长期资本流动的变化，都会引起均衡汇率的变化。

## 二、学习要求

1. 要求掌握下述概念：国际收支平衡表，借方，贷方，经常项目，资本和金融项目，官方储备，国际收支顺差，国际收支逆差，外汇，汇率，升值，降值，贬值，套汇，固定汇率，浮动汇率。

2. 要求理解下述关系：国际收支平衡表借方和贷方的关系；货币降值和贬值的关系；商品进出口和资本流动对均衡汇率的影响。

3. 要求能够概括下述原理：均衡汇率是怎样形成的？均衡汇率是怎样变化的？

## 三、应该注意的问题

1. 外汇是指外国可兑换货币或者是以外国可兑换货币表示的汇兑票据。并不是所有的外国货币或者以外国货币表示的汇兑票据都是外汇，而是以可兑换外国货币或者以可兑换外国货币表示的可以兑现的汇兑票据才是外汇。

2. 在国际收支平衡表中，凡产生外汇收入的项目记入贷方，凡导致外汇支出的项目记入借方。由于支出的外汇一定会有来源，借方总额和贷方总额一定相等，国际收支平衡表总是平衡的。国际收支顺差或逆差不是指国际收支平衡表的借方总额与贷方总额之差，它在本书里是指官方储备差额即经常项目与排除官方储备的资本和金融项目的借方总额与贷方总额之差。

3. 严格地说，货币降值和货币贬值是不同的。货币降值是对其他货币而言，货币贬值是对黄金而言。如果某种货币和其他货币都对黄金发生同样幅度的贬值，那么这种货币对其他货币没有降值。如果某种货币对黄金的值不变而其他货币对黄金升值，那么尽管这种货币对其他货币降值，但它并没有对黄金贬值。但是，一般在使用降值和贬值时也没有这种严格区别。

## 四、练习与思考

（一）填空（在括号里填上适当的词）

1. 外汇是指（    ）。

2. 在一个外汇市场上以低价买进外汇，然后拿到另一个外汇市场上高价售出的活动，称为（    ）。

3. 汇率是指（    ）。

4. 假如美元和英镑的交换比率是2∶1，那么英镑的汇率是（    ）美元，美元的汇率是（    ）英镑。

5. 在自由竞争的外汇市场上，一个国家的货币的汇率是由外汇市场上这个国家货币的（    ）和（    ）决定的。

6. 在外汇市场上，当某国货币汇率上升的时候，它的货币的需求量将（    ），供给量将（    ）。

7. 在外汇市场上，均衡汇率是某国货币（    ）和（    ）相等时的汇率。

8. 在外汇市场上，进口英国商品的美国厂商是（    ）的需求者和

( )的供给者。

9. 某国货币汇率下降,意味着购买1单位这种货币所支付的有关国家的货币数量( )。

10. 某国货币汇率下降使它的商品在国外市场变得相对( ),从而导致出口数量的( )。

11. 美元与英镑的交换比率从2:1变为1:1,意味着美元相对于英镑( ),英镑相对于美元( )。

12. 降值和贬值的区别在于:降值是指某国货币的价值相对于( )下降了,贬值是指某国货币的价值相对于( )下降了。

13. 一个国家在一段时期内与其他国家经济往来所发生的货币收支的记录,叫作( )。

14. 国际收支平衡表划分为( )和( ),它包括( )和( )两个项目。

15. 记录物品和劳务交易收支情况的项目称为( )。

16. 资本和金融项目记载( )。

17. ( )反映在经常项目与排除官方储备的资本和金融项目的余额不能相互补偿的情况下,官方储备的变化情况。

18. 在国际收支平衡表中,本国对外国支付的项目记入( ),外国对本国支付的项目记入( )。

19. 在本国国际收支平衡表中记入借方的交易,在对方国的国际收支平衡表中记入( )。

20. 进出口之间的差额称为( )。出口总额大于进口总额叫作( ),出口总额小于进口总额叫作( )。

(二) 判断(判断下列说法是否正确,分别在括号里写上T或F)

1. 假定美元与英镑相交换,一旦美元的汇率被确定,英镑的汇率也被确定。( )

2. 假如英镑的汇率是2美元,那么美元的汇率就是2英镑。( )

3. 就美元和英镑两种货币来说,它们汇率的变化方向是相反的。( )

4. 美国厂商在进口英国商品的时候,他是英镑的供给者。( )

5. 英国厂商在进口美国商品的时候,他是美元的需求者。( )

6. 到英国旅游的美国人是英镑的需求者和美元的供给者。( )

7. 赠款给美国亲友的英国人是英镑的供给者和美元的需求者。( )

8. 降值是贬值的同义语。( )

9. 在金本位条件下,一国货币贬值必然导致降值。( )

10. 在金本位条件下,一国货币降值必然导致贬值。( )

11. A国货币对B国货币升值，意味着B国货币对A国货币贬值。（    ）

12. 美元升值有利于美国商品的出口。（    ）

13. 美元降值有利于别国对美国的出口。（    ）

14. 在金本位条件下，国际收支的失衡在短期内只会引起黄金的流动，不会导致汇率的变化。（    ）

15. 在浮动汇率条件下，如果美国的通货膨胀率低于英国，英镑将降值。（    ）

16. 在浮动汇率条件下，英国对美国的贸易逆差将导致美元升值。（    ）

17. 国际收支的失衡意味着国际收支平衡表的借方和贷方不等。（    ）

18. 一家美国厂商向法国出口商品，并把所得到的相当于10000美元的收入存入法国银行。这样，应该在美国经常项目的借方记入10000美元，在资本项目的贷方记入10000美元。（    ）

19. 一家美国厂商雇用一艘英国货船运送商品，并从它在英国银行的存款中支付相当于10000美元的费用。这笔交易应该记入美国经常项目的借方和资本项目的贷方。（    ）

20. 一家德国厂商在美国出售价值50万美元20年到期的债券，然后把得到的收入暂时存入美国银行。这样，在美国的国际收支平衡表上，应当在资本项目中的短期资本子项目的借方记入50万美元，在长期资本子项目的贷方记入50万美元。（    ）

21. 英格兰银行到美国纽约联邦储备银行提取500万美元存款，向美国政府购买黄金。这笔交易应当分别记入美国国际收支平衡表资本项目短期资本项目的借方和官方储备项目的贷方。（    ）

22. 本国居民向居住在外国的亲友的赠款，不必记录在本国的国际收支平衡表上。（    ）

23. 国际收支平衡表资本项目的借方和贷方总是平衡的。（    ）

24. 国际收支平衡表的借方和贷方总是平衡的。（    ）

25. 既然国际收支平衡表总是平衡的，就无所谓有国际收支的顺差和逆差。（    ）

（三）选择（根据题意选择一个最合适的答案，并在括号里填上相应的字母）

1. 英镑的供给者和美元的需求者是（    ）

A. 购买美国股票的英国人。　B. 获得英国公司债券利息的美国人。
C. 答案A或B。

2. 谁不是英镑的需求者和美元的供给者？（    ）

A. 进口英国商品的美国人。　B. 把在美国得到的红利汇回英国的英国人。　C. 赠款给美国亲友的英国人。

3. 美元对英镑的汇率是由（　　）

A. 美元的供给和英镑的需求决定的。　B. 美元的供给和需求决定的。　C. 美元的需求和英镑的供给决定的。

4. 假如英镑的汇率是 2 美元，那么美元的汇率是（　　）

A. 2 英镑。　B. 1/2 英镑。　C. 1 英镑。

5. 当英镑的汇率从 2 美元下降到 1.5 美元时，对英镑的需求量所以会增加，是因为（　　）

A. 英国商品相对便宜使美国增加英国商品的进口。　B. 英国商品相对昂贵使美国减少英国商品的进口。　C. 美国商品相对便宜使美国对英国的出口增加。

6. 当英镑的汇率从 1.5 美元上升到 2 美元，对美元的需求量所以增加，是因为（　　）

A. 美国商品在英国的售价下降，英国对美国商品的需求量增加。　B. 英国商品在美国的售价上升，美国对英国商品的需求量减少。　C. 美国商品在英国的售价上升，英国对美国商品的需求量减少。

7. 假定美元与英镑相交换，下面哪一种说法是不对的？（　　）

A. 英镑升值将提高英国商品的美元价格。　B. 英镑升值将降低美国商品的英镑价格。　C. 英镑升值将导致美元升值。

8. 英镑对美元升值不会导致（　　）

A. 英国增加进口美国商品和美国减少进口英国商品。　B. 美元需求量的增加和英镑需求量的减少。　C. 美元需求量的减少和英镑需求量的增加。

9. 德国在美国大量出售股票和债券，然后把资金用于购买本国商品。这样对美元地位所造成的短期影响是（　　）

A. 美元汇率趋于下降，或者美国的黄金和外汇储备外流。　B. 美元的汇率趋于上升，或者美国的黄金和外汇储备增加。　C. 美元的汇率和官方的储备均保持不变。

10. 根据题 9 的已知条件，对欧元的短期影响是（　　）

A. 欧元汇率趋于下降，或者德国的官方储备减少。　B. 欧元的汇率趋于上升，或者德国的官方储备增加。　C. 欧元的汇率和德国的官方储备均不变。

11. 在金本位条件下，如果 1 盎司黄金分别等于 35 美元和 17.5 英镑，那么英镑和美元的交换比率是（　　）

A. 1∶5。　B. 1∶2。　C. 1∶3。

12. 黄金价格从 35 美元上升到 40 美元意味着（　　）

　　A. 美元贬值。　　B. 美元降值。　　C. 美元重新定值。

13. 英镑的汇率从 2 美元降到 1 美元意味着（　　）

　　A. 英镑贬值。　　B. 英镑降值。　　C. 英镑升值。

14. 假如美国把黄金价格从 35 美元提高到 40 美元，在其他国家没有相应提高黄金价格的条件下，（　　）

　　A. 美元贬值。　　B. 美元降值。　　C. 美元既贬值又降值。

15. 假如瑞士法郎和美元的交换比率从 5:1 变为 4:1，那么（　　）

　　A. 瑞士法郎的汇率由 20 美分上升到 25 美分，美元升值。　　B. 瑞士法郎的汇率由 25 美分下降到 20 美分，美元贬值。　　C. 瑞士法郎的汇率从 20 美分上升到 25 美分，美元降值。

16. 假设加拿大公司在美国出售长期债券，然后把收入暂存于美国的银行。这项交易在美国的资本项目上应当（　　）

　　A. 记入短期资本子项目的贷方和长期资本子项目的借方。　　B. 记入短期资本子项目的借方和长期资本子项目的贷方。　　C. 同时记入短期和长期资本子项目的贷方。

17. 根据题 16 的已知条件，这项交易在加拿大的资本项目上应当（　　）

　　A. 记入短期资本子项目的贷方和长期资本子项目的借方。　　B. 记入短期资本子项目的借方和长期资本子项目的贷方。　　C. 同时记入短期和长期资本子项目的贷方。

18. 假如加拿大元和美元之间的汇率是可变的，在对加元的需求大量增加的情况下，（　　）

　　A. 加元的供给将增加。　　B. 以美元表示的加元将下降。　　C. 以加元表示的美元将下降。

19. 在浮动汇率制度下，国际收支逆差将导致（　　）

　　A. 官方储备流失。　　B. 本国货币降值。　　C. 答案 A 或 B。

20. 如果一个国家的货币贬值引起货币降值，结果会带来（　　）

　　A. 进口增加和出口减少。　　B. 进出口增加。　　C. 进口减少和出口增加。

（四）简答（简要回答下述问题）

1. 国际收支平衡表为什么总是平衡的？
2. 既然国际收支平衡表总是平衡的，为什么还出现国际贸易顺差或国际贸易逆差？

（五）论述（分析和阐述下列问题）

1. 均衡汇率是怎样形成的？

2. 均衡汇率是怎样变化的？

（六）思考（讨论和研究下述问题）

1. 当一个国家发生国际收支逆差时，在外汇市场将发生什么情况？请利用外汇的供给曲线和需求曲线加以说明。如果汇率是浮动的，汇率将会发生什么变化？

2. 美元升值对下述群体产生什么影响：持有美国政府债券的荷兰养老基金，美国制造业的厂商，准备到美国旅游的澳大利亚旅游者，准备购买外国资产的美国投资者。

## 五、练习题解答

（一）填空题答案

1. 外国可兑换货币，或者是以可兑换外国货币表示的汇兑票据  2. 套汇  3. 为了得到1单位某一个国家的货币所要支付的别的国家货币的单位数  4. 2 1/2  5. 供给 需求  6. 减少 增加  7. 供给量 需求量  8. 英镑 美元  9. 减少  10. 便宜 增加  11. 升值 降值  12. 别国货币 黄金  13. 国际收支平衡表  14. 借方 贷方 经常项目 资本和金融项目  15. 经常项目  16. 短期和长期资本流动及官方储备的变动情况  17. 国际收支顺差或逆差  18. 借方 贷方  19. 贷方  20. 贸易余额 贸易顺差 贸易逆差

（二）判断题答案

1. T  例如，如果美元的汇率是1/2英镑，那么英镑的汇率就是2美元。

2. F  美元的汇率应该是1/2英镑。

3. T  如果美元升值，那么英镑将降值。

4. F  美国厂商是英镑的需求者。

5. T  英国厂商需要用英镑兑换美元。

6. T  美国旅游者需要用美元兑换英镑。

7. T  在美国的亲友需要把英镑换成美元以后才能使用。

8. F  货币降值相对于别国货币而言，贬值相对于黄金而言。

9. T  在金本位条件下，各国币值与一定数量的黄金相联系。因此，某国币值相对黄金来说下降，相对别国币值来说也下降了。

10. F  贬值是原因，降值是结果。

11. F  这意味着A国货币降值。

12. F  美国商品在国外的售价变贵了，这会影响美国商品出口。

13. F  美元降值有利于美国对别国的出口。

14. T 逆差流出黄金，顺差流入黄金。

15. T 英国较高的通货膨胀率意味着英国商品在美国的售价相对提高。这样，英国的贸易将出现逆差，英镑将会降值。

16. T 美国的贸易顺差导致美元升值。

17. F 国际收支失衡意味着经常项目与排除了官方储备的资本和金融项目的余额不能相互抵消。

18. F 出口应记入经常项目的贷方，在外国银行存款应记入资本项目的借方。

19. T 进口劳务应记入经常项目的借方，从外国银行提款应记入资本项目的贷方。

20. F 美国购买长期债券应记在长期资本项目上，外国在美国的存款应记在短期资本项目上。

21. F 中央银行在外国银行提取存款应记入本国官方储备项目中负债子项目的贷方，记入储备子项目的借方。

22. F 任何外汇收支都必须反映在国际收支平衡表上。

23. F 国际收支平衡表某个项目的借方总额和贷方总额不一定相等。

24. T 任何支出的外汇都有其来源。

25. F 国际收支的顺差和逆差是就经常项目与排除了官方储备的资本和金融项目的余额而言。

（三）选择题答案

1. C 这两类人都是英镑的供给者和美元的需求者。
2. C 赠款给美国亲友的英国人是英镑的供给者和美元的需求者。
3. B 某种货币的汇率是由该种货币的供求或与之兑换的货币的供求决定。
4. B 1 美元兑换 1/2 英镑。
5. A 这是对英镑的需求量增加的原因之一。
6. A 这是对美元的需求量增加的原因之一。
7. C 某种货币升值意味着与之兑换的货币降值。
8. C 英镑对美元升值导致美元需求量增加和英镑需求量减少。
9. A 这种做法会造成美元的供给量大于需求量。
10. B 这种做法造成对德国的影响与对美国的影响相反。
11. B 在金本位条件下，两种货币之间的兑换比率是由它们与黄金之间的兑换比率决定的。
12. A 美元的价值相对于黄金来说下降了。
13. B 英镑的价值相对于美元来说下降了。

14. C 美元的价值相对于黄金和相对于其他国家货币来说下降了。

15. C 1瑞士法郎可以兑换更多的美元。

16. A 美国贷放长期资金应该记入长期资本子项目的借方,借入短期资金应该记入短期资本子项目的贷方。

17. B 同样的交易在加拿大国际收支平衡表中的记法与在美国国际收支平衡表的记法相反。

18. C 对加元需求增加造成加元升值和美元降值。

19. C 答案A或B的情况都会发生。

20. C 一个国家的货币降值造成本国商品在外国的售价下降而外国商品在本国的售价提高。

(四) 简答题回答提要

1. 国际收支平衡表分为借方和贷方,带来外汇收入的项目记入贷方,导致外汇支出的项目记入借方。由于支出的外汇总有确定的来源,国际收支平衡表的借方总额一定等于贷方总额。例如,某国厂商从外国银行取得贷款进口外国商品,这将在该国国际收支平衡表的资本项目的贷方和经常项目的借方记入同样的数额,国际收支平衡表总是平衡的。

2. 国际收支平衡表总是保持平衡是对经常项目、资本和金融项目的借方总额等于贷方总额来说的,其中某些项目的借方总额不一定等于贷方总额。各国对国际收支差额有不同的定义和尺度,本章把官方结算差额看作国际收支差额,即把经常项目与排除了官方储备的资本和金融项目的借方总额和贷方总额的差额作为国际收支差额,所以会出现国际收支顺差或逆差。

(五) 论述题论述要点

1. 首先,提出汇率的概念,说明它是由外汇的供给和需求决定的。其次,分析外汇的需求取决于什么因素,得到外汇的需求曲线。再次,分析外汇的供给取决于什么因素,得出外汇的供给曲线。最后,利用外汇的需求曲线和供给曲线说明均衡的汇率是怎样形成的。

2. 首先在已形成的均衡汇率的基础上分析外汇需求或供给的变化对均衡汇率的影响,接着分析进出口商品价格、价格水平、科学技术水平、利息率、利润率等有关因素的变化对外汇需求和供给的影响,进而说明它们对均衡汇率的影响。

(六) 思考题思考提示

1. 在国际收支平衡表里,贷方记录外汇收入,它意味着外汇的供给;借方记录外汇支出,它意味着外汇的需求。因此,国际收支逆差在外汇市场上反映出来是外汇的需求量大于外汇的供给量,如图29.1中$q_1q_2$所示。如果汇率是浮动的,外国货币将升值,本国货币将降值,即汇率在外汇需求曲线和供给曲线相交时形成均衡（$Op'$）。

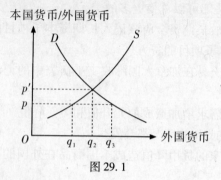

图 29.1

2. 荷兰养老基金和美国投资者将从美元升值得到利益，美国厂商和澳大利亚旅游者将因美元升值而遭受损失。

# 第 30 章 国际货币制度的演变

## 一、内容提要

本章与前一章构成国际经济学中的国际金融分析。本章主要分析各个时期国际货币体系的特点以及国际货币制度变化的原因。

本章内容的要点如下：

1. 在 1914 年以前约 50 年的时期里，国际货币制度是金本位条件下的固定汇率制度。由于各主要西方国家都实行金本位，它们的货币都与黄金相联系。这样，各主要西方国家的货币通过与黄金的联系建立起彼此的兑换比率。因为各主要西方国家货币的含金量不变，它们之间的兑换比率也不变。在这种国际货币制度里，国际收支顺差输入黄金，国际收支逆差输出黄金。

2. 1944—1973 年，国际货币制度是金汇兑本位条件下的钉住汇率制度。各国政府持有的美元可以按照固定的价格向美国政府兑换黄金，同时，各国政府必须固定本国货币与美元的汇率。这意味着美元可以兑换黄金，其他货币可以按照一定的汇率兑换美元，美元和黄金同为国际储备资产。另外，各国货币对美元的汇率不是不可调整的，它们在国际收支发生严重失衡的情况下可以调整汇率。在这种国际货币制度里，国际收支差额导致美元和黄金的流动。

3. 在 1973 年以后，现行国际货币制度是以多种货币为中心的浮动汇率制度。美元、马克、法郎等多种货币同为国际储备货币，被各国广泛用作国际间的支付手段。在欧元区建立后，美元、欧元、英镑、日元成为主要的国际储备货币。各国货币之间的汇率是浮动的，它们随着外汇需求和供给的变化而变化。浮动汇率制度的主要形式有钉住浮动、联合浮动、单独浮动、管理浮动等。

## 二、学习要求

1. 要求掌握下述概念：国际货币制度，布雷顿森林体系，金本位，金汇兑本位，固定汇率制度，钉住汇率制度，浮动汇率制度，国际货币基金组织，国际复兴开发银行，干净浮动，肮脏浮动。

2. 要求理解下述关系：国际金本位与国际金汇兑本位的关系；固定汇率制度与浮动汇率制度的关系；干净浮动与肮脏浮动的关系。

3. 要求能够概括下述原理：金本位条件下的固定汇率制度的特点；布雷顿森林体系为什么会发生解体；现行国际货币制度的特点。

### 三、应该注意的问题

1. 金本位条件下的固定汇率制度不是各国政府通过合作而有意识建立的国际货币制度。在1914年以前，各主要西方国家都实行金本位，它们的货币都与黄金相联系，这样，在国际经济往来中，通过各国货币与黄金的联系建立起彼此之间的兑换比率，并在国际支付中使用黄金和当时最主要的货币——英镑。

2. 布雷顿森林体系存在的弊端是美元兑换黄金难以维持的问题。在用于货币的黄金数量无法满足国际经济往来需要的情况下，各国在国际经济活动中必须使用美元。如果美国政府控制美元外流的数量，各国没有足够的美元用于国家之间的支付，布雷顿森林体系不能适应国际经济活动发展的需要。如果美国政府不控制美元的外流量，虽然国际支付手段的问题得到解决，但美国政府无法保证美元按固定价格兑换黄金，布雷顿森林体系的金汇兑本位发生动摇。这是布雷顿森林体系在产生以来就存在的一个两难的矛盾。

### 四、练习与思考

（一）填空（在括号里填上适当的词）
1. 在金本位条件下，各国货币汇率取决于它们所含（　　）之比。
2. 在金本位条件下，各国货币的实际汇率将在（　　）的范围内围绕着由含金量决定的汇率变动。
3. （　　）是在1944年建立起来的国际货币制度。
4. 布雷顿森林体系的国际货币本位是（　　），汇率体系是（　　）。
5. 根据布雷顿森林协定建立的两个国际金融组织是（　　）和（　　）。
6. 在布雷顿森林体系建立以前，国际货币本位主要是（　　），汇率制度主要是（　　）。
7. 在布雷顿森林体系解体以后，国际货币本位实际上是（　　），汇率制度是（　　）。
8. 特别提款权是（　　）。

9. 在现行的国际货币制度里，当美元贬值的时候，各国官方储备的实际购买力将（　　）。

10. 有管理的浮动汇率是一种（　　）浮动汇率。

（二）判断（判断下列说法是否正确，分别在括号里写上 T 或 F）

1. 在金本位条件下，如果一个国家的对外贸易出现逆差，将会自行导致黄金流入以弥补贸易逆差。(　　)

2. 在金本位条件下，假如存在自由贸易，贸易逆差国在输出黄金以后，货币供给量将减少，价格水平将下降，从而有助于刺激出口和恢复贸易的平衡。(　　)

3. 布雷顿森林体系是历史上第一次通过各国政府的合作，有意识地建立起来的国际货币体系。(　　)

4. 在布雷顿森林体系里，由于最终的储备仍然是黄金，该体系的国际货币本位是金币或金块本位。(　　)

5. 在布雷顿森林体系里，汇率体系是固定不变的。(　　)

6. 按照布雷顿森林体系，各国政府可以按固定的价格用美元向美国政府兑换黄金。(　　)

7. 按照布雷顿森林体系，各国政府有义务维持本国货币与美元汇率的稳定。(　　)

8. 布雷顿森林体系的金汇兑本位和可调整的钉住汇率体系是一同解体的。(　　)

9. 随着布雷顿森林体系的解体，按照布雷顿森林协定而建立的国际货币基金组织和国际复兴开发银行随之解散。(　　)

10. 特别提款权是由国际货币基金组织发行的、世界通用的纸币。(　　)

11. 布雷顿森林体系解体的原因之一，是美国的经济和金融实力相对下降。(　　)

12. 在现行的国际货币制度里，各国政府按固定的官方价格用黄金进行国际结算。(　　)

13. 在现行的国际货币制度里，汇率完全取决于外汇市场上的供求关系。(　　)

14. 美元在现在仍然是一种重要的国际储备货币。(　　)

15. 随着黄金的非货币化，黄金在国际贸易中已变得毫无用处。(　　)

（三）选择（根据题意选择一个最合适的答案，并在括号里填上相应的字母）

1. 在金本位条件下，假如英镑的平价是 2 美元，英美两国之间每 1/35 盎司黄金的运输及其他费用为 0.01 美元，1 盎司黄金等于 35 美元，那么英镑实

际汇率的上限是（　　）

A. 2.02 美元。　B. 2.01 美元。　C. 2 美元。

2. 根据题 1 的已知条件，英镑实际汇率的下限是（　　）

A. 2 美元。　B. 1.99 美元。　C. 1.98 美元。

3. 在金本位条件下，如果 A 国与 B 国的贸易有较大的顺差，那么（　　）

A. A 国的黄金流向 B 国。　B. B 国的黄金流向 A 国。　C. 两国的货币汇率发生变化，没有黄金的流入或流出。

4. 在固定汇率体系里，假如欧元的汇率是 1.2 美元，美元的汇率是 0.6 英镑，那么欧元对英镑的汇率是（　　）

A. 2.0 英镑。　B. 0.72 英镑。　C. 0.5 英镑。

5. 在浮动汇率体系里，哪一种情况会引起日元相对于美元升值？（　　）

A. 美国对日本商品的需求大幅度下降。　B. 日本对美国商品的需求大幅度下降。　C. 美国对日本商品的需求大幅度上升。

6. 布雷顿森林体系建立于（　　）

A. 1914 年。　B. 1944 年。　C. 1971 年。

7. 布雷顿森林体系的汇率体系（　　）

A. 固定不变。　B. 在某些国家的国际收支发生长期失衡的情况下可以调整。　C. 自由浮动。

8. 在布雷顿森林体系里，要维持汇率体系的稳定，（　　）

A. 各国必须保持国际收支平衡。　B. 各国必须保留足够的储备以干预外汇市场，保持美元供求的平衡。　C. 既不是答案 A 也不是答案 B。

9. 在布雷顿森林体系里，要维持金汇兑本位的稳定，（　　）

A. 美国必须发行足够的美元。　B. 美国必须持有足够的外币。　C. 美国必须有足够的黄金。

10. 1971 年，尼克松政府宣布停止美元兑换黄金。这意味着（　　）

A. 金汇兑本位解体。　B. 可调整的钉住汇率体系解体。　C. 布雷顿森林体系完全解体。

11. 1973 年，各国政府相继宣布本国货币对美元的比率浮动。这意味着（　　）

A. 金汇兑本位解体。　B. 可调整的钉住汇率体系解体。　C. 美元在国际货币体系中的作用消失。

12. 在现行的国际货币制度里，美元（　　）

A. 已不是储备货币。　B. 仍是唯一的储备货币。　C. 是储备货币之一。

13. 要防止美元贬值造成外汇储备的实际购买力下降,现实可行的方法是(　　)

A. 把美元排除在储备货币之外。　B. 实行储备货币的多样化,降低美元在外汇储备中的比例。　C. 实行储备货币单一化,提高美元在外汇储备中的比例。

14. 现行的浮动汇率体系是(　　)

A. 肮脏浮动。　B. 干净浮动。　C. 钉住日元浮动。

15. 特别提款权是一种(　　)

A. 世界通用的纸币。　B. 黄金的重量符号。　C. 用于政府之间国际结算的记账单位。

(四) 简答(简要回答下列问题)

1. 金本位条件下的固定汇率制度的特点是什么?
2. 布雷顿森林体系的特点是什么?
3. 现行的国际货币制度的特点是什么?

(五) 论述(分析和阐述下列问题)

布雷顿森林体系为什么会解体?

(六) 思考(讨论和研究下列问题)

1. 在现行的国际货币制度里,国际收支失衡的调节机制是什么?
2. 在布雷顿森林体系解体以后,黄金已退出国际流通领域,为什么各国还保留黄金储备?

## 五、练习题解答

(一) 填空题答案

1. 黄金量　2. 黄金输入输出点　3. 布雷顿森林体系　4. 金汇兑本位　可调整的钉住汇率体系　5. 国际货币基金组织　国际复兴开发银行　6. 金本位　固定汇率体系　7. 以多种国际储备货币为中心　有管理的浮动汇率制度　8. 国际货币基金组织成员国之间用于国际结算的一种记账单位　9. 下降　10. 肮脏

(二) 判断题答案

1. F　国际贸易逆差将导致黄金流出。
2. T　这是严格的金本位条件下所具有的国际收支调节机制。
3. T　布雷顿森林体系是第一次通过政府之间的协定建立起来的国际货币体系。
4. F　该体系的货币本位是金汇兑本位。各国货币与美元挂钩,美元与黄金挂钩，即各国货币通过美元与黄金相联系。

5．F　在某国国际收支长期失衡的情况下可以调整该国货币与美元的汇率。

6．T　这是布雷顿森林协定的规定。

7．T　这是布雷顿森林协定的规定。

8．F　金汇兑本位先解体，钉住汇率体系后崩溃。

9．F　这两个国际金融组织仍在发挥作用。

10．F　特别提款权是用于国际结算的记账单位。

11．T　美国无法维持美元兑换黄金和美元相当于黄金而言的价值。

12．F　各国政府或者动用外汇储备，或者在市场上出售黄金换取外汇来进行国际结算。

13．F　各国中央银行仍对汇率加以不同程度的干预。

14．T　目前美元仍然是最重要的国际储备货币。

15．F　逆差国可以在市场上出售黄金换取外汇，以用于弥补国际收支逆差。

（三）选择题答案

1．A　假如英镑的汇率高于2.2美元，美国人宁愿用2美元购买1/17.5盎司黄金，再花0.02美元运到英国，来换取1英镑。

2．C　假如英镑的汇率低于1.98美元，英国人宁愿用1英镑购买1/17.5盎司黄金，再花0.02美元运到美国，以换取2美元。

3．B　在金本位条件下，国际收支失衡将引起黄金流动。

4．B　$1.2 \times 0.6 = 0.72$（英镑）。

5．C　日本对美国出口的增加在其他条件不变的情况下会导致日元对美元升值。

6．B　布雷顿森林体系建立于1944年。

7．B　布雷顿森林体系的汇率体系是可调整的钉住汇率体系。

8．B　这是维持汇率体系稳定的条件之一。

9．C　这是维持金汇兑本位稳定的必要条件。

10．A　停止美元兑换黄金意味着其他国家的货币可以兑换美元，但美元已不能兑换黄金，金汇兑本位解体。

11．B　这意味着汇率体系已不是钉住汇率体系而是浮动汇率体系。

12．C　美元是多种国际储备货币之一。

13．B　各国应持有多种货币而不是仅仅持有美元。

14．A　汇率不完全由货币的供给和需求来决定，政府仍在一定程度上进行管理。

15. C 特别提款权是国际货币基金组织分配的用于国际结算的记账单位。

(四)简答题回答提要

1. 金本位条件下的固定汇率制度的特点是:第一,黄金是最终的国际清偿手段。国际收支逆差导致黄金输出,国际收支顺差导致黄金输入。第二,各国货币根据它们的含金量决定彼此的汇率。由于各国货币的含金量不变,各国货币之间的汇率是固定的。第三,国际收支失衡通过价格水平的变化进行调节。如果某国出现国际收支逆差,则该国黄金流失,国内货币供给量减少,价格水平下降。而价格水平下降导致出口增加,进口减少,弥补了国际收支逆差。反之则导致相反的结果。

2. 布雷顿森林体系的特点是金汇兑本位条件下的钉住汇率体系,它的特点是:第一,各国货币可以兑换美元,各国政府持有的美元可以按固定的比率兑换黄金,美元和黄金同时作为国际清偿手段;第二,各国政府稳定本国货币与美元的汇率,只有在发生长期的国际收支失衡的情况下才能调整汇率。

现行的国际货币制度是以多种国际储备货币为中心的浮动汇率体系,它的特点是:第一,各国政府保留美元、欧元、英镑、日元等国际性货币并把它们作为国际清偿手段;第二,各国货币之间的汇率由与之兑换的外汇的供给和需求决定,但政府仍对外汇的供给和需求加以一定的干预。

(五)论述题论述要点

布雷顿森林体系正常运行需要两个条件:第一,美国政府必须保留足够的黄金以保持美元可以随时兑换黄金,同时还必须保证美元兑换黄金的比率的稳定而不能让美元对黄金贬值,否则金汇兑本位将受到动摇。第二,各国政府必须通过干预外汇市场或调整国内经济政策的方法保持本国货币与美元的兑换比率的稳定,否则钉住汇率体系受到破坏。但在战后,美国连年的国际收支逆差使大量美元外流,美国政府难以维持美元对黄金的可兑换性;美国严重的通货膨胀又造成美元对黄金贬值,美国政府难以维持美元兑换黄金的价格。另外,各国政府通过调整国内经济政策的方法来稳定本国货币与美元的汇率代价过高,同时又没有足够的美元储备来对付外汇市场的投机风潮。在这一系列因素的影响下,布雷顿森林体系走向解体。

(六)思考题思考提示

1. 在现行的国际货币制度里,国际收支失衡的调节机制主要是汇率。由于汇率是浮动的,当一个国家的国际收支发生逆差时,该国货币汇率将会降值,汇率的降值将推动出口抑制进口,使国际收支逆差得以缓和。反之,当一个国家的国际收支发生顺差时,该国货币汇率将会升值,汇率的升值抑制出口推动进口,使国际收支顺差得以缓和。由于汇率的浮动是"肮脏"的而不是

"干净"的,这种调节是不充分的。

2. 在现行的国际货币制度里,黄金已退出国际流通领域,它已不能用于清偿国际债权和债务。但是,黄金仍然是各国普遍接受的特殊商品,各国可以较为方便地在黄金市场上出售黄金以取得所需要的外汇,所以各国仍保留黄金储备。

# 参 考 文 献

1　李翀. 现代西方经济学原理［M］. 6版. 广州：中山大学出版社，2015
2　李翀.《现代西方经济学原理（第五版）》学习指导与习题解答［M］. 广州：中山大学出版社，2007
3　保罗·A 萨缪尔森，威廉·D 诺德豪斯. 微观经济学、宏观经济学［M］. 萧琛，等译. 北京：人民邮电出版社，2004
4　约瑟夫·E 斯蒂格利茨. 经济学［M］. 姚开建，等译. 北京：中国人民大学出版社，1999
5　曼昆. 经济学原理［M］. 梁小民，译. 北京：北京大学出版社，2001